U0366692

寻访山西古庙

晋东南 晋南篇

连 达◎著

清华大学出版社
北京

图书在版编目（CIP）数据

寻访山西古庙．晋东南、晋南篇 / 连达著．—北京：清华大学出版社，2017（2024.9重印）
ISBN 978-7-302-47036-6

Ⅰ．①寻… Ⅱ．①连… Ⅲ．①古建筑－介绍－山西 Ⅳ．① K928.71

中国版本图书馆 CIP 数据核字 (2017) 第 091054 号

责任编辑：孙元元
封面设计：杨大炜
版式设计：环宇智汇
责任校对：王荣静
责任印制：杨　艳

出版发行：清华大学出版社
网　址：https://www.tup.com.cn，https://www.wqxuetang.com
地　址：北京清华大学学研大厦 A 座　　**邮　编：**100084
社总机：010-83470000　　**邮　购：**010-62786544
投稿与读者服务：010-62776969, c-service@tup.tsinghua.edu.cn
质量反馈：010-62772015, zhiliang@tup.tsinghua.edu.cn
印装者：三河市春园印刷有限公司
经　销：全国新华书店
开　本：182mm × 260mm　　**印　张：**20.75　　**字　数：**322 千字
版　次：2017 年 5 月第 1 版　　**印　次：**2024 年 9 月第10次印刷
定　价：99.00 元

产品编号：062541-03

序 1

“总有人问我为什么喜欢去看破庙画破庙，那些修缮得很漂亮的古建筑我却不急着去画一画。我之所以会把画破庙放在优先位置，是因为再不去画就有可能看不到了，一次错过很可能就是永远失去。它们等了我几百年，已经无法再等下去了，时不我待啊。”

——连　达

给未曾谋面的人的书写序，这是第一次。但对作者我神交已久。很多年前，他的朋友，也是我的朋友常说起这位叫小虎的“驴友”，会画画，喜欢到有古迹的地方去。可无数次徒步活动我们都擦肩而过，未能谋面。后来看过他画的长城、古代建筑等，相当不错，知道他不是单纯的户外徒步爱好者。后来他转送我一本他的书《触摸，寺庙：山西土地上那些散落的古建符号》，没想到他画了那么多，还出了书，才知道他的名字叫连达。从那本书里，我感受到那每幅画和文字说明，似乎都带着他的体温、呼吸和心跳。出自钦佩，我欣然答应了为他的新著写序。这新书，也是他个人考察中用汗水、心血在荒郊野外铸成的。令我涌动出强烈的感慨。因此写下如下的感想，不敢称作序。

看这本书，使人犹如进入一个独特的古建艺术博物馆，一座座寺庙、碑亭、牌坊、戏楼、会馆、民居、古桥……汇成了跨越古今的沧桑画卷。如今山西偏僻的乡村，这些保留下来的古建并不知名，是被遗忘的角落，很多颓败不堪，岌岌可危，在杂草灌木中挣扎挺立。然而它们却像一个个坐标，连缀出这片土地上的历史，是中华文明发展洪流中的点点滴滴。那些精美而破败的古代建筑，也许某一天就会彻底坍塌消失。然而，悲伤中一丝的欣喜，就是连达去了，使建筑在他的笔下顽强地矗立，带着一种悲壮的震撼，也许这是它们最后的画像。

如果让这些坐标消失，就是一种文明的衰落。凝聚着当地的历史记忆的古建，如今仍是父老乡亲、少年儿童的聚集处，一代又一代地传递着祖先的事迹。人们还相信它们灵验，在祈愿中寻找自己的根脉，以善良和纯朴抵御着信仰的缺失，在闭塞甚至贫困中获得快乐，找到精神上的认同感和归属感。

深入乡村去追寻这些古建，绝不是轻松的旅行。家住东北的连达像一个流落异乡的游子，抛家舍业，背着几十斤的大包，常年跋涉在荒郊野外。这位“画破庙”的陌生人，自然会引起当地人的好奇，不被理解的白眼、闭门羹、冷嘲热讽，书中有轻描淡写。而老乡们的一碗面、一杯水、一句话的温暖却饱含深情的讲述。他的虔诚感动了人们，让人看到了一个不拿国家工资、更没考察经费而做大事的男子汉，看到了一位与那些濒临倒塌的古建一起倔强挺立的男子汉。画画引起围观，他边和老乡聊天边画，传播着知识和宣传保护文物的理念，采集当地的故事、历史传说，配在了画面的描述中，画面与文字结合，古建、村民、历史、现状、自然融为一体。

他的痴迷近乎于疯狂，这无法只用个人兴趣来解释。我也无数次穿梭于各地的山川，深知那番艰辛、孤独，没有超强的毅力和野外生存的能力便无法完成这部著作。那些美妙的画，不可能都是出自清风习习、塔铃叮咚中，更多的是在荒草丛生、蚊虫叮咬中完成。是什么力量让他千里追寻，难以割舍？我在书中看到了答案：“有多少这样破败的古建筑还挣扎在荒野里，有多少我还能来得及去见上一面，又有多少我已经永远地错过了，这就是无名的晚近古建筑所面临的普遍现状，让人心生悲怆之感。”

正是这种深沉的情怀，使他通过绘画释放着对传统文化的深爱，并以特殊的笔调，勾勒了那些梁架变形、屋顶塌漏、墙体倾斜的惨烈，画出了断壁残垣之美，展现了千年古庙的气韵和苍凉怀古之情，令人想到往昔的辉煌绚丽，看到现实的惨不忍睹，激起人们保护的欲望。

值得称道的是，连达的画介于专业制图和写生创作之间，既“神似”，又“形似”。看得出来，连达对古代建筑知识了解得很深，他追求的不仅是艺术，还有学术。带有艺术性的速写中，没忘记准确描绘那些斗栱、鸱吻、直棂窗、普柏枋、阑额、悬山、雀替……笔笔不误。还根据自己的知识对古建进行“轻松愉快的考证”，既不烦琐枯燥，又不失严谨，仔细读来，满有道理。

画速写当然要有取舍，连达的个性化选择，来自他与写生对象在精神上的交流。有些画，随便的几笔荒草枝叶，保留了现状的完整。有些画，将一些杂乱的痕迹滤掉，恢复原貌的清爽。这是他当时心情的交代，情感的宣泄，他不是用手在画，而是用心在画。

中国古代建筑往往是历史的叠加，包含着各个时期的信息。有些历经风吹雨打没动摇，却遭现代人毁坏的场景，在他的画作中刻意留了些痕迹，如墙面上的“抓革命，促生产”等标语，说明它曾经化身为一所工厂；“教育要为无产阶级政治服务”，表明曾被改用为学校；还有的被褥挂在建筑的廊柱间晾晒，表明已经沦为大杂院。旧貌与现代印迹共存，也是一种没有割裂的历史叙述。

即将倾圮的文物古迹，能留到如今是侥幸。然而如今肆意破坏、拆毁的事情屡屡发生。快速的经济发展与保护古代遗迹的矛盾中，不时出现拆与保对峙的擂台，对手却是同样的子孙后代。我以为，没有外部掠夺和战乱，在欣欣向荣的岁月中使古建消失，是更大的罪过。以精神文化的丢失换取更多的物质利益是过分的贪婪，而我们找不到自身根脉的时候，将沦为一无所有的精神乞丐。如果能从古建中体会到优雅、灵动、张扬、霸气、磅礴、华贵，不能不对自身传统文化产生崇敬和自信，爱惜它们就是爱我们的祖先，欣赏它们就是欣赏智慧和创造，保护它们就是保护自己的家园。

保护文物人人有责，批评、抱怨是一种态度，积极采取行动更为可贵。连达一个人的力量尽管微薄，却能唤起更多的人加入。令人欣慰的是，如今连达并不孤单，有一批户外徒步爱好者，执着地奔走在各地，以不同方式在保护中国文化遗产。据我所知，连达的朋友，也是我的朋友老J、火炬、尚方……几乎每个周末和假日，都到乡村进行地毯式的搜寻、调查一些即将消失的遗迹。我亲眼目睹在短短几年内，一些美丽的建筑、壁画已经坍塌、破坏、消亡，却留在了他们的照片、绘图、记录中。他们都是“业余”的，却以责任和信念在坚持，令未尽其责的专业人员感到羞愧，也让盗贼、不法开发商、单纯追求政绩的势利官员感到羞耻。

我不怀疑，他们的调查报告，将会陆续问世。我现在就敢断定，这本书和即将出版的一批书都具有极大的历史资料价值。

北京大学考古文博学院教授、博士生导师

齐东方

2017 年 3 月

序2

这是连达的第三部著作。与前两部不同，书中不仅收录连达2013～2015年间寻访晋东南、晋南109处古寺庙绘制的185幅写生画，还有十余万字的行记。记文与画相辉映，著录了他的行迹和心迹：他匆匆走过的黎明和黄昏，他眼里古建筑所在的山川、地貌和人，还有他对自己挚爱的山西古建筑保存现状的担忧、惋惜。他的画，肯定准确的斗拱、斑驳的琉璃瓦件、倔强地傲然存在着的残破的屋顶、台阶边的荒草、渺远的山河和辽阔的天空，无不凝结着他对表里山河的热爱。连达说他是东北人中最爱山西的那一个，的确！

连达并非科班画家，也没有受过系统的古代建筑教育，却是目前中国描绘山西古建筑最好的画家。他对山西古建筑年代、类型、风格特征刻画之准确、生动和细致，令人赞叹。我想他是受到天启和加持的，也许是鲁班，也许是李明仲，或者还有哪位在山西留下足迹的古建筑大师吧。特别是画面中那些风烛残年一样凋零的古建筑，像专为连达还坚持在那里，等着他的眼睛和他的笔。

连达说："在这种严峻的现实面前，我只能尽量多走多看，抓紧记录，古建筑每一时刻的形象都很可能会成为它最后的留念。这些辛苦奔波所得来的作品是我这个深爱着中国传统文化的古建筑迷用所有的心血和真诚创作的，每一幅都浸透着我的汗水和辛劳。"这些话，使我不安汗颜。我希望连达笔下的古建筑都是被全面、科学地记录过的，我希望连达的画仅仅是锦上添花，我希望连达不必兼有记录的职责。可他实际上是一位山西古建筑的记录者。

因此，读连达的书，就是接受他的鞭策。让自己行动起来，和更多的人一起，无分别无选择地给山西每一处有名或无名的古建筑建立真正全面科学的档案。使山西成为真正的"中国古建筑的诺亚方舟"。

令人欣慰的是，连达以他精湛的技艺和行者的实践，感动和吸引了很多的人为他点赞，与他同行。连达也正在走进课堂，走进青年，越来越多的年轻人成为他的粉丝，加入他的行列。连达朋友圈的头像是少年悟空，金色的金箍，灿烂的微笑，我想这最能代表连达。没有谁的金箍是别人强加的，那是一种抉择。连达选择做一名行者！他行万里路，绘万卷图，就是为了记录曾经的中国的真经：我们用木、砖、石、瓦在自然山川间建构的我们的生活和精神世界。

连达书的学术价值远远超越了纪游文字和建筑绘画。研究山西古建筑的学者可以从他的目录索引获得更多的启发，比如对晋南晋东南一带各类庙宇的系统调研，就需要立刻提上日程。

连达的书，对古建筑专业学生来说，是最好的教科书和了解山西古建筑的形象资料。对山西旅游界和文创界来说，希望连达的画能够成为山西旅游纪念品中的精品，像当年的《五台山图》一样作为中华文化活的载体，被带向世界。

浙江大学文化遗产研究院教授

山西古建筑调查者

李志荣

2017 年 5 月 8 日

目录

第一章

古建山水入画境：浊漳河谷越千年

浊漳河位于山西省东南部，由发源于长子县发鸠山的南源、沁县漳源村的西源和榆社县柳树沟的北源汇集而成。南源和西源先在襄垣县甘村交汇，又在合河口接纳了北源之水，始称浊漳河。因其所流经地域多为黄土高原，冲刷下来的泥沙多、水色浑浊而得名。浊漳之水流经黎城、潞城和平顺，向东进入河北省界，与北面的清漳河合流为漳河。在流过潞城、平顺境内的 20 余公里河谷沿线，分布着大量的古村落和古庙宇，其中国家级重点文物保护单位就有八处。在全国范围内都已经是凤毛麟角般珍稀的唐、五代、北宋等时期的古建筑，在这条河谷两岸竟然多有遗存，堪称一条蕴含着千年遗珍的黄金水道。只要想起浊漳河的名字，我就不由自主地激动起来，每次都是怀着朝圣般的心情来看望这些心中的圣殿，感受久远却仍可触摸的历史。

01 辛安原起寺

位于浊漳河南岸的潞城市黄牛蹄乡辛安村，是进入河谷的第一站。从西北而来的浊漳河在村边画了个弧线，扭头往东北方向进入了平顺县地界。村东北紧邻河畔有一座凤凰山，如中流砥柱般昂然临渊而立。山顶高台上有原起寺这样一座千年古刹，在绿树掩映之间露出青瓦飞檐，有纤细秀美的宝塔点缀其间。极目远眺，波光粼粼的浊漳河浩荡东去，青山碧水交相辉映，又有远近村舍若隐若现，仿佛展开了一幅山水长卷，而原起寺就是绝佳的观景台。

原起寺始建于唐玄宗天宝六年（747），因山顶面积狭窄，所以寺庙规模并不大。经过历代的修缮，现存面阔三间单檐歇山顶的宋构大雄宝殿一座，殿前为十字歇山顶四柱香亭，东有三间悬山顶配殿，大雄宝殿西侧还建有一座砖塔。

此塔名曰大圣宝塔，俗称青龙塔，为北宋元祐二年（1087）所造。塔通高十七米，为八角七级密檐式砖塔，一层最为高大，正南面开一拱门。其余墙面上饰以砖雕门窗，每层塔檐下都密布精巧的砖雕仿木斗栱。其结构复杂，样式繁多，猛然望去，有眼花缭乱之感；仔细观察又井然有序，丝毫不乱。塔檐由第四层向上逐渐收分，最顶端立有宝瓶式塔刹，由各檐角身扛锁链的铁铸力士拖拽加固。可惜宋代铁人多年前被盗，现在的力士为后来维修时增补。

我来到原起寺拾级而上，推开古老的木门，发现里面正在进行大修，大雄宝殿和香亭等建筑都被脚手架围起来了。也许为了眼下运料方便，施工队砍掉了几株柏树，一直被包围在树后的宝塔终于完整地展现在面前了。于是我赶紧画下来。此时宝塔的修缮已接近尾声，工人师傅们正在给塔基附近的墙面做清理工作。

当初我来这里写生时，看护原起寺的老大爷——一位地道的山西老汉一直陪在我身边，给我介绍寺庙历史，讲述风土人情，是一位和蔼可亲的长者。今朝打探大爷情况，方得知几年前已经故去，真是世事无常，令人唏嘘不已啊。

仰望依旧挺拔的宝塔，感叹建此浮屠的祖先虽不能够与塔同寿，但他们的杰出创造却可穿越时空，遗惠至今。我亦不愿做庸碌之徒，与之相比，却不过如塔下岁岁枯荣的草木。一时间扶栏远眺，只见大河滚滚东去，不禁伤怀。

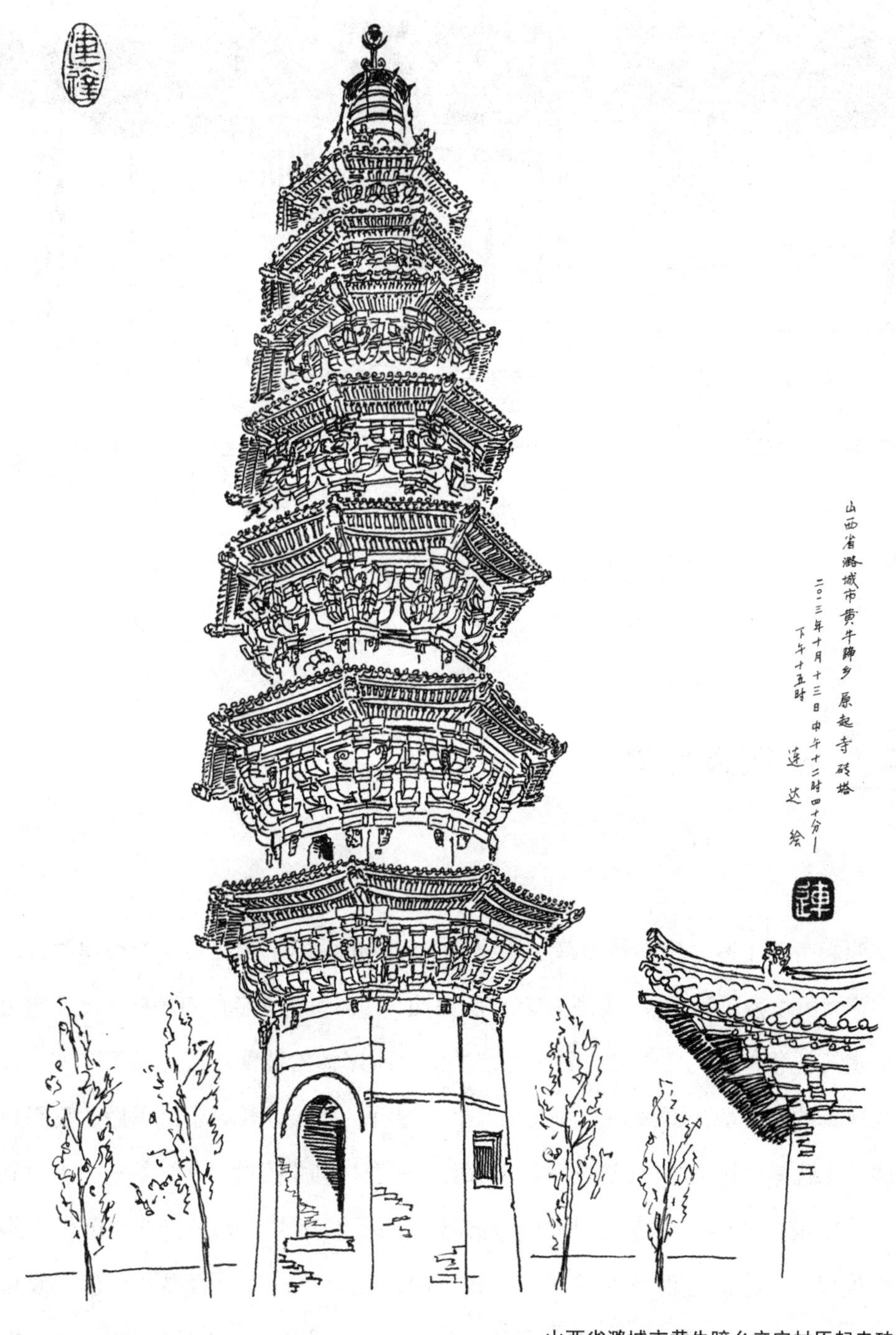

山西省潞城市黄牛蹄乡辛安村原起寺砖塔

山西省平顺县北耽车乡王曲村天台庵

02 王曲天台庵

原起寺山下有一座大桥横跨在浊漳河上，过桥后即平顺县界。沿河岸西行，正好饱览太行水乡风光。河水果然如名字般浑浊，却与黄河之色颇有不同。漫步岸边，但见水流湍急却似无声无息，看来水位很深。两岸林木枝繁叶茂，鸟鸣阵阵，拖着漂亮尾翼的灰喜鹊成群地在林间飞舞。缓步慢行，如入画卷。十余里后，我来到了平顺县北耽车乡的王曲村，这座小村中深藏着一座极其宝贵的唐代建筑——天台庵。

唐以前的木结构古建筑现在绝大多数已经找不到了。仍然存世的唐代木构，全国也仅有四座，这四座又都在山西省境内，分别是五台山的佛光寺东大殿和南禅寺，运城的广仁王庙，还有这座平顺县王曲村的天台庵。它们都是早期木构建筑中极其珍贵的实例，在中国建筑史上的地位也就不言而喻了——来到天台庵，我心中总有种朝圣的感觉。

天台庵是佛教中创立最早的宗派——“天台宗”的庵堂，位于王曲村西部的高地上。坐北朝南面河而建，视野开阔，景色宜人。院内为一座面阔进深各三间的单檐歇山顶小殿，修建在一米高的石台基上。建筑本身体量并不大，但殿顶却十分巨大，飞檐远远探出，如鹏鸟张开的双翼。整体简洁质朴，不重奢华装饰，展现出唐代建筑简练大气的特点。虽然后世多次维修，但主体未被改变，梁架仍然保持了唐代建筑特有的结构。四根支撑檐角的木柱是后世维修时所加，殿顶的琉璃脊饰是金代改换。

业内普遍认为天台庵的建造时间是在唐天祐四年（907），这是李唐王朝的最后一年，唐哀帝李柷（zhù）在这一年三月被迫将皇位让给后梁太祖朱温。延续了近三百年的大唐王朝终于和余烬未寒的大明宫、长安城一样，化为历史的陈迹。此时，后梁政权和割据山西的晋王李克用正在为争夺潞州（今长治）激烈厮杀。双方大军在晋东南地区、太行山下摆开战场的时候，在刀光剑影的夹缝中，这座小巧的庵堂落成了。而千年之后，无论后梁、后唐还是千军万马都已经灰飞烟灭，只能任由今人凭吊其传说。只有这座天台庵仍然静静地矗立在高坡上，见证着历史的变迁。有时候我真觉得似乎是冥冥之中有一种神奇的力量，佑护着这并不高大坚实、在历史的长河中更显得些许脆弱的小小庵堂，到底是什么呢？是佛祖的法力吗？——也许正是伟大的太行山脉吧。

院中还有一通唐代古碑，在雨打风吹的磨蚀下，已经看不清碑文字迹了，把上面记载的关于天台庵的往事彻底交还给了岁月。原来在前檐下东西墙角边各有一尊小巧顽皮的唐代石狮，陪伴了庵堂上千年，早已被磨得光滑发亮，就在近几年也不幸被偷走了。

在天台庵院中向外眺望，视野之内还有许多老宅，房子上晒着新收的玉米，为古老的山村增添了一抹亮色。坐在庵前向右一抬头，能望见云遮雾裹的一座山峰顶上有处宏大的悬山顶建筑，老乡说那是大禹庙。虽然没有时间去翻山越岭实地寻访，但我还是在王曲村里走一走，感受了一下这里独特的古村风貌。街边拴着精壮骡马，巷口横卧着老黄牛……这在许多乡村也已经不常见了。村里的老乡是见过世面的，对于到处拍照的背包客早就习以为常了——因为有了天台庵的召唤，经常有外地人甚至外国人来到这个太行山深处的小村庄。

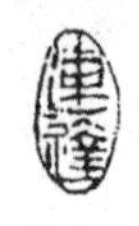

山西省平顺县北耽车乡实会村大云院弥陀殿

03 实会大云院

告别王曲村，回到原起寺下的浊漳河大桥旁。从这里向东北走不多远，便到了平顺县北耽车乡的实会村，村子傍山临河，南北狭长。村北的龙耳山群峰环列，九条支脉神奇地绕成了一个半弧形，就好像九条龙汇聚在一起，圆心位置有山峰突起，势如九龙戏珠。在峰峦之下建有一座古刹，名曰大云院。

大云院创建于五代时的后晋天福三年（938），原名仙岩院，两年后（940）修建了正殿大佛殿（即弥陀殿），到北宋建隆元年（960）时，已经有殿堂一百多间。太平兴国八年（983）敕赐“大云禅院”，遂成一方名胜。可惜到了明代，因山洪暴发，除了弥陀殿，其他的房屋都被冲毁，所以今天寺里的建筑多为清代增建。

现在的大云院尚存两进院落，由山门兼天王殿、弥陀殿及两侧配殿和后殿组成，其中最为珍贵的莫过于弥陀殿了。

现在存世的五代时期建筑也只有四座了，即山西省平顺县大云院弥陀殿、龙门寺西配殿、平遥县镇国寺万佛殿和河北省正定文庙大成殿，前三座都在山西，与现存唐代建筑一样，已经是个位数了。五代延续时间短，战乱不断，社会动荡，所以脆弱的木建筑能幸存至今，就更为难得了。

弥陀殿修筑在宽大的石台基上，面阔进深各三间，单檐歇山顶，殿顶巨大，举折平缓，出檐深广，用材规整。檐下斗栱粗壮硕大，对梁架的层层托举充满了浑厚阳刚的力量。因其时代紧随唐后，既有唐代的简洁大气之风，又与高平崇明寺北宋的中佛殿的气势十分相似，已经出现了唐代建筑所没有的普柏枋，熟练地使用了多种形式的驼峰，处于一个承上启下的转折期。

弥陀殿正面明间设板门，两侧次间为直棂窗，后墙只在中央开一门。殿内还保存着部分五代时期罕见的佛教故事壁画。依稀可见的佛祖、菩萨和飞天仍然是雍容华贵、体态丰盈的唐代风貌，与敦煌唐代壁画的形象何其相似，又好像在博物馆中五代王处直墓的《女乐图》浮雕一样——李唐王朝虽然灭亡了，但璀璨的唐代艺术还在延续。那些面部圆润、身材丰满的女乐师形象与宋代壁画和彩塑中纤柔的仕女形象截然不同，充满了大唐那令人着迷的独特气韵。而弥陀殿墙壁上那些已经脱落或者变得模糊的人物造型，似乎正是一个辉煌时代走向没落时投射下的最后一抹余晖。说是余晖，却仍然能在千年之后依旧散发着夺目的光彩，让人不由得更加追忆和向往那伟大的盛唐气象。

弥陀殿经过修缮，显得梁架挺拔，干净整洁，但千年历史的沧桑感被淡化了，给我的感觉倒像是一个建筑结构科普展。檐下陈列着从宋代到明清时期的碑刻、经幢，配殿里展示些庙内保存的旧石刻构件和浊漳河沿岸著名古建筑的介绍。

院外山脚下有后周显德元年（954）修建的七宝石塔一座，也已经有千余年历史了。塔为青石雕造，高约六米，塔门旁的将军、塔身的力士以及塔座束腰上的伎乐人物浮雕都有相当高的艺术和考古价值。前些年盗贼推倒石塔，并偷走了部分浮雕构件，后经过多次修复，宝塔得以重新站立起来，依稀恢复了旧貌。

我六年前来大云院时，这里由一位姓辛的大姐夫妇管理；此次故地重游，便是辛大姐的儿子和儿媳来接待了。一转眼，辛大姐的儿子都娶媳妇了，大姐的两鬓也有了白发。她对我的印象也从清瘦腼腆的年轻人变成了一个胖子——一切都在时间的洗礼下发生着改变，只有弥陀殿似乎丝毫未变——也难怪，区区六载时光在千年历史面前太微不足道了。

我再一次住进了辛大姐家的老窑洞——这是一处修在黄土崖上的老院子，门前一条小路把村庄和山里的大云院串联起来，路下边又是土崖，层层叠叠的。古老的小山村里还有一些旧宅子和庙宇，但很多都荒废了。留在村子里的年轻人已经不多了，辛大姐的儿子也准备到远方闯一闯。辛大姐是个非常注意自我充实提高的人，在管理大云院之后，查阅书籍并向来参观的学者和古建筑迷们请教，掌握了大量的相关知识，弥陀殿内外的各种构件名称和结构特点都能说得头头是道。许多普通游人听过她的讲解，称赞她已经是个了不起的专家了。辛大姐紧跟形势，趁我在这里住，又跟我学着申请了微博，希望用网络的渠道把大云院宣传给更多的人。

04 车当佛头寺

从实会村沿着浊漳河谷一路东去，两侧青山壁立，路旁有大河奔流，崖头水畔村舍错落，好一番山乡景致。美中不足的是山西长治去往河南林州的公路从这里经过，载重大货车一辆辆轰鸣着来往不息，有时甚至十几辆首尾相连，大地都跟着震颤起来，声势惊人，让我不禁心惊肉跳。

二十多华里后，我从一座水泥大桥上跨过浊漳河，来到南岸修筑在台地上的平顺县阳高乡车当村。村子西南两面都是大山环抱，保存着许多老宅院和庙宇，在村西的山坡下有一座小寺，因其背靠的山峰形似一尊佛头，寺也因而名曰佛头寺。

佛头寺坐北朝南，建在高地上。据说原有两进院落，但历经变迁，大部分建筑都已经被毁，只有这一座佛殿尚存。此殿为单檐歇山顶，面阔三间，进深四间，平面近乎于方形，正面为两窗夹一门，背面只在中央开门。目前找不到文献和碑刻关于修建年代的准确记载，但根据木作结构判断为宋代所建的说法被广泛接受。

山西省平顺县阳高乡车当村佛头寺

也有人认为是金代所建，两个时代相近，建筑结构特点上的相似性的确较多。

我六年前来车当村时是 10 月末，佛殿周围开满了艳丽的黄色野菊花。当时的殿宇已经倾斜变形，脊兽几乎掉光，幸存的一部分琉璃构件也严重风化，殿顶上长满了杂草，梁架扭曲，前檐的阑额已经快要承受不住斗栱的重压，开始塌陷。东侧窗子也跟着变形了，檐下密集的昂嘴不知在何时被锯掉，只有檐角依然高高地扬起，倔强地维护着自己往昔的尊严。我坐在寒风中画了一上午，冻得鼻涕直流，紧邻寺旁一个院里的大妈热情地邀请我去家里喝热水吃饭。

现在的佛头寺早已旧貌换新颜了，殿顶的瓦全部重新铺设，崭新的琉璃脊饰在阳光下泛着油亮的光泽。梁架被扶正，连缺失的昂嘴也被重新续接上了，还为佛殿辟出了单独的小院。当年古朴的石阶和生机盎然的野菊花却都消失了。

殿内旧日的积尘和杂物已被清理干净，墙壁上刷的白灰层被揭除，露出了下面的明代绘制的佛教二十四诸天护法神像壁画。既是意外发现，又似乎在情理之中，成了佛头寺的一大看点。

管理佛头寺的张大哥人很好，看我画得辛苦，热情地邀请我到家中一起吃饭，还将以前一位画家赠送给他的一本画册转赠给我，他认为对我会更有帮助。

山西省平顺县阳高乡淳化寺

05 阳高淳化寺

从车当村沿公路继续东行不远，路北便是阳高乡阳高村。在村中央广场上有一座很小巧的殿宇，叫作淳化寺。

说起这个阳高村，过去却是叫作羊羔村，也是座千年古村。村寨的石墙还断续地有所残存，老街巷里不乏保存尚好的古宅大院。村子位于两山相峙间，前面是浩荡的大河，景色宜人。据说这座淳化寺历史相当久远，年代可以追溯到北齐天保年间，最初叫作龙门禅院，属于现在平顺县石城镇源头村龙门寺的下院，一度十分兴盛，在北宋淳化二年（991）改名为淳化寺。时至今日，除了画面中这一座小殿，全寺其他建筑基本都被毁掉了。

画中的殿宇相传为金代所建，坐北朝南，面阔三间，进深六椽，单檐歇山顶，前后明间辟板门，正面两次间开直棂窗，构造十分简洁古朴。出檐宽大，檐角高高扬起，颇有俊秀飘逸之感。早年间被圈进了阳高中学院内，外侧倚靠搭建的民房甚多，淳化寺的歇山顶在这些杂乱房舍的围困下只能勉强露出头来。路边立着两尊八角石经幢，都是北宋开宝三年（970）建造，分别刻《金刚般若波罗蜜经》和《尊圣陀罗尼经》，原是寺中方丈院内的遗物。北墙下可见落款“大定己丑（1169）”的题诗碑一块，是当时的县令李晏所作《游龙门山寺，宋家庄阻雨，凌晨至羊羔喜晴书，路中即事》和《游龙门回投宿淳化寺》两首诗，说明这里在金代大定年间仍然叫羊羔村。淳化寺已经是一方名胜，吸引了县令大人前来投宿。旁边还有小字记载了同年五至六月间僧人和村中信众修补塌漏的淳化寺法堂的情景，另有雍正、嘉庆和民国年间的维修碑，可知寺院的破坏时间并不久远。

现在经过整修，杂乱的房舍被拆除，之前残破的淳化寺重获新生，两尊经幢被移到殿前陈列，周围还开辟出广场。曾经占据淳化寺的阳高中学搬迁到了广场西北，崭新的教学楼令人心情舒畅，文保和教育并重，让我对阳高的好感顿时倍增。古老的庙宇在远山的衬托下，显得更加优雅精致。我坐在广场边对着它写生，引来了众多乡亲的围观。有人指着北山腰处一座修得崭新的庙宇让我去那里烧香，说很灵验，也有人仔细打听我由哪里来，要到哪里去，得知我还要继续在附近画庙，热心地要开车送我过去。

06 侯壁回龙寺和夏禹神祠

从阳高村东去，两岸的山峰更加高峻，浊漳河的河床里成片的巨石凸显，形成了一些浅滩地段。河水漫过暗红色的石滩，发出欢快的鸣奏。在侯壁村附近，地势忽然开阔起来，河南岸有层层叠叠的、很高的黄土台地，侯壁村就建在台地顶上。远方的太行山脉峥嵘崔嵬，与青天相接，变成了一道剪影般跳跃的曲线。

山西省平顺县石城镇侯壁村远眺可见夏禹神祠与回龙寺

站在河边远眺侯壁村，青山悠远苍茫，古老的村庄安宁静谧，如同在欣赏一幅水墨淡彩国画。村舍间有两座悬山顶建筑显得格外与众不同，低处的一座叫作回龙寺，是金代的遗构，面阔三间，单檐悬山顶，有前廊，保存了许多早期建筑的特点。有些结构甚至是现存宋金建筑中的孤例，所以意义非比寻常。不过它原来只是村头庄稼地里隐藏的一座歪斜的老房子，围墙坍塌，院里长满了杂草和扎人的荆棘，殿内堆满杂物，房梁和墙壁上还隐约可见一部分清代彩画。现在整个院子修缮得干净整齐，只是院门紧锁，无缘再进了。

高处的悬山顶叫作夏禹神祠，顾名思义，是祭祀大禹的地方。当地老乡也叫它禹王庙，这处高地也得名禹王垴。晋东南有众多的汤帝庙，也有为数不少的大禹庙，大致都是乡民祈求风调雨顺五谷丰登的场所，有一些至今还有香火延续。侯壁村高地上的这座夏禹神祠规模并不太大，是一座严整封闭的四合院，坐北朝南。现存山门及倒座戏楼、正殿和东西配殿。正殿面阔三间，进深六椽，单檐悬山顶，檐下出廊，殿前有月台和石刻供桌。从月台上的题刻得知，这座正殿建于元朝至元二年。因为元朝时曾有过两个至元的年号，所以在下边没有刻干支纪年的情况下不知道是公元哪一年了。河边远远可见的便是正殿的背影。

我坐在河畔山坡上潮湿的衰草里，匆匆勾勒了几笔这让人心仪的山村远景，便赶紧奔入村中游览。很显然夏禹神祠的修缮工程也刚刚完成不久，可惜的是这一次两处庙宇都未能进入，深感遗憾。

07 石城龙门寺

浊漳河的最后一站是石城镇，过了这里再向东不远，就进入河南省林州地界了。石城镇一带山峦越发雄伟密集，镇子北面更是群山连绵、险峰迭起。一条溪水从山中潺潺流淌出来，小路则沿着溪水，延伸向大山深处的源头村。过村再向北不远，有两山对峙，形势如门，宛若天开，其名曰龙门山。山体峭壁陡立，如刀砍斧劈一般，让人观之顿生凛然肃穆之感。龙门北面山坡上坐北朝南建有一座寺院，名曰龙门寺。周围群峰如波浪般环绕，山下有水流叮咚，龙门山如两尊擎天神将分列护持于前，真是景色雄奇壮丽的风水宝地。

我来龙门寺时，正遇上绵绵秋雨，执伞行走在幽静无人的深山峡谷里，只见远近山峦与云头相连，视野中一片混沌，到处都是湿漉漉、冷冰冰的，偶尔有几株挂满果实的柿子树出现在山坡上，那一抹饱满的颜色在灰暗的山野里分外夺目。我望着石拱桥下面翠绿碧透的溪水，有一种自己已经幻化成这山中不知哪朝哪代的苦行僧的错觉。踏着湿滑的古老石阶，我不知不觉已经来到了龙门寺前。

相传龙门寺创建于北齐天保年间，当时有位法聪和尚云游至此，见山形奇胜，风水绝佳，空谷幽远，地脉通灵，便创建寺院，最初名叫法华寺。五代时开始扩建，至宋代殿堂已达百间，宋太祖赵匡胤赐额 “龙门山惠日院” 。至乾德年间，因寺前山如龙门而改名“龙门寺”，最盛时僧侣多达300人。可惜在元末战争中遭受重创，多数建筑被毁，明清又多次修缮增补，才形成了今天的规模。

现在的龙门寺中路尚存金代的山门兼天王殿，北宋的大雄宝殿及五代时期的西配殿和明代的东配殿，后面是建于元代的燃灯佛殿。西路的僧舍和库房、东路

山西省平顺县石城镇源头村龙门寺大雄宝殿

的圣僧堂、水陆殿等多是明清所建——在这座现存规模不甚大的寺院中，竟然保存着五代、北宋、金、元、明、清等六个时代的古建筑，这在全国也是唯一的，堪称一座了不起的古建筑博物馆。

画面上就是寺里的主体建筑——大雄宝殿，建于北宋绍圣五年（1098），下部建在一米许的石台基上，面阔进深各三间，单檐歇山顶，平面接近方形。前檐下施以四根方形抹角石柱，前后明间设隔扇门，正面次间设直棂窗，宽广舒展的飞檐和粗壮硬朗的批竹昂都具有明显的宋代建筑特点。殿顶的琉璃脊饰为明代维修时所换，四角的木柱是后人担心檐角下沉而架设。后檐下陈列着多通历代维修寺庙的巨大石碑，殿内还保存着大量的明代佛教壁画。因龙门寺早年曾被改建为小学校，这些壁画能大面积保存下来，可以说是个奇迹。当年的小学生坐在殿堂之内，背靠着佛祖和菩萨的画像，抬头就能望见近千年的大木梁架，出门就有林立的石碑和经幢，这会在他们的童年里留下怎样的记忆呢？至今，大雄宝殿的山墙外侧还清晰地保存着“教育要为无产阶级政治服务”的标语，也许那时将龙门寺改作学校是一种保护，避免了被直接捣毁的厄运；又或许是有人在刻意对寺院

山西省平顺县石城镇源头村龙门寺后唐同光三年之西配殿

暗中保全，约束不损毁壁画和不胡乱刻画石碑，才能为今天留下这座精华尚存的千年古刹。

我走进龙门寺开着的东掖门，雨势已经很大，只好在门内驻足，边避雨边画起大雄宝殿来。云层飞快地从后面的山峰上掠过，潮湿的雨雾扑面而来，身上冷得一阵阵发紧。守护寺院的小伙很热情地给我介绍寺里的一些情况，并邀请我一起吃午饭。他家就住在山下的源头村，每天带饭。我见这兄弟自己带的粮食也不多，婉拒了好意，啃点自备的干面包充饥。

大雄宝殿西侧的配殿建于五代后唐同光三年（925），和前面到过的实会村大云院弥陀殿都是国内仅存的四座五代时期木构建筑，修建年代比弥陀殿还要早十多年，也是国内现存最早的悬山顶式木构建筑实例。西配殿面阔三间，进深四椽，殿内无柱，明间开板门，次间设直棂窗。其柱头上无普柏枋，栌斗直接安置在柱头顶端、阑额不出头等做法，都是早期建筑的显著特征。古拙质朴的造型，简洁洗练的手法，依稀宛在的唐风，都使这座隐藏在深山古刹角落里的国宝级建筑彰显其独特的魅力，无法被忽视。

从画面中可见西配殿檐下只用一排圆椽，门上方有隐刻斗栱，殿顶的琉璃脊饰均为后人维修时所更换。画面右边露出的就是大雄宝殿的西南角和檐下粗壮的批竹昂，左边是一株参天古柏，相传种植于北齐创建龙门寺时，与古刹同寿。我坐在大雄宝殿宽大的飞檐下画着西配殿，山雨中清爽的空气沁人心脾，让人全身都分外受用，这就是城市里所没有的纯绿色氧吧。

另一幅画是龙门寺天王殿内侧。此殿为金代所筑，面阔三间，进深四椽，单檐悬山顶。檐下斗栱雄壮，补间的大斜栱具有典型的金代特征。前后檐下陈列着门扇般大小的古碑多通，里面补塑了四大天王的法身。正面明间设门，次间设窗，两侧有八字照壁，背面只在明间有门，前后通透，兼具山门的功能，两侧建有掖门。其实天王殿原来并非龙门寺的山门，前面还有一座金刚殿和一座碑亭，可惜都已经毁掉了，画面中天王殿外侧就是东西相对峙的龙门山。

山门内是由天王殿和大雄宝殿以及东、西配殿组成的第一进院落，院里有两株参天古柏，前面提到过，相传植于创庙之初的北齐天保年间，已经有一千四百余年的树龄。西侧一株至今仍枝繁叶茂生机盎然，东侧一株古柏就是这幅画面里的样子，已经枯死了。据说是“文革”时要将此树伐倒建房，剥去树皮，砍掉了巨大的树冠，但后来被紧急叫停，于是留下了这光秃的枯树。

傍晚时分，已经陪伴我一整天、相谈甚欢的守庙小伙桑老弟主动开车拉我出山，一直把我送到了石城镇，使我免受雨淋之苦，还热情地欢迎我再次来龙门寺游览。

此时的太行群峰半露峥嵘，半入云端，千年的龙门古刹早已隐去了沧桑的身影。壮阔的太行山，浩荡的浊漳河，神奇的晋东南，承载着这般令人着迷的建筑与文化，真让我如痴如醉，每一次尚未离去时便已期待着下次的到来。

山西省平顺县石城镇源头村
龍門寺金代天王殿
二〇一三年十月十四日下午十五时
三十分—十七时 连达

第二章

郊野楼台话沧桑：长治高平浅寻访

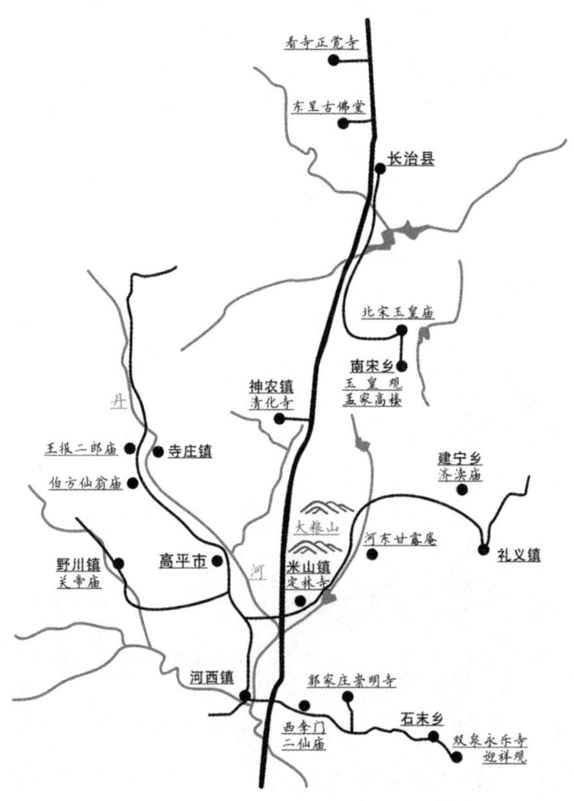

长治市为古上党郡，最早是由战国时期的韩国所设立，意为“居太行之高，与天为党”，后来曾称潞州、潞安府。明朝嘉靖年间取“长治久安”之意，改为长治，其下辖的长治县南面与高平市相邻。高平古称长平，是战国末期秦赵长平之战的主战场，现在属于晋城市下辖的县级市。长治和高平一带因其深厚的历史积淀，至今存有大量的文物古迹，粗浅寻访，便有颇多的收获。

山西省长治县看寺村正觉寺

01 看寺正觉寺

长治县苏店镇看寺村位于县城西北约10公里，地处长子县和长治县之间，靠近207国道和长治通往晋城的高速公路，交通很方便。村子东西向狭长，地势平缓，唯西北有一处高地，上面坐北朝南建有一座千年古刹，取佛经中“登上正觉彼岸”的意思，名曰正觉寺，当地人都习惯称之为大寺。千百年来正觉寺一直是当地名胜，前来看寺之人络绎不绝，才使村庄得名看寺。

正觉寺的创建年代可以追溯到唐朝，据记载，“唐大和年间（827—835）建，宋熙宁三年（1070）僧贞玘重建，元至顺三年（1332）僧道喜重修，明天启三年（1623）重修，清同治年间（1862—1874）再次重修”。现存的建筑分前后两进院落，第一进院中有中殿和东西配殿，第二进院中有后殿，两侧盖有厢房，原本的前殿和山门等建筑早已毁掉了。

在高高的台阶顶上，只有一道院墙和一个不起眼的普通小门，走进去则立即看到高大的中殿出现在面前。此殿面阔五间，进深三间，单檐悬山顶，修建在近一米高的石台基上。明间前后设板门贯通，正面两次间设直棂窗，两梢间无门窗。东西两侧各有配殿一座，皆是面阔三间、进深一间的单檐悬山顶小殿，为元代遗构，相比中殿明制的纤细斗栱，配殿前檐下的斗栱倒显得更加粗壮有力。当年正觉寺曾经被改建成粮库使用，各殿都经过相应的改造，里边的神龛塑像全被清除干净，并在中殿前修建三座圆形粮仓。至今这三个尖顶如堡垒般的粮仓犹存，记载了正觉寺的一段曲折故事。虽然寺庙变成粮库，从建筑到文物都遭到了严重的改变和破坏，但也正因为这里是粮库，才躲过了“大破四旧”的毁灭，使得寺庙的几座主体建筑保存到今天，正所谓福祸相依。

正觉寺内最重要的殿宇就是宋代所建的后殿，这是一座单檐悬山顶建筑，修建在近一米高的砖石台基上，面阔五间，进深六椽。殿顶出檐深远，举折平缓舒展，两端檐角微微上扬，檐下斗栱雄健壮硕，凌厉的琴面式双下昂体现了力与美的结合。檐柱为方形，四角抹棱。正中央明间现在是隔扇门，两侧次间和梢间是宋式的直棂窗。整座大殿简洁素雅，严谨又不失大气，是现存宋代建筑中的佳作。在后殿两侧还连建两座小小的垛殿，东西两路各建有厢房，因为曾经用作粮库，改建十分严重。粮库迁走后又被废置，房顶渗漏坍塌，杂草丛生，几通断折的残碑散置在墙边，诠释着苍凉的意境。

近年来中殿和后殿曾经进行过修缮，焕然一新的大殿和破败的垛殿及厢房形成了强烈的反差。不过新一轮整修即将开始，测绘的工作已经在进行中了。

02 东呈古佛堂

在长治县城所在地韩店镇西北方，紧邻207国道和长治到晋城的高速公路旁，有一座叫东呈的小村庄，村北的农田里现存一所破败的庙宇，名曰古佛堂。我在

山西省长治县东呈村古佛堂前殿

2007 年曾经来过一次，七年之后再次到访，但见四周新绿的秧苗充满了生机盎然的活力，而这座七百多岁的衰败老庙仍然孤独落魄地耸立在田野里，一派任凭世事如何变迁，我自岿然不动的超然状态。

古佛堂的院墙已经摇摇欲坠，裸露在外的后殿三面墙壁都是坍塌后又用残砖和土坯草草垒砌的，在巨大的殿顶和粗壮的梁架重压之下，柱子和残墙早已显得力不从心了。整座寺庙的外观就像一片已经到了临界点的多米诺骨牌，似乎只要一个轻微的震动，就会不可挽救地全面倾倒。

相传古时候这里曾经有一片山崖忽然崩塌，烟尘散去，人们惊讶地发现只有一座孤峰屹立不倒，其外形酷似一尊站立的佛像。众人皆认为是佛祖降临，于是在附近修起寺院，虔诚供奉，从此就有了这古佛堂。据说寺院始创于唐代，后世屡修屡毁，现存的主要是元代遗构，原本坐北朝南，有两进院落，第一进院落是什么年代被毁的已不可考，目前只剩下第二进院，是一座由前殿、后殿和东西配殿组成的四合院。

前殿是一座面阔五间、进深六椽、单檐悬山顶的殿宇，由于年久失修，原有的门窗和墙壁都已经毁坏。尤其南墙，全部是用新砖封堵起来的，无从确认原来是否留有门窗。北立面的墙壁用砖也是新旧参差不齐，明间已无门无窗，现在完全

山西省长治县东呈村古佛堂后殿

开敞。古佛堂的屋脊上曾经装饰精美的明代琉璃构件，也早已被盗一空，五条脊都变得光秃秃的。殿顶也多处糟朽变形、塌陷和渗漏，只是以石棉瓦简单地进行过局部修补和遮盖——从画中即可见殿顶上变形如波浪般的正脊、丛生的杂草以及散乱的砖瓦。因为有补间斗栱，所以这座五间大殿檐下共设斗栱十一组，都格外古拙遒劲，结构也基本尚存，但多数的散斗已缺失不见。斗栱下的普柏枋特别粗壮，且不甚规整，是元代建筑中所常见的，阑额则已经被拆掉了。门边是原有的方形抹角石柱，因为用的是质地格外疏松的砂岩，在多年的风吹雨淋和流水浸蚀之下，柱身中部逐渐化为一堆碎沙散落在地。殿内也有类似的柱子，几乎到了一推即断的程度，令人心惊肉跳。好在当地也进行了一些抢救性修补措施，用砖垒砌了几座新的柱子对殿内沉重的梁架进行支撑，至少暂时保住主体构架不会垮掉。因为古佛堂曾经被村里当过粮库，内部墙壁和梁架全部用石灰刷成白色以防虫蛀，所以在殿内已经看不到任何彩画残存了。

院子东西两侧各有三间配殿，现在房顶已经完全垮塌，只余下四壁残存，荒草灌木充斥其中。

后殿也是面阔五间、进深六椽的悬山顶大殿，体量比前殿大，气势上也更加粗犷，外观则比前殿更惨，殿顶上的脊饰彻底丢光了，屋檐朽坏不堪，倒是前檐下的十一组斗栱保存得还算完整，都带有漂亮的双下昂。斗栱下的普柏枋比前殿的更粗大坚实，像是把大树砍削了枝干后直接架到柱子上一样。门窗和墙壁经后世改造早已面目全非，西次间的窗子被封死，而中央的门框显得很狭窄，和东次间的窗子都被拆掉了。

走进殿内，我立即被眼前的景象震撼了：六根极其粗壮的大梁一列排开，是四椽栿接前乳栿用三柱的构造，一头架在门内廊柱上，另一头架在后墙立柱上，使殿内的空间大为扩展。这些大梁的直径都超过一米，简直就是将几百年的古树粗略削去树冠、斩去树根后，把圆滚滚的大木强行架设上去了。

至于树干本身的粗细匀称程度、规格和重量，似乎都不在工匠们的考虑范畴之内，不管多么粗硕，只要架上去就行了。前面的乳栿用材和大梁相接在一起，惊人的粗细差异简直如同碗口和筷子；再看梁下的柱子，就更显得格外纤弱，真怕支撑不住这么骇人的巨梁，却也就这样风风雨雨地挺立了七百余年，这就是粗犷的元风。说它抛弃了宋金时期工整严谨的建筑风格也好，说它是因元灭金战争的摧残造成人口锐减，致使建筑技术的倒退也罢，这种令人惊异的营造方式用时间证明了自己品质的优良和坚固，其独特的造型让人过目难忘，啧啧称奇。

现在站在殿内就能够欣赏田野里的风光和乡亲们劳作的场景。后殿的三面墙都已经坍塌得稀里哗啦，只是用砖头干插式地草草垒起来，暂时起到隔离作用，随时会再次倒塌。柱子们也快撑不住了，好在后墙内侧有了用新砖垒起来的方柱协助支撑这千斤巨梁，不过怎么看也不是长久之计。大殿内地面凹凸不平，还有一个大坑，据说曾经有盗贼潜入这里进行挖掘，原因只是听人说这老庙底下埋着值钱的古董，结果挖了个稀烂，无所获而去。两座殿顶上原有美轮美奂的明代琉璃饰件，也已经被偷得一件不剩了——盗贼眼中只有能取而换钱的物件，哪管建筑本身珍贵的历史价值和文物价值！在自然和人为的双重损毁下，这座衰老且衣衫褴褛的古佛堂不知还能支撑多久。

我扭头看见了村西山顶上近年落成的一大片仿古寺庙崭新的琉璃瓦顶，在阳光下反射出刺眼的光泽，随风飘来悠扬的佛乐之声，和古佛堂这里的惨状形成了强烈反差，让人无奈地摇头叹息。

03 南宋孟家高楼

长治县东南的南宋乡南宋村历史悠久，相传商周时代就已经有人类在此居住，到战国时定村名为小窑村，后来改作大窑村。至秦汉时期，村中宋姓人口数量剧增，因村子位于古上党郡之南，便改名为南宋村。随着村庄规模的不断扩大，日久而逐渐分成两个村子，北面的便叫作北宋村了。这是有着两千多年历史的古老村落，但从字面上却不由得使人联想到那经济文化繁荣，却军事羸弱的两宋王朝。南宋村面朝青山，有河水穿村而过，风景优美，古时曾有“小江南”的美誉。前些年南宋乡一带因为煤矿开采，着实繁荣了一阵子，把村庄和街道也整修得干净漂亮，还以村里的玉皇观为中心，发展成旅游区，有了点花园乡村的味道。

今天走进南宋村，最先映入眼帘的是村北台地上一座敦实厚重的青砖高楼，给人坚若磐石的感觉。楼体总共有五层，通高达二十米，好似一尊顶天立地的金刚屹立在村庄旁边。此楼由明末本村财主孟贞道修建，因此被称作“孟家高楼”，是原来孟家宅院的一部分。旧时楼前尚有两进四合院，这座高楼是宅子的最北端，取靠山之意，如今旧宅几乎毁灭干净，只有这座大楼幸存了下来。

明朝末期，政治腐败已入膏肓，加之连年天灾人祸不断，外有后金破边入境，内有多地大旱，饥民流离失所，进而盗匪四起，流寇横行，局势混乱不堪。山西是受流寇扫荡最严重的地区之一，许多村庄和富户纷纷捐资筑起城寨堡墙以自卫，晋东南一带至今仍有不少那时创建的村堡留存。许多村堡中都筑有类似孟家高楼这样的堡垒式大楼，其内设有水井、碾子和磨盘，储存大量粮食。一旦流寇到来，先据堡墙抵抗；如若不敌，则退入楼内进行长期坚守。这座孟家高楼下部修筑在坚固的石台基上，通体以青砖砌筑，砖楼部分总共有四层，南立面每层开三到五座门窗不等，东西两山墙和北侧只在三层以上设窗，更加利于防御。四层顶上建有面阔五间的悬山顶砖木大屋一座，前后设有垛口，好似一座巨大的城楼。

山西省长治县南宋乡南宋村

孟家高楼

二〇一四年十月二十日 上午七时四十分—八时五十分

连达

我一直在思索这座孟家高楼南立面为何开那么多的门窗，难道仅仅是为了弥补采光的不足吗？但这样并不利于防守。其实这座高楼不但具有堡垒般的防御能力，同时因其高大，还具有瞭望预警功能。登上楼顶，方圆几十里内的动静尽收眼底，一旦发现流寇来袭，村中可以早做准备。

现在孟家高楼一层内仍有老乡居住使用，但主体结构已经相当残破。尽管近些年有所整修，可还是有不少窗子依然黑洞洞空荡荡地冷眼望天。

04 南宋玉皇观

南宋村南部有一座玉皇观，是坐北朝南的长方形大院子，现存主体建筑有五凤楼和两侧的钟鼓楼、献亭、正殿以及左右的配殿和厢房等建筑，是整个村中规模最大、保存也最完整的古建筑群。

五凤楼位于玉皇观建筑群的最前端，面阔进深各三间，五重檐歇山顶，通高近三十米。主体构架由四根金柱贯通上下，楼内加上暗层，实际为三层。一层是进入玉皇观内的通道，檐下出廊，内部空间高大宽敞，原有一根老桑树砍制成的独木梯通往二层。从前想登楼的人只能抱着这弯曲晃动的老树干一点点往上爬，相当危险。不知古人这么做是出于什么目的，也许是为了考验登楼者的诚心。不过现在已经另建了一架木楼梯，老桑木梯也被保留下来，斜置于墙边供人观赏。二层实际上是一个处于楼体构架上下衔接部位的低矮夹层，巨大的斗栱后尾把这里的空间压缩得较为狭窄，需要侧身低头小心通过，否则有撞破额头的危险。待到了顶层则豁然开朗，这里不设门窗，四面通透，让人顿感神清气爽。凭栏而立，不但可以眺望四外的村舍风光，而且能近距离欣赏五凤楼内部令人赞叹的梁架构造和楼顶上独具匠心的八卦藻井，感受古代匠人精湛的营造技艺和复杂木结构展现出来的独特美感。整座楼阁重檐密布，一组组雄健的斗栱托举着飘逸的飞檐，充满了阳刚的力量，而高高挑出的檐角隐约有一丝江南楼阁的灵秀之气。两种气质相融合，

山西省长治县南宋镇

玉皇观—五凤楼

二〇一三年七月二十六日 晨六时—上午九时二十分

连 达 绘

使这座结构繁复严谨的楼阁于粗犷中又展现出俊逸的美感，让人觉得这不仅仅是一座楼阁，更是一件艺术品，堪称古上党地区现存最美的楼阁式古建筑。

玉皇观的山门之所以修建成楼阁样式，据说还跟一段美好的神话故事有关。相传玉皇大帝的五个女儿因厌倦了天庭里森严的规矩和枯燥的生活，相约到凡间过普通人的日子，于是化为五只凤凰悄悄离开天宫下凡到此，见这里山明水秀，风光宜人，便定居下来，并用自己的法力保佑一方乡土风调雨顺，人民安居乐业。乡亲们为感念五位仙女的恩德，便在玉皇庙前建五凤楼，意为五姐妹的绣楼，既让五位仙女与玉皇大帝同受香火，又使她们与正殿里的父亲相依相伴而成全骨肉亲情。

这座玉皇观建筑群相传始建于宋代，在金、元时期曾经大修，根据庙内碑石题刻记载，明万历四十二年（1614）再次重修，崇祯十六年（1643）金妆神像一堂，清代更是多次修缮，现存五凤楼和献亭、正殿等建筑仍保有元末明初的风格。

穿过五凤楼一层，院内紧连着建有献亭一座，为单檐歇山顶四柱式结构，平面呈正方形，修筑在宽大的毛石台基上，前后置踏垛，四周有石栏板围护。四根大柱都是粗粝的砂岩抹角方柱，表面浮雕云龙、花卉、瑞兽和佛像等图案，风格粗犷豪放，有典型的元代气质。柱顶承托起四根粗硕的大额枋，上面密布着雄健繁复的斗栱，一组组昂头潇洒地伸向空中，共同托举起宽大张扬的飞檐。檐角好似凤凰张开的羽翼，大气而自信地高高挑出，与五凤楼的飞檐呈比翼齐飞之势，把这组建筑群的气势烘托得宏丽磅礴。献亭内的八角藻井精巧华丽，由小斗栱层层密布契合而成，技艺比五凤楼内的藻井更加精湛。但这座亭子最为奇特之处在于东侧的额枋是用两根木料对接而成的，在这么复杂的建筑群里为何会使用一根断梁？仅仅用木料不足来解释肯定是不能令人信服，这也是玉皇观里的一个未解之谜。

玉皇观最北端是正殿——玉皇殿，因为供奉着玉皇大帝的神位，也被乡亲们称作凌霄宝殿。这是一座面阔五间、进深六椽的悬山顶大殿，在殿前与献亭之间，设有平坦宽大的月台，是供信众献礼叩拜的地方。这都是较为古老的做法，源于金元时期的庙宇，而献亭则是那时候的舞楼和乐亭，有献祭和为神仙表演乐舞的功能，这一功能在明清普遍于庙前修造戏台之后逐渐消失。

山西省长治县南宋乡南宋村玉皇观献亭

玉皇殿前檐以一排青石抹角方柱支撑，明间和左右次间设置隔扇门，两梢间为直棂窗，最为炫目的是檐下密密层层的斗栱，在每一根石柱顶端以及左右两梢间的补间位置，都有出一跳五下昂的十三踩斗栱，明间和两次间的补间出斜栱。斗栱的总高度甚至超过了檐柱高度的一多半，其密集和复杂程度是我在晋东南众多庙宇中所仅见的。这也反映出先民们为了表达对玉帝虔诚的信奉，拿出自己全部的恭敬细致和耐心来修造神邸，自然创造出了不同寻常的建筑杰作。当我面对着好似一束束槐花般绽放的雄大斗栱，当即被这力与美的极致之作震撼得瞠目结舌，叹为观止，为之深深折服。

这样一组华美大气、工艺精湛且布局完整的古建筑群经历了数百年沧桑，至今仍然保存完好，与当地乡亲们的爱护及对玉帝的信仰是密不可分的，高高的五

山西省长治县南宋乡南宋村玉皇观凌霄宝殿

凤楼更是当地的象征和骄傲。新中国成立后，玉皇观做过村办公地点，也曾改造成小学使用。在“大破四旧”的疯狂年代里，当时的公社书记想尽办法阻止了红卫兵对五凤楼和玉皇殿的破坏，这才使得我们今天仍然能够见到这座辉煌的大庙。其实山西许多保存下来的古建筑都有类似的经历，每当看到这些精彩的古建筑瑰宝，我心中就对山西的乡亲们充满了敬意。

坐在这寂静无人的玉皇观中，如醉如痴地看着这些华美殿宇和精巧木构，享受着清风的吹拂，静静地悉心描绘，感觉再没有比这更让人心情舒畅的事情了。

山西省长治县北宋村玉皇庙

05 北宋玉皇庙

从南宋乡南宋村向北下坡走不远，就到了北宋村。这是个不小的村子，村南部有一座荒废的玉皇庙。进村后，远远就能看见一座民房包围之中杂草丛生的大悬山顶，我好像发现了新大陆，兴奋地赶紧奔了过去。

这座玉皇庙面积很大，原本曾有前殿、献亭、正殿、垛殿和东西配殿等建筑。现在前殿塌得只剩下两堵山墙，献亭只存地基，西配殿无存，东配殿被改造成了仓库，并有部分坍塌，里边堆满了木料和几口棺材等杂物。门外也横七竖八地堆满了木料，仅有破烂的正殿和西侧垛殿还能看出来庙宇建筑的模样。整座院子里空空荡荡，成了野草和垃圾的家园。

画中的这座建筑就是玉皇庙的正殿，为面阔五间、进深六椽的悬山顶大殿，据说始建于元代，明代进行过大修，结构与南宋村玉皇观正殿相类似，前檐下面以六根方形砂岩大柱支撑。斗栱粗壮硕大，排布紧密，两侧角柱上施以三下昂斗栱，中央的四柱上也出三下昂另有斜栱，补间为双杪单下昂，结构变化繁多，较为复杂，后檐下则无斗栱。现在屋檐糟朽，椽瓦脱落，原有门窗早已无存。柱间只以砖头临性时地一堵，殿顶多处漏洞见天。昨天下过雨，今天殿内还在滴着水。后墙也已经严重向外倾斜，全靠几根木棍戗住才没有轰然崩塌。玉皇大帝这座神邸的惨状真叫人心疼，同样是供奉玉皇大帝的地方，与南宋村玉皇观境况相比，真是判若云泥啊。

我坐在杂草丛中，与蛛网为邻，肩扛小伞抵御灼烤的骄阳，顾不得双腿双手被蚊子饱餐，全身心投入地画下了这幅玉皇庙正殿。很难说这座建筑还能支撑多久，也许某天的大雨就会将它彻底摧毁。我只能默默祈祷玉帝显灵，护持他的殿宇早日获得新生。

06 神农清化寺

神农镇是高平市最北边的一个镇，与长治县相邻，传说是炎帝神农氏的家乡。北面羊头山上的石窟群有北齐天保二年（551）碑刻云“神农圣灵所托”，唐天授二年（691）所立的《泽州高平县羊头山清化寺碑》上有“此山炎帝之所居也”、炎帝“遍陟群山，备尝庶草，届斯一所，获五谷焉”的记载。最迟在唐朝末期，当地已经用神农来命名了。千余年的历史积淀使当地遗存有众多的人文古迹。在神农镇所在地团池村中，现存一座规模很大的古庙，叫作清化寺，即碑文中所提到的羊头山清化寺的下寺。

清化寺建在神农镇中高地之上，相传该寺始建于唐代，这倒与羊头山碑刻记载相合，后世多有重修。目前尚存两进院落，原有布局基本仍在，被圈到小学院内，西侧与敬老院为邻。旧有山门和天王殿、钟鼓楼等建筑已经无迹可寻，现存主要为

山西省高平市神农镇清化寺如来殿

最前面的如来殿、中央的三佛殿和后边七佛殿以及两旁的配殿。可惜因为年久失修，诸多殿宇坍塌毁坏极为严重。画中的是如来殿，面阔进深各三间，单檐歇山顶，平面呈正方形，传为宋代遗构。因为寺庙曾经被当成学校使用，墙面和门窗已经完全改变了，除了殿顶外基本看不出旧貌，斗栱的昂嘴也多被锯断。如今学校在东侧新建了教学楼，这里便被弃置荒废，任凭风吹雨打，破败倾颓。后边的三佛殿和七佛殿等金、元时期建筑本来规模宏大，现在竟然到了彻底垮塌的地步，仅余部分山墙和梁柱颓然而立，木料被雨水浸泡糟朽，早已腐烂多年。殿内和院中一样，都是齐腰深的杂草，如画中这般狼狈的如来殿反倒是整座建筑群中境况最好的一座殿宇了，破烂的檐角上仍然倔强挑出的龙头似乎在进行着最后不屈的抗争。

在画画的时候，我心情是极差的，虽然我也见过了太多濒临倒塌的古庙，但眼睁睁看着这么大片的古建筑群逐渐垮塌成瓦砾堆，实在超出了我的想象，令人难以接受。

山西省高平市伯方村仙翁庙

07 伯方仙翁庙

高平市寺庄镇伯方村位于市区西北方约七公里处，是一座有着两千多年历史的古村落。高平古称长平，是战国末期秦赵长平之战的主战场，众所周知，此役40万赵军战败投降，然后被秦军坑杀。现在高平地区保存着多处长平之战的遗址，而伯方村附近正是这场血战和屠杀的发生地。这一带还有遗留了古地名的长平村，记载着石矢如雨的箭头村，徒呼王师（当地赵国百姓对赵军的称呼）奈何的王何村，王师最后投降的地方王降村，并且已经发现了多处赵军尸骨坑遗址。伯方村一带那时已经有百姓结村居住。村西有一处山谷叫作车辋谷，其地三面环山，易守难攻，据说这里是长平之战初期赵军统帅廉颇屯集粮草和战车之所。

秦军袭破车辋谷，将内存辎重付之一炬，彻底断了赵军的补给，最终迫使其投降。相传这一把大火烧得天昏地暗，连附近的村庄田地也被烧成一片漆黑的焦土，后来这地方就被称作黑方村了，这便是伯方村最早的名字。在西晋和明朝都曾有朝廷敕封的长平伯封地于此，黑方村逐渐被叫成了伯方村。

伯方村中至今仍保存着众多的古民居，其中就有清初廉吏毕振姬的故宅。毕振姬（1612—1681）字亮四，号王孙，又号颉云，在清顺治三年（1646）考中进士，之后一路升迁，为官十余载，最高做过二品大员，始终心系百姓，清廉如一。康熙帝曾称赞他“爵禄不能动其心，富贵不能改其志，此正情操，绝世楷模”。他的故宅相当简朴，不重奢华，却也落落大方，值得寻访凭吊。村中另有观音阁、东顶观和三官庙等众多庙宇古迹，规模最为宏大的当属村北高地上的仙翁庙了。

仙翁庙也称总圣仙翁庙、纯阳宫，始建年代不详，但根据庙内现存的明代成化七年（1471）碑刻记载“自唐宋至我朝，其庙感应之灵验，不计年矣”。可以把仙翁庙的大体创建时间推断至唐代，现存的仙翁庙则是明清屡次修缮之后的样子。全庙主体建筑位于伯方村北黄土山坡顶部，走上高高的台阶，便来到了山门前的平台上。山门为两层楼阁，中央开门洞，上面出抱厦，内侧为倒座戏台，两侧分别有歇山顶钟、鼓楼各一座，再外侧连建有廊房和角楼，是一列壮观的建筑群。

走进山门，庭院内豁然开朗，正中央一组建筑格外与众不同，紧邻戏台是一座建在石台基上的亭阁，其面阔五间进深三间，重檐歇山顶，叫作玉皇楼，其后是一条进深八间的长廊与深广各三间的卷棚顶献殿。献殿连建在正殿檐下，山面向前，体量庞大。

正殿面阔五间，进深三间，单檐悬山顶，为元代遗构，是庙中的核心，被前面这一大串的建筑遮挡起来，反倒不怎么突出了。正殿左右两旁还连建有垛殿，东西两路有配殿和廊房。这一组建筑群都修建在石台基上，在献殿前建有花墙围护，形成了相对于整座庙宇的小院落格局。这种庙宇中轴线上出长廊的建筑形式十分罕见，在晋东南别的地方似乎未曾出现过，应是早期建筑形式的一种遗存。

仙翁庙内据说曾经供奉过八仙之一的吕洞宾，道号纯阳子，所以叫作纯阳宫。但后来改供八仙中年长的张果老，是位老翁形象的神仙，于是就叫作仙翁庙了。

现在庙中的正殿即悬匾“张果老祠”，历经浩劫之后，神座上的张果老像已获重生，其背后墙上保存着大面积壁画，描述了张果老成仙得道，倒骑纸驴游历四方的故事。但在东西两山墙上的封禅图可大有来头，内容描绘的是唐玄宗李隆基到东岳泰山封禅的故事。这种以封禅为题材的绘画作品传世的已经罕见，以李隆基为主人公的就更加珍贵无比，这也是仙翁庙里的一处国宝，其艺术价值和历史研究价值不可估量。这些壁画的创作时间由于没有明确记载，只能根据绘画风格进行判断，依稀有宋代壁画之风，很有可能是元代修缮大殿时保留了前朝壁画，或者对旧有壁画重新进行了着色，也不排除是按照以前的粉本重新绘制的。虽然题材是唐代故事，但壁画却并非唐代作品。相传唐玄宗李隆基于开元二十三年（735）曾经召见张果老，向他寻求长生之术，并封张果老为“银青光禄大夫”，赐号“通玄先生”。但张果老只愿游历天下，教化世人，最终在屡次展示法术之后，归隐而去。后唐玄宗得知张果老羽化飞升，便传旨建庙供奉，于是在供奉张果老的庙宇里有唐玄宗的印迹也就不足为奇了，而唐玄宗曾自封为“圣皇”“总圣”，我想这也是总圣仙翁庙之名的来历吧。至于说庙中原本供奉吕洞宾为主神，则不太说得通了。如果按照碑刻上记载，庙创于唐代，便很可能是自唐玄宗时始建以供奉张果老；而吕洞宾生于唐德宗贞元十二年（796）农历四月十四，时间上就晚多了，及至得道成仙，又要过去很多年。

在仙翁庙东侧有一座修建在高台上现已荒废的庙宇，台下辟有门洞可通车马，应是旧日伯方村的北门。此庙里有一碑，上书“省冤谷”，相传是唐玄宗李隆基所题。李隆基为潞州别驾之时就曾寻访过长平之战故地，称帝后前往泰山封禅时又途经这里，但见虽经千年风雨洗礼，古战场上仍然白骨累累，阴风阵阵，于是筑庙以镇压杀气，并做法事超度，依此推断，在其封禅的路线上修建供奉神仙张果老的庙宇并绘制自己封禅时的场景是合乎情理的。

08 王报二郎庙

从伯方村沿227省道向北不远，便是寺庄镇王报村。村子紧邻寺庄镇，面积不小。村中央开辟了一个小广场，四周建有仿古游廊，广场中央屹立着向远方挥手的毛主席雕像。村北是一座土山，二郎庙就坐落在山顶上，从广场上正好看见它巍峨严整的院落和戏台漂亮的飞檐。

二郎庙始建年代不详，一说自唐代已有之，由于年代久远，屡经浩劫，碑刻散佚，只能从当地乡亲的口口相传中得知这里曾经供奉着二郎神，因此称之为二郎庙。关于二郎其实有两种说法，一种自然认为是《封神演义》里的二郎神杨戬；另一种则认为是战国时期秦国李冰的次子。这有点像一笔无头公案，但这都不重要了，因为我千里迢迢游历至此，是为了看建筑的。

二郎庙坐北朝南，是一座南北狭长的四合院，并无正式的庙门。南墙内有倒座戏台，戏台两旁的院墙上各开掖门一座，院子的东南角和西南角分别建有悬山顶钟、鼓楼。庙内院落宽敞舒朗，有面阔三间悬山顶的献殿和面阔五间悬山顶的正殿，正殿两侧建有垛殿，东西两路有配殿和廊房。

整座庙宇的大多数建筑都是明清时期风格，正殿檐廊下的木雕雀替工艺精湛，纹饰极尽繁缛之能事，让人眼花缭乱。但各殿之内都空荡荡的，不见神像的身影。诸神的法身，早在“文革”时期就被曾经对他们顶礼膜拜的人砸成齑粉了。不过据村中老人回忆，殿里供奉的神仙曾塑三只眼睛，看来还是主神为杨戬的说法比较可信。

庙中最为重要的建筑不是雕刻精美的正殿和占据院子中央位置的献殿，而是南墙内侧靠边站的戏台。这座戏台结构并不复杂，修建在高一米余的须弥座形石台基上，深广各一间，平面呈正方形，单檐歇山顶，山面向前，由四根雄壮古拙的圆木柱支撑，柱下还有半米高与柱等粗的石础。上边的额枋十分粗硕，只在柱顶加替

山西省高平市王报村二郎庙金代戏台

木以辅助承重。其上斗栱简朴，出昂平缓，内无藻井，檐角高高挑起，画出优美的曲线，使这座结构简单的戏台顿时有了灵气。戏台除了正面外的三面都用砖墙封闭，后墙就是二郎庙的南墙。戏台下的须弥座构造也是相当简洁，上下部分都是用砂岩条石砌筑，连同中间束腰处装饰的几个狮头都已风化得圆滑模糊。但此处几块用青石料制作的线刻装饰图案则保存较好，内容也基本能够辨认清楚，上面有莲花、牡丹和化生童子之类的纹饰，在正面右下角一块青石上刻“时大定二十三年（1183）岁次癸卯秋十有三日，石匠赵显、赵志刊”，右上角还刻“博士李皋”四字，这便是戏台的准确建造时间，也就是金代，距今已经有八百多年的历史了。当这段题记被偶然发现后，王报二郎庙金代戏台就一跃成为中国现存最早的古戏台。

说起这最早戏台的称号之争，还是颇为激烈的。在王报二郎庙戏台未被发现之前，这一桂冠一直在现存的元代戏台之间争夺，一说是沁水县嘉峰镇郭南村崔府君庙舞楼，一说是临汾市魏村镇牛王庙戏台。但前者毋庸置疑的确是元构，传说修建在元代初年，却不幸未有翔实的资料或碑刻能为其做证，仅从建筑结构上判断，似乎缺少一锤定音的效果。而后者牛王庙戏台就明确得多了，在其前檐两根石柱上分别刻“蒙大元国至元二十年（1283）岁次癸未季春……”和“维大元国至治元年（1321）岁次辛酉孟秋月……”，就是将始建年代和在元大德七年（1303）大地震倒塌之后的重建时间都明确地记载下来了。本来这个“最早”的桂冠更多地被认为是牛王庙戏台，还有几座元代戏台，诸如建于元泰定元年（1324）的翼城县武池村乔泽庙戏台、元至正五年（1345）的临汾市土门镇东羊村后土庙戏台和仅依明代碑刻、语焉不详地划定为元构的临汾市吴村镇王曲村东岳庙戏台等。但王报二郎庙戏台一下子把上限提高到了金代，却也并非没有竞争对手，晋城市泽州县冶底村岱庙里的戏台就是一座金代遗构，当它被发现之后已是相当残破，有价值的题记早年就已经被毁坏了。但根据村中老人们的回忆，他们曾经看见过金正隆二年（1157）的题记，如果是这样，就可以轻松将最早戏台的桂冠夺走了，奈何缺少实物为证，最后也只好不了了之。

王报二郎庙这座中国最古老的戏台就是吸引我千里而来的重量级目标，我也的确不虚此行。当我在一个黄昏时分赶到这里时，院中已显昏暗，我紧追着夕阳的余晖迅速画下了戏台的身影。

09 野川关帝庙

我在一个雨夜来到了高平。第二天清早雨停下来，外边被一片灰色的浓雾笼罩着，高平始终没有揭开神秘的面纱。我租了一辆三轮前往野川镇，去寻找野川关帝庙。当车子行驶到郊区，地势逐渐走高后，我感觉猛然冲出了云雾的包围，田野中的一切颜色都变得清晰明快起来，路旁河床里浑浊的洪水从上游倾泻而下，轰鸣作响，颇具声势。绿油油的庄稼上挂满了晶莹的水滴，充满着勃勃的生机。穿过这明艳的山野和村落，我终于来到了野川镇所在地大野川村。

大野川村历史悠久，最早可以追溯到春秋战国时代，因其地处许河谷地，水草丰美，空旷无人，得名野川。秦赵长平之战时，武安君白起曾经在这里屯驻大军，

山西省高平市野川镇古庙山门及经幢

两千多年的岁月变迁之后，野川已经难寻那场血战的痕迹，只是一座普通的小村子，有一条并不太长的老街，关帝庙就在路口附近。因为整条街两旁的老房子大多被改造过，只有这座庙门基本保持了原貌，所以显得很特别。

这是一座明清风格的庙宇，为二层楼阁式山门，门外出前廊抱厦，看来门内应是倒座戏台。

抱厦由两根砂岩抹角方柱支撑，檐下的斗栱和木雕被油饰得过于艳丽，少了些古朴之风，目前是野川镇卫生所。关于庙的名字，我并没有看到相关的碑刻和匾额，于是向多位老乡打听求证，众口一词说从前供奉的是关老爷，看来确是关帝庙无疑。之所以直奔野川镇而来，是为了看庙门旁这座经幢，虽然现在经幢似乎只是庙前的一个附属物，却远远要比这座关帝庙更古老，更宝贵。

经幢由古代仪仗中的旌幡演变而来，将佛经或佛像雕刻在六角或八角的石柱上，以便长久保存，一般是由幢顶、幢身和基座三部分组成的，立于交通要道旁或者寺庙里。自唐代密宗传入中土，经幢修造逐渐开始兴盛。这座建于唐开元二十五年（737）的经幢属于早期作品，整体上简洁大气，造型古朴，雕工精湛，在这里屹立了一千二百多年，至今仍基本完整。后人于此处修建关帝庙时，也是具有文保意识的，在与经幢相交的位置，屋檐特意留出了缺口，远看经幢顶部似乎与关帝庙融为一体，显得挺融洽。在千余年的风霜雨雪侵蚀下，经幢表面已经风化严重，但仍可以找到“大唐开元廿五年”的字样，为我们铭刻下那个伟大的时代。

大野川村现存的古迹还有很多。在我坐下写生的时候，老乡们热情地给我介绍，关帝庙一路之隔就是三官庙，镇南有汤帝庙、观音庙，镇东有东岳庙，都保存得比较完整。

天上的阴云遮住了盛夏的暑热，绘画过程清爽惬意。行走在雨后的小街巷里，偶尔有一座悬山顶下几个苍老的斗栱从青葱的树荫掩蔽下露出真容，使人充满了寻古探幽时有意外发现的惊喜感。

10 米山定林寺

在高平市区东部有一座米山镇，相传这里即源自长平之战。此地周围群山低缓，连绵无际，中部则有一片高峰突起，地势险要，易守难攻。在大战之初，赵国统帅廉颇便在山中存放粮草，也有一种说法认为这里只是为迷惑秦军而设置的假粮仓，真的粮仓辎重则囤积在伯方村旁的车辋谷里。但此地日后就以粮得名被称为大粮山，山下的镇子定名为米山镇。

在米山镇以北有一座千年古刹，名曰定林寺，背靠七佛山面南而建，处于大山环抱之中，风光旖旎，景色壮美，林丛掩映之间楼阁耸立，飞檐迭起，好似一座点缀于山水画卷中的仙家府第。

定林寺始建年代已不可考，但寺内的金代大定二年（1162）碑刻上记载，此寺于五代后唐长兴年间（930—933）就已经存在了，因此其创建于唐代是完全有

山西省高平市米山镇定林寺山门

可能的。这里曾经名为永德寺，后因在寺旁有一眼终年不竭的定林古泉，遂更名为定林寺。据现在所能查到的记载，自金、元两代起至明、清时期多次对定林寺进行修缮，寺中现存的大部分建筑都是明清遗留。

定林寺修建在山坡上，规模相当大。全寺南北狭长，跨度近百米，寺内建筑依地势层叠上升，蔚为壮观。最前端为观音阁，面阔进深均为三间，总共有两层，是座重檐歇山顶式楼阁。一层正中央开门，前后通透，内外均出抱厦，兼具寺院山门的功能。左右连建出前廊的两座掖门和砖木结构的三层钟、鼓楼，这组建筑庄严肃穆，气势恢宏，有先声夺人之感。

走进山门，迎面为定林寺的正殿——雷音殿，取“佛音说法，声如雷震”之意。相传西天佛祖居住在大雷音寺，这里的雷音殿也意为佛祖居处。此殿面阔三间，进深六椽，单檐歇山顶，平面呈正方形，前后明间设板门，正面两次间开直棂窗，体量小巧，造型娟秀，下部建在一米许的石台基上，前边连建月台，修缮题记明确地记载了重修于元朝“延祐四年（1317）四月初十日”。月台前原本陈列两尊

山西省高平市米山镇定林寺雷音殿

北宋时期刊刻的石经幢，可惜已经被盗，仅余下少量构件残存。左右分别有面阔三间悬山顶的东、西配殿及廊房等建筑，其中两座配殿也是元代遗构，与正殿均为定林寺内现存的年代最早的建筑了。

正殿后边原有三佛殿，可惜现在已经毁掉，只留下了空荡荡的庭院。北端建有一座近五米高的巨大条石平台，中央设门洞和石阶可登到台顶，左右两旁另开设“止涓”“门津”二洞。平台顶端又是一片规模不小的殿宇，整座寺院的后半部分建筑几乎都修建在这座平台之上，由七佛殿和两旁的配殿以及廊庑、亭阁等组成。站在台顶扶栏下望，寺院前部建筑和周围群山及远方的米山镇等景致皆入眼帘，美不胜收。

定林寺的东西两路还建有跨院、僧舍等附属建筑，整体格局保存完整，早年间也是因为被改作学校而幸存下来，可惜各殿内的塑像都已经遭到了灭顶之灾，后来所补塑的佛像再难追古人技艺之万一。山下的米山镇上还保存着大面积的老街巷和清代古民居以及铁佛寺、显圣观等庙宇，是一处值得细细寻访和品味的好地方。

山西省高平市米山镇河东村甘露庵正殿

11 河东甘露庵

米山镇东北方向的云泉村，地处黄土丘陵深处，四周有群山环绕。村庄面积很大，分为云东村、云西村和云南村几大部分，在云东村和云南村之间的山坡下又有一个叫河东村的自然村，正巧与米山镇东边的河东村重名，很容易被弄错。

我一路打听，总算找到了河东村。在村东南接近山脚下的地方，林木掩映之中有一座荒败的破庙，老乡说这是一座龙王庙，也有人说叫作甘露庵。总之现在这庙荒废很久了，破破烂烂地扔着，很少有人到这里来。住在山坡下的老乡看到我径直向这破庙奔过去，颇为不解。

这座破庙因地势关系而坐东朝西修建，现存一个长方形的大院落。最东边是正殿和左右垛殿，两厢有长长的配殿和厢房，山门自然是在最西端，两侧配以钟、鼓楼。不过山门久不通行，早已封死，门外有荆棘密布，门内塌得瓦砾成堆，倒是在院子东北部有一个角门，成了进入院子的主要通道。

走进院子，满地都是丰茂的杂草，高可及膝，残破的砖瓦和石构件遗弃得到处都是。看建筑风格，这座庙宇至多是明清遗留。正殿面阔进深各三间，单檐悬山顶，前檐下出廊。从画面上可见，殿顶坍塌严重，檐椽已经糟朽不堪，塌陷的屋顶上野草长势旺盛。前檐下的石柱状态尚且良好，仍然尽职尽责地托举粗硕的普柏枋和已经开始分崩离析的华丽斗栱。明间的隔扇门和次间的窗子都还比较完整，我来到门前仰头观瞧，忽然在已经被雨水侵蚀变形开裂的门额位置，在水痕之下依稀辨认出了“甘露庵”三个大字，综合乡亲们的话，证明了此庙的确叫作甘露庵，是供奉龙王的庙宇。殿内一片砖石瓦砾，阳光从房顶上的几个大窟窿里斜射下来，把梁顶上残存的依旧完整清晰的描金游龙映照得熠熠生辉。窗边的白墙皮上还有斑驳的墨书题记残存，可惜已经无法辨认了。

其实不仅是正殿，两厢的配殿也大多破烂不堪，塌得稀里哗啦。蹚过齐膝的野草，我来到了东配殿檐下，里面黑漆漆堆满了遗弃多年的柴草和木料，还有老式的木制脱粒机，都散发着潮湿的霉味。当我踩倒门前一丛野草，准备坐下开始画画时，突然看见了配殿里边停放着一口巨大的棺材。近前观瞧，还没有上漆，应是村中老人备的寿材。我就在棺材旁边不远处静静地画着很快就要彻底坍塌的甘露庵正殿，随着山风吹动树木杂草的哗哗作响，感觉庙里有一种诡异的氛围。像这种乡野村边的破庙，在晋东南广袤的山区里多得数不过来，但正是因其过于分散，具体信息又无从知晓，我真正能够找到并画下来的也不多。画着这种年代晚、价值不算高、又毫无保护和修缮的破败古建筑，真有一种诀别的悲凉之感。

下页画里的建筑是甘露庵右侧配殿的外立面，因为甘露庵是坐东朝西修建的，其右侧配殿实际上位于院子的北侧。整座建筑群修在山坡上，在坡下边原有一口深潭，于是右配殿外侧就修成了一个面阔三间的二层楼阁形式。二层的地面与庙内持平，一层则修建在水潭里面，外观看上去是一个水阁。这一潭泉水必定曾经为深山里的乡亲们带来了无限的甘甜和滋润，所以大家修建了这座庙宇，来感激和供奉赐予生民甘露的龙王，这再正常不过。

山西省高平市米山镇河东村甘露庵北配殿外景

二〇一四年六月三日上午九时十分——十一时十五分

连达

看这残破的两层楼阁虽然屋檐朽烂，房顶塌漏，门窗都残缺不全了，但主体的木构架却基本完整，未受到大的损坏。其一层以四根不甚规则的坚硬大石柱支撑一根超级巨大的横梁，就是把一株不知有几百年树龄的老柏树劈开之后，略加修整便架到石柱上。

这四根石柱每两根仅以一段替木相连接，就扛起了这般巨梁，其反差之强烈，壮硕之惊人，使我想起了长治县东呈村古佛堂后殿内的梁架，一样的粗犷霸气不加雕饰的巨梁，简直不讲道理一般就把这么沉重的负荷强加给了柱子，如此做法也只有在元代建筑里才能见到。这根巨梁上边一字排开五朵斗栱，承托起二层的平座，平座上的勾栏早已倒毁无存。二层上的三个开间分得并不均匀，明间比两次间宽了不少，上边的普柏枋比阑额还要粗壮，四组双下昂斗栱竟然并不与柱子相对，而是按照三间等分的位置排布。

当年梁思成先生参观了霍州署元代大堂的抱厦时，对于这种斗栱不与柱头相对应的建筑形式称为“滑稽绝伦”，并说是他首次见到，谁会想到这种滑稽的情形能在晋东南一座被人遗忘的乡野破庙中再次出现呢？这座两层楼阁的外立面展现出了太多的元代建筑遗风，而且现在甘露庵中并未看见有能证明其创建时间的碑刻残存，也就有理由设想此庵或许在元代就已经建成，至少这个临潭而建的两层水阁很可能建于元代。现在这水阁下部已经寻不见那潭泉水了，拨开荒草来到近前，有一个巨大如房顶般的水泥盖子将水面完全遮住，按陈旧程度估量，至少有几十年光景了，下面的甘露到底还有没有，也就无从得知了。从画中可见这座水阁旁边还有一座塌得仅剩几根框架的砖木楼阁，那是甘露庵的鼓楼，已经完全毁掉了。

沿着甘露庵南侧的小路向山上走，边走边回望，边望边叹息，只能眼睁睁看着它走向毁灭。

在甘露庵南面还有更高的黄土山坡，坡上从层叠的梯田过渡到荒野草甸，有座三层高的残砖塔就屹立在一道土坎上边，此乃围观我写生的乡亲们看出我真的是个热爱古迹之人后友情相告的信息。

这是一座三层六面的清代砖塔，塔刹已经无存，塔身各层都有出檐，檐下有砖雕仿木斗栱，在第二层塔身的六个面曾镶嵌“唵嘛呢叭咪吽”的六字真言凸字砖雕，也就是每面刻一个字。但这些字不是被砸碎，就是已经风化得无法看清，

山西省高平市米山镇河东村南山坡残砖塔

只有东北立面的“嘛”字十分完好。从这句佛教真言来判断，此塔应是一位僧人的墓塔。现在小塔极度残破倾斜，下部半淤入土中，画中是塔的西侧，可见一层檐上已经有了个盗洞。实际上在塔的一层东面还有更大的盗洞，北侧也有盗洞，把小塔挖得千疮百孔、摇摇欲坠。从盗洞向内看，尽是杂乱的碎砖和黄土。塔北面靠下部原镶嵌石碑，应是类似于墓志铭之类的塔主人的生平介绍。如今碑已经被盗，仅剩残缺的窟窿，因此无法得知塔中所葬僧人的具体情况。

此塔居于高坡之上，视野开阔，四周十几里的景色尽收眼底。当初僧人长眠之地选得真是不错，可惜长眠早已被人打扰，并遭反复洗劫，留下一座凄凄惶惶随时就要倒掉的残塔，实在可怜。

我执伞顶着中午烫人的烈日开始画塔，东山腰上放羊的壮汉好奇地走了过来，聊起这塔，说已经在附近放羊好久了，曾看见过塔下的石碑，记载着的确是个和尚，好像就是附近一个村的人，但他并没有仔细读过，不记得更多内容了。他告诉我，塔身上这些盗洞都是近两年有人来挖宝弄坏的，不知道是否真的有宝。我告诉他，有没有宝说不好，估计把人家骨灰坛子给搬走了。

山西省高平市建宁乡建南村济渎庙重门

12 建宁济渎庙

高平市建宁乡建南村紧邻陵川县界，村庄面积不小，有大片的古街区和老宅院，也有智积寺、文庙、关帝庙等古建筑，还有北魏造像碑，古迹遗存丰厚，我的主要目标则是村南翠屏山顶上的一座大庙——济渎庙。

在晋东南地区现存的济渎庙中，建宁乡的这一座应该是规模最大的了。济水发源于王屋山太乙池，洑流入地七十余里后在河南省济源市涌出地面，之后又潜入地下，过黄河而不浊，在荥阳市第二次流出地表，流经原阳县再次入地直至山东省定陶县，最后流进了渤海，是一条三隐三现的神奇河流。今天的济源、济南、济宁和济阳等地名都来源于济水，这原本是一条水量丰沛的大河，曾是大禹治水

山西省高平市建宁乡建南村济渎庙正殿

疏导的九川之一。后因地理变迁，黄河夺占济水故道，济水在下游的山东段就变得飘忽无定，经常以泉涌形式来到地表。济南更是遍地皆泉，因之得名泉城，著名的趵突泉、黑虎泉都是济水所成。

济水之所以位列四渎之一，主要靠其坚韧顽强的精神、温和包容的性情与坚守高洁的品格。论水量和流域，济水根本无法同长江、黄河、淮河相比，只能算是潺潺溪流，甚至几近干涸，但却能越过高山险阻不远千里、顽强地独自流入大海，并且不像其他三渎那样时常泛滥成灾，而是沿途收纳山泉溪流，以自己的涓涓之水福泽豫鲁两省亿万生灵，古人喻之有君子般的胸怀和德行。

济水源自山泉，东去千里，三隐三现，即使与黄河相交错后，仍能独守清流。其品性正是传统文人所推崇的至高境界，被历代所敬仰和称道，济渎神便成了崇高理想与道德追求的化身，一再被尊崇和神化，被历代封建王朝一路加封直至清源忠护王。

建宁济渎庙坐北朝南，修建在翠屏山顶，规模宏大，气度不凡，在十几里外即可望见。现存三进院落，有山门、重门、正殿和后殿，以及两侧环抱式的廊庑。

当地在前些年筹资修缮了山门和重门，在山门前增建了月台和两侧的厢房，所以来到济渎庙前顿觉甚是巍峨气派。但庙内情形则与外观相差迥异，除了重门被修缮过，还算整齐，其余殿宇都已经破败不堪，许多房屋倾倒坍塌，空旷的大院子里野草丛生，碎砖、残碑和房子上掉下来的木构架扔得到处都是。

画中的就是经过修缮的重门，面阔三间，进深四椽，单檐悬山顶，下面建有厚重的毛石台基。粗壮敦实的廊柱顶端，复杂炫目的斗栱如一束束怒放的鲜花，托举起宽大的屋檐。门前的枣树不知何时所种，树根已经把从台基上掉落下来的条石紧紧抱入怀中，台基落石无人维护也说明此庙荒置久矣。

庙内清嘉庆十四年（1809）的《补修济渎庙碑记》上有“济渎庙不详创始，续修者则自宋迄明”的字句，看这毛石台基的形式与陵川县礼义镇崔府君庙前的台基形式类似，确有宋金之风，与碑中所述吻合。但庙内早期木构已经不复存在，现存的建筑多是明代遗留。重门两边与廊庑相连处左右各有掖门一座，因失修已经塌方严重。

在画这座重门之时，山风大作，尘沙扑面，我一度几乎睁不开眼睛，画纸都

山西省高平市建宁乡建南村济渎庙鸱吻

快要被狂风撕烂，乃至被吹得浑身发冷，与枯树上的叶子一起颤抖摇曳，只能自嘲地苦笑——这有着谦谦君子之美誉的济渎神脾气也不太好嘛。

重门之内有一片宽大的空地，荒草之下可见一处方形台基，四角有四个巨大的白石柱础，说明这里曾经建有一座献亭，可惜仅剩下遗址了。在当年为神明敬献祭礼的地方，有用碎砖和石板搭建起的简陋桌案，瘸腿的香炉里积着满满的香灰，说明民间对济渎神的信奉虽然历尽磨难，但也仍然顽强地延续着。

献亭遗址前面就是面阔五间的悬山顶正殿，看结构感觉原来的屋檐下有前廊，后来砌筑了砖墙，安上门窗封闭起来。墙面上仍然清晰的“抓革命，促生产”标语说明了这座大庙曾经化身为一所工厂，其实院中所有的房子都被这般改建过。现在正殿里堆放着一些木料，在窗下还有几眼废弃的灶台，后山墙上白墙皮斑驳脱落处依稀露出了下面衣冠华丽的明代人物壁画，只感觉画里面人物众多，因不能见全貌，也不知描绘着什么故事。

从重门两侧修建出的廊庑，向后延伸环抱了整个院子，这种建筑规制是唐、宋时期所流行的，明代以后则很少见。现在东路廊庑损坏尤其严重，可谓房倒屋塌，有的房子只剩下一面墙靠木棍戗住勉强未倒，已经塌架的房子里树木长得比山墙还高。画中正殿旁的东配殿倒塌得只剩下了一半，正殿的琉璃脊饰也基本快掉光了，呼啸的山风狂暴地掠过，撕扯着屋顶和地面的荒草枯枝，穿过空旷的房子时发出哭嚎般的呜咽。

后院则更为荒败，后殿也是面阔五间悬山顶，前廊被砌墙并改装成了四个车库般的大门。现在这些门窗也被毁掉了，留下一排黑洞洞的大窟窿，到处堆满了残砖碎瓦和从殿顶上滚落下来的琉璃构件。檐下有一条褪了色的大标语牌，上面是“继承毛主席的遗志把农业机械化的革命事业进行到底”，说明济渎庙在“文革”期间曾经被改作机械厂使用。后殿两侧尚存垛殿，其西路的廊庑全都塌顶，东部的廊庑彻底无存。

正殿和后殿之间距离很大，显得过于空旷。按济渎庙的规制，这里原来应该有一座济渎池，也许已在改造中被填平，现在除了荒草之外，什么也没有了。

山西省高平市河西镇西李门村二仙庙

13 西李门二仙庙

在高平市河西镇西李门村南边的二仙岭上，建有一片规模宏大的二仙庙，顾名思义，是供奉二仙娘娘的庙宇。二仙崇拜源起于晋唐，兴盛于宋金，可谓由来已久，在晋东南地区流传尤为广泛。相传二仙姐妹本姓乐，为晋朝时自幼丧母的贫家女子，虽遭继母百般虐待却依旧尽心侍奉，感动上苍，于是天庭遣黄龙下界驮姐妹俩升仙。自此之后，二仙姐妹依靠自己的法力保佑一方风调雨顺，百姓安居乐业，民间于是开始修建二仙庙供奉。据传说北宋时一次宋军与西夏交战，被包围后已缺粮断水，二仙姐妹化为民女身着红衣飘然来到阵中，姐姐的篮子里有取之不尽的干粮，妹妹的水瓶内有饮之不竭的清泉。宋军士气大振，得以杀出重围。宋徽宗赵佶闻之，便加封二仙姐妹为“冲惠真人”“冲淑真人”。自那时起，宋、金两代修建了大量的二仙庙宇，至今仍有诸多遗存。

西李门二仙庙就是金代所创建，二仙岭周围都是黄土台地，唯有这里隆起一座高山。二仙庙坐北朝南，巍然屹立于最高处，放眼四野，方圆几十里景象尽收眼底，现存一座南北向狭长的两进大院落。庙门前尚有一座金代戏台的遗址，山门修建在高台之上，面阔三间悬山顶，前后出廊，两端连建耳房。山门内是宽敞的庭院，院子中央的须弥座式石台基上端坐着金代时期修建的正殿，台基前面连建面积极大的月台。此殿面阔三间，进深六椽，单檐歇山顶。前檐下出廊，飞檐宽大厚重，檐角优美地向上扬起，檐下斗栱粗硕简练，下部以四根青石抹角方柱支撑，当初的覆莲式柱础依然保存完好。石门梁上镌刻着"晋城县莒山乡司徒村众社民户施门一合正隆二年（1157）岁次丁丑仲秋二十日谨记"的字样，这是正殿的创建时间，相传明间的木板门和两侧的直棂窗也是当年的原物。正殿两厢有配殿和廊房及对称的三层砖木结构梳妆楼，最后一进是三开间的后殿。当我又一次来到这座二仙庙的时候，修缮工程已经接近了尾声，两厢原本破败坍塌的建筑都被修缮整齐，塌顶的梳妆楼也旧貌换新颜了。我端详着重获新生的二仙庙，总感到缺少了一丝能够打动人心的古朴气质，连进行施工的工人师傅也实事求是地讲，修完了的庙不如原来好看了。这也是修与不修之间难以尽如人意的矛盾，也对古建筑修缮的技术和水平提出了更高的要求，看来看去，还是只有这座近十年前曾经修过的正殿感觉略好。

14 郭家庄崇明寺

说起古建筑大修，晋东南乃至整个晋南地区近两年都在加速修缮，许多古庙被整饬一新，水准参差不齐。不少庙宇修完后给人的感觉，就好比把一位耄耋老者强行拉皮美容，化妆成青壮年，暂且不说其中优劣，已经让痴迷山西古老韵味的我感到了越来越多的陌生、隔膜、无奈和紧迫。

山西省高平市郭家庄西 崇明寺
二〇一四年十月二十八日上午八时十五分——十时十八分
连达

山西省高平市河西镇郭家庄崇明寺

言归正传，从西李门二仙庙向东到牛庄，再向北走20分钟左右有一个郭家庄，村子西边的黄土台地上坐北朝南有一片古建筑群，叫作崇明寺。这也是一座千年古刹，是来高平所必看的重量级古建筑。当我又一次来到这里时，火热的大修工程正在进行中。

这座崇明寺创建于北宋开宝四年（971），最早叫作圣佛山狼谷寺。现在寺院的建筑是一片南北向两进的狭长院落，最前端为悬山顶的山门，山门外侧只中央开一门，里边则是面阔三间出门廊，两旁分别连建二层的钟楼和鼓楼，楼下开便门。走进山门迎面便是中佛殿，此殿面阔三间，进深六椽，单檐歇山顶，修建在半米余高的石台基上，整体外观显得敦厚稳重，古朴大气。前后明间通透设置木板门，正面两次间为直棂窗，殿顶宽阔巨大。斗栱造型极其张扬，显得浑厚有力，甚至到了夸张的地步，总高度几乎与下面的檐柱相当，而墙壁和檐柱则越发显得低矮，让人怀疑能否承受住殿顶的重压。这座大殿修建在中国建筑史里承上启下的重要转型时期，虽然时间上已经进入了建筑以纤巧雅致著称的北宋王朝，但这座中佛殿从外观气质到结构特点，却更多地流露出唐朝和五代时期建筑的遗风：柱头不施普柏枋，阑额两端不出头，批竹式的双杪双下昂斗栱与现存的佛光寺唐代东大殿和五代北汉镇国寺万佛殿如出一辙，内部还创造性地使用了一对断梁。不但上承唐风，还有所创新，是现存宋代建筑中最独具一格的特例，可以作为唐代建筑风格在历史长河中留下的最后一丝余韵，这也正是崇明寺吸引人之所在。

全寺最后一进建筑是明代所建的后殿，面阔五间悬山顶，两侧有高大的配楼，整座寺院的东西两路都建有配殿、廊庑等相对称的建筑。

寺内的施工主要集中在两侧，有的厢房甚至是完全重建的。我踏着满地的泥浆各处浏览了一遍，最后自然还是驻足于中佛殿前。嘈杂的叮当之声和刺耳的电锯轰鸣终日不绝，工人师傅们紧张地进行施工，我的笔也快速地在画纸上飞舞。日益崭新起来的崇明寺仍然只有中佛殿能够打动我，但在近乎于全新的附属建筑的包围下，中佛殿似乎显得越发与众不同且形单影只。我真心希望在大修的同时，能够尽量保持建筑古朴的原貌和保存其所承载的历史信息，气质绝不是仅仅通过化妆就能够拥有的。

15 双泉永乐寺

在高平市东南部的石末乡东边，有座不大的山村叫双泉村，村西北高地上残存着两座破庙。东边一座远看倒像是个大户人家的老宅子，外观严整，院墙高耸，在东南角上开一座门，我走到近前看时，门额上书写着三个漂亮的楷书大字“永乐寺”。

可走进院内一看，却是破败得惨不忍睹。院子坐北朝南，分为上下两个部分，南端正中央是面阔三间的南殿，左右连建有两层高的砖楼，很可能是原来的钟鼓楼。山门就设在钟楼下部，东西两厢是砖砌的二层配楼。接着登上一重高度近两米的条石平台，上边建有正殿及两侧垛殿和东西配殿。这些建筑绝大部分已经坍塌得一塌糊涂，院中横七竖八地满是腐朽的木料和塌落下来的砖瓦。似乎仅有正殿尚

山西省高平市石末乡双泉村永乐寺

未塌顶，杂草和藤蔓几乎填满了每一个角落，走进去就要不断地与之进行奋力撕扯。正殿前面两株杨树也有一株已经枯死并折断，这座偶然间相遇的村边小庙充满了沉重和毁灭的气息。

正殿面阔三间，进深六椽，单檐悬山顶，前檐下出廊，由四根青石抹角方柱支撑，檐下的柱头斗栱简洁，补间斗栱则很花哨，保存基本完好，是一座清代风格的殿堂。门窗被改造过，仅在西次间下开一小门，其余都改换成了宽大的格子窗，以利于室内采光，破烂的窗户纸在风中发出刺啦啦的响声。走进殿内看见西墙上的老黑板，我才明白，这里曾经被当作教室使用。其余墙壁上都被粉刷得一片灰白，唯有棚顶梁架上仍能寻见昔日彩画的痕迹。地上除了厚重的积尘和垃圾，还有半截砖砌的煤炉子，黑板上不知是哪一年孩子们留下的涂鸦，依然清晰。

东、西配殿都是面阔五间、出前廊的大房子，现在几乎化为一片瓦砾堆，廊下的石柱东倒西歪。我在草丛中蹚出一条路径，来到了东配殿残墙下边，坐在潮湿的草里画下了永乐寺悲惨的现状。像这种无名的乡间小庙，与前面到过的河东甘露庵一样，很可能就这么走向了彻底的消亡。

16 双泉迎祥观

从永乐寺向西走，略上一个坡就到了另一座荒废的破庙门前。这座庙坐北朝南，修筑在高岗之上，是一座高大如堡垒般的院子。最前边建一排两层砖楼阁，山门开在正中央位置，面阔三间，上下两层都有出廊，以砂岩方柱支撑。二层墙上画着一位女少先队员正在举手敬队礼，已经褪色发白，斑驳不堪。很明显，庙宇曾经被改建为小学。山门两侧连建高度基本一致的配楼，一字排开，门前左右相对建有两座三开间耳房。这组山门建筑群全部坐落于高大坚固的毛石台基上，虽然路径已经隐没于荒草之下，房屋破败倾颓，但雄伟气势丝毫不减，俨然有官署般的威仪。

此庙是一座宽大的四合院，山门内侧为两层倒座戏楼，最北端是正殿，两厢有面阔五间的东西配殿。戏楼和配殿都为出前廊的两层楼阁，并且都被改装成了教室的模样。正殿雄踞于条石台基上，面阔三间，进深六椽，开间敞朗，体量庞大，整体上比两旁的配殿还要高出许多，在配殿的对比下好像一只张着黑洞洞大嘴的巨兽，我走进庙内立即被正殿的气势所震撼。这座正殿梁架极其粗硕，结构简练硬朗，前檐以两根笔直坚挺的花岗岩大方柱托举起更加粗大的额枋和斗栱。这些威猛雄健的斗栱均匀地排布在额枋顶端，并不与柱头相对，只在当心间补出一朵如花般绽放的大斜栱。内部采用减柱造，仅以两根粗壮敦实的金柱支撑起沉重的梁架，使本就高大的内部空间得到最大限度的拓展。虽然庙内没有找到任何有价值的碑刻和题记，但很显然，这座大殿有浓郁的元代建筑特点。

现在殿内墙皮大面积脱落，满地积尘淤土和垃圾，梁架也开始变形倾斜了，许多地方黑乎乎好似有烟熏痕迹。我向老乡打听，他们告诉我这座大庙当地叫作“迎祥馆”，口音浓重。几经确认，最后得知是迎祥观，听起来像一座道观。但据老乡回忆，这座大庙里最初供奉的是汤帝老爷，也就是一座汤帝庙，不过新中国成立后被改成了学校。乡镇并校之后小学裁撤，这里又被当成了村里的油坊，还曾经失过火，好在并没有烧毁大殿，至于大殿是什么年代修建的，他们就不知道了。

山西省高平市石末乡双泉村迎祥观

关于这座大庙，已经很难再找到准确和有价值的信息。虽然庙内的建筑比起旁边的永乐寺情况要好一些，但也不过是被废弃后没有坍塌罢了，如果只是这样弃置，未来的结局又会有什么不同呢。

其实现在乡村寻古只能尽量找年长的大叔、大爷们询问，许多大婶、大妈对这些并不了解。至于年轻人，大多是一问三不知，对本村历史和老庙都是麻木不仁的状态。我几乎很少遇到熟悉村史的年轻人，多数人会立即问“这些东西值钱吗？”——也许当老人们故去后，许多村庄的故事就永远地消逝了。

第三章

石勒旧迹今安在：走马观花探陵川

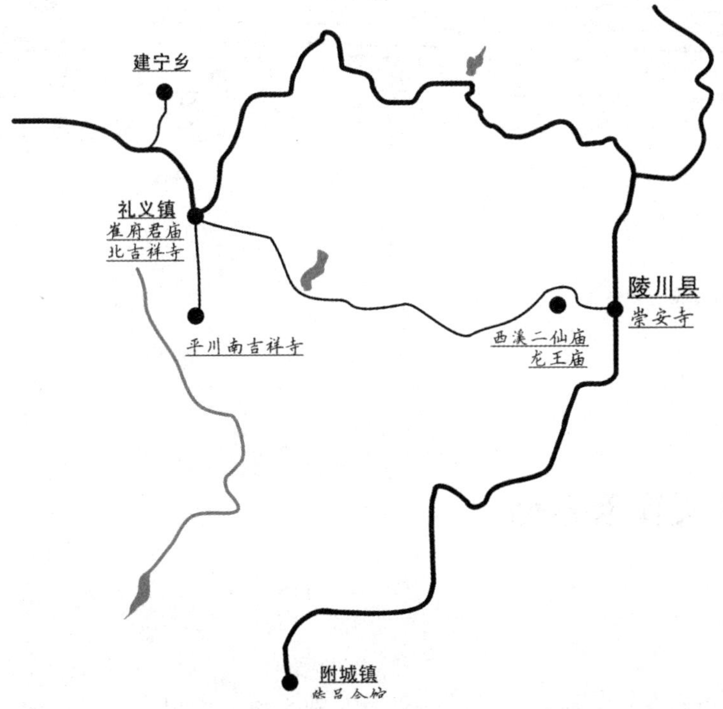

在中国历史上的五胡十六国时期，有一位曾经做过奴隶最后却开创了一国基业的传奇人物——后赵的开国皇帝石勒（274—333）。他在血雨腥风的混战时代通过自己的努力打出了一片天地，创造了短暂的和平繁荣局面。相传他死后陵寝就葬在古刹崇安寺的旁边，后来此地因之而名为陵川县。

陵川县北靠壶关县，西连高平市，南临泽州县，东边据太行之险俯瞰河南省。县境之内山地丘陵纵横，乡野之间遗存不少文物古迹。虽然石勒的故事已经是近一千七百年前不可触摸的传说了，但探访陵川的山乡村镇，仍然能够感受到传统建筑遗留给我们的沧桑独特之美，让人流连其间，不觉迷醉。

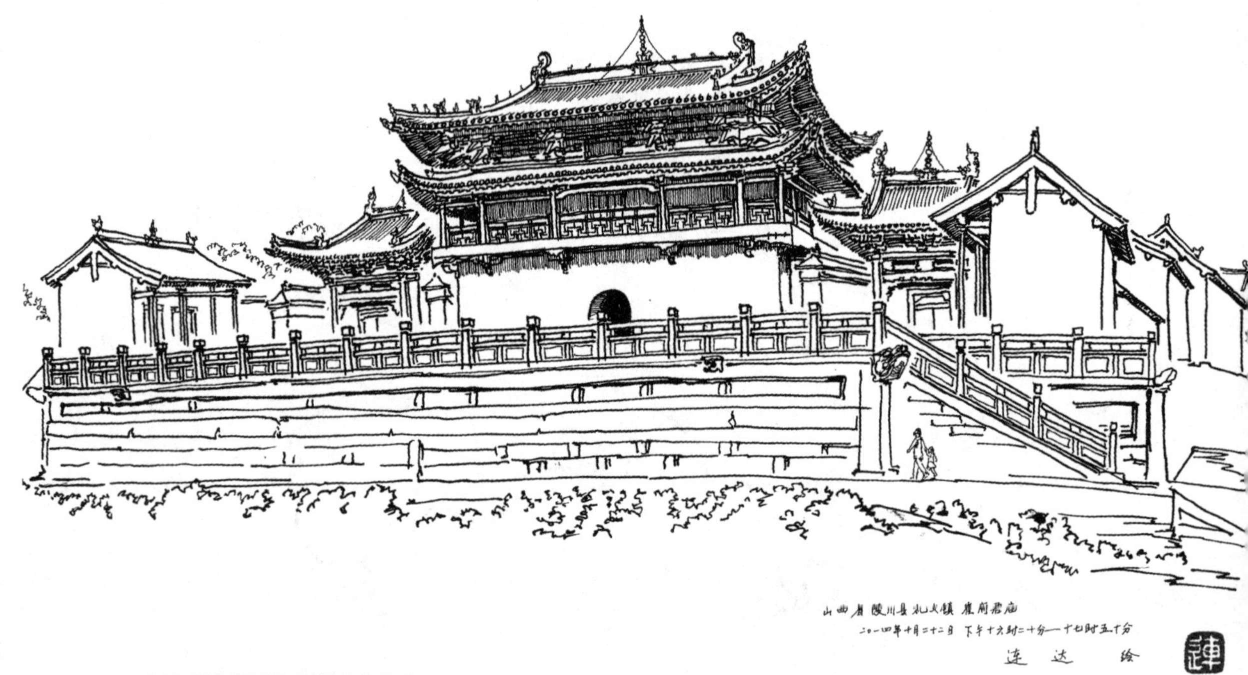

山西省陵川县礼义镇崔府君庙

01 礼义崔府君庙

从高平市向东进入陵川县的第一站就是礼义镇，这里古时候曾被誉为“礼义之邦”，历史悠久，寺庙众多。我已经不止一次到过这里，但每次远远望见镇子北边高地上那一片庞大而辉煌的古建筑群，都感到格外兴奋，这就是崔府君庙，是礼义镇的象征。

崔府君庙里供奉的是唐代的崔珏。相传崔珏是乐平人，字子玉，生于隋朝大业三年（607），自幼即聪颖好学，唐朝贞观七年（633）曾经做过长子县的县令。此人刚正不阿，秉公执法，深受百姓爱戴，于是他的事迹被传得神乎其神，说他昼审阳间，夜断阴司，乃至去世后更是被传于阴曹地府司判官之职，负责那里的所有生死轮回等具体事务的判决执行。唐玄宗李隆基曾追封崔珏为灵圣护国侯，宋仁宗景祐二年（1035）加封为护国显应公，宋哲宗元符二年（1099）又迁护国显应王，地位越发尊崇。传说在金兵南侵灭宋时，崔珏曾经显圣用自已庙中的泥塑之马渡康王赵构（后来的南宋开国皇帝宋高宗）过黄河逃脱金兵的追杀。所以南宋朝廷于淳熙十三年（1186）再次加封崔珏为护国显应真君，已是位列帝王、登峰造极了，供奉崔珏的庙宇也被大家称作崔府君庙。

当年显赫一时的崔府君庙在北方遍地开花，时至今日早已凋零消逝，所剩无几了，倒是在晋东南的山乡之间还偶有所遇。礼义镇崔府君庙应该是现存最大的一座崔府君庙了。此庙据传创建于唐代，金大定二十四年（1184）重修，坐北朝南，建在镇子北部的高地上，是一座宫殿般巍峨华丽的建筑群。不但全庙地势高耸，而且下部还修筑了宏大的条石台基。山门外的月台部分好像一个小广场般宽敞，东西两侧有台阶对称而上，对整组建筑群的庄严气氛又起到了有力的烘托作用。

最前端是山门建筑群，包括正中央的山门和其左右两旁的掖门以及东西相对的两座三开间悬山顶耳房。山门的造型如同宋、金时期的城门一般宏伟壮观又典雅别致，下部是高厚的城台和门洞，上部出平座。顶上建有一座面阔三间、进深六椽、重檐歇山顶的巨大城楼，四周有回廊，檐下硬朗的批竹昂让人眼前一亮。这座城楼正是金大定二十四年重修崔府君庙时所建。两旁的掖门为单檐歇山顶，有奢华的木雕和琉璃装点，簇拥着高大的正门。在台下远观，整组建筑群极具磅礴气势。

山门内连建面阔五间、进深四椽的悬山顶倒座戏楼，是古时候为正殿里的崔府君老爷献戏的场所。

庙内正中央有正殿和献殿，正殿面阔五间，进深八椽，单檐悬山顶，前面紧连卷棚式献殿，两侧连建有垛殿，东西两路对称地建有逐次攀升的配殿和廊庑。全庙除了山门为金代遗构外，其余殿堂均是明清以来所建，整座府君庙因地制宜，布局紧凑，处处透出神圣森严的凛然气相。

黄昏时分我坐在高大的月台下开始写生，凝视着在岁月的磨蚀下早已圆润无棱的苍老砂岩条石台基和上面的鸱首、狮子，感受着时光的沉积，追忆着无尽的兴亡往事，思绪随着夕阳天马行空地飘向了远方。

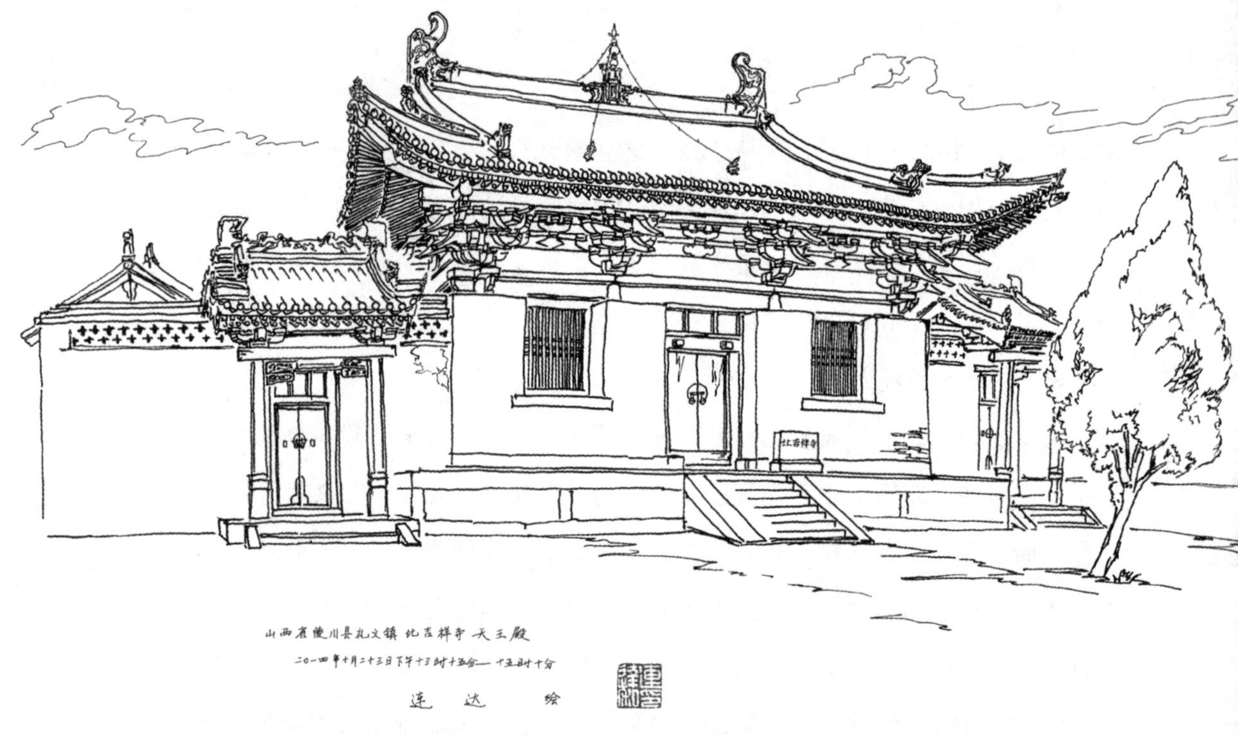

山西省陵川县礼义镇北吉祥寺天王殿

02 礼义北吉祥寺

在礼义镇西街村的高岗上现存一座两进院的寺庙，叫作北吉祥寺。此寺初创于唐代大历五年（770），曾名什柱院，在北宋太平兴国三年（978）五月二十五日，朝廷赐牒为“北吉祥之院”，元朝至元十六年（1279）曾有大修，明代天顺三年（1459）有信徒再次捐资修缮。据碑刻所录，这次大修除了整饰佛殿、厨库、禅堂等已有建筑外，还创塑各殿佛像，绘制水陆壁画，并增修了地藏殿、祖师殿等殿堂，是北吉祥寺历史上有记载的规模最大的一次修缮。之后清代也曾屡有整修，但寺院整体布局再未改变。

此寺坐北朝南，早年为三进院，最前边的山门原本是与崔府君庙一样高大威武的楼阁式建筑，叫作春秋阁，内部供奉着佛前护法的关圣帝君，两旁配有钟、鼓楼等建筑，可惜在新中国成立初期和“文革”浩劫中被先后拆毁，后因寺院改

山西省陵川县礼义镇北吉祥寺中殿

建成了小学，在原址建起了两排筒子房作为教室，这两排房子至今仍在。前些年北吉祥寺被腾退出来后，第二进的天王殿便被改建成了山门。

天王殿面阔三间，进深六椽，单檐歇山顶，修筑在半米余高的石台基上。前后明间通透设木板门，正面两次间开直棂窗，檐角高举，斗栱壮硕，整体造型严谨大气，是北宋时期所建。根据碑刻中明确的记载，这座天王殿分别于元朝元贞二年（1296）、明洪武十八年（1385）和清康熙四十一年（1702）进行过重修，虽有历代修缮，仍然保存着宋代建筑特点。可惜历经浩劫，殿内神像早已被毁掉，现在内部空空荡荡。两侧紧连建左右掖门，这一组建筑高低错落，比例适中，充满了优雅的气质。

天王殿后面是中殿，这是一座面阔三间、进深六椽、单檐悬山顶的佛殿，下部有半米高的砖石台基。此殿造型敦厚稳重，出檐深广，斗栱雄大，中央两柱为圆木柱，四角柱为抹角方石柱。正面明间设隔扇门，两次间为隔扇窗，背面则只在明间开隔扇门，两边无窗。殿内采用减柱造，只用两根金柱支撑起全部梁架，大大

山西省陵川县礼义镇北吉祥寺
二〇一四年十月二十三日 下午十七时三十分一十七时五十七分
涑达 绘

山西省陵川县礼义镇北吉祥寺全貌

拓展了使用空间。两柱之间砌有墙壁，前面原本是佛祖的神台，背后为倒座观音像，如今也是空无一物，好像从未存在过一般干干净净。这座中殿相传亦是宋代遗构，与天王殿为同一时期所建，两殿之间都东西对称地建有长长的廊庑和两层高的配楼。中殿左右两边各建一座月洞门，可通后院。

最后一进院内是明代修建的后殿，面阔五间，进深六椽，单檐悬山顶，前檐下出廊，两边连建有垛殿，东西有配殿。

在被用作校舍的时候，北吉祥寺许多殿宇都遭到严重改建，内部佛像和彩画被毁掉自不必说。为了采光需要，许多殿堂的墙壁也被开凿出数量不等的窗户。后来随着校舍的搬迁，北吉祥寺又经历了很长时间的弃置，一些殿宇年久失修，开始了渗漏和坍塌。所幸，如今新一轮的修缮工程已经完成，寺院虽然没有了僧众和香火，至少整体布局和大部分精华建筑得以保全。毕竟宋代殿宇存世已经极少，同一座寺庙里能有两座宋代大殿，足以说明北吉祥寺的不凡价值。

现在北吉祥寺周边的杂乱环境被清理干净，高岗之上庄严的寺院完整地显现在眼前。我找个墙根坐下来，画下这黄昏时分静谧的千年古刹。前端原山门外的位置曾有四株古松，象征着佛前护法的四大天王，可惜被砍伐得仅剩一株尚存。这尊天王松今天仍然枝繁叶茂，挺拔傲立，随着微风轻轻地摇曳。南迁的候鸟从晚霞中掠过飞向远方，我的视线也随着它们越过殿脊，越过山峦，似乎也回到了千年之前。

03 平川南吉祥寺

从礼义镇向南行大约四华里有个平川村，在村中央现存一座规模与北吉祥寺相当的寺院，名称也是遥相呼应，叫作南吉祥寺。

南吉祥寺是唐朝贞观年间（627—649）奉敕创建的，原名吉祥院，早于北吉祥寺一百多年。原址位于平川村以南的宋家川村，在北宋淳化三年（992）获得朝廷的认证赐牒。至天圣八年（1030）时，南吉祥寺由宋家川迁建到了平川村。关于这次大规模迁建，由于碑刻的散佚和资料的缺失，至今也难以知晓准确原因。虽然民间有“山洪将至，神佛一夜之间搬走了吉祥院”的传说，但原址出现地基下沉或者洪水侵蚀的情况迫使寺庙搬迁应该比较客观可信。即便是迁建之后，南吉祥寺的历史也已经接近一千年了。

现存的南吉祥寺共有两进院落，最前端为山门兼天王殿，正中央是中殿，最后部为圆明殿。东西两厢对称地分布着配殿和僧舍，但前院的一对钟鼓楼仅东南角的钟楼尚存。由于新中国成立后南吉祥寺长期作为供销社和粮库使用，寺院建筑被改建严重，状况类似于北吉祥寺。

供销社当初就设在山门里面，门面曾被改造成了20世纪五六十年代常见的中西风格混搭的样子，现在正搭架子要恢复旧貌，拆来改去，任人粉饰。

画中的是南吉祥寺的中殿，一座面阔三间、进深六椽的单檐歇山顶殿宇，此殿为北宋遗构，是寺中现存年代最古老的建筑。前后立面均置隔扇门窗，檐下斗栱中出现了宋代最早的45° 斜栱的实例。我两次来到南吉祥寺，始终在修缮。不过这一次中殿的维修已经接近尾声，架子被撤掉了，周边也清理完毕，深藏多时

山西省陵川县礼义镇平川村
南吉祥寺
二〇一四年十月二十三日 上午八时十分—十时十分 连达

山西省陵川县礼义镇平川村南吉祥寺

的宋代建筑总算露出了真容。虽然难免显得有点新，但整体上协调的比例和明朗的造型仍然令人眼前一亮。我立即拿出纸笔准备画上一幅，却出乎意料地被施工人员粗暴地轰了出来，毫无商量余地地扫地出门。当时真有欲哭无泪之感，就好像看到了一件珍宝，可揉揉眼睛想看清楚，却化为泡影。我灵机一动，向老乡打听村支书家在哪里，然后迅速找到支书说明情况，并把手里别的作品给他看。于是在支书的帮助下，我得以成功地返回南吉祥寺，并终于画得了这座中殿。

南吉祥寺最后边的建筑叫作圆明殿，是一座面阔五间、进深六椽、单檐悬山顶的建筑。此殿创建于金代，重修于元代，明清更是多次修缮。里面原本供奉着释迦牟尼佛、药师佛和阿弥陀佛，四壁上绘制精美的佛教故事壁画。由于体量格外高大，“文革”时砸烂佛像之后，就将内部改造成二层楼房结构，内外刷上了石灰，用以储藏粮食了。从外观上也可很明显地看出，现在圆明殿檐下的外墙是后砌上去的，把原本硕大的斗栱也掩藏了多半，但是正中央的圆明殿匾额被保留了下来。殿前还有简陋而破败的月台尚存，这种古老的建筑形式也佐证了此殿年代的久远。乡亲们说寺中的神佛特别灵验，即使被砸烂多年了，人们的祈愿也常有实现。因

山西省陵川县礼义镇平川村南吉祥寺圆明殿

此在圆明殿匾额下边的墙上挂满了前来还愿者敬献的谢恩牌匾。我用画笔留下了圆明殿动工修缮前最后的形象，从此“文革”以来的印迹将从它的身上消失，也许会恢复成一个完全陌生的模样。有时候我真的很矛盾，是找回了历史旧貌还是割裂了历史积淀，究竟如何去做才是客观对待历史的态度，真是仁者见仁智者见智啊。

04 陵川崇安寺

说到崇安寺，就不能不提到后赵开国皇帝石勒。传说他的陵寝就在崇安寺旁边，后来此地才发展成了陵川县城。史书上明确记载，石勒死于公元 333 年 8 月 17 日，也就是说在那时候，崇安寺已经存在并且成为一处地标性建筑。其历史之久远，真是直逼魏晋了，以至于当地流传下来一句民谣“先有崇安寺，后有陵川城”。时

山西省陵川县崇安寺山门—古陵楼

间在三晋大地真是太微不足道了，至于商汤、夏禹乃至神农、女娲的崇拜更是直指远古，这里才是中华文明的根脉所在啊。据《晋书》载：“（石勒死后）夜厝山谷，莫知其所，备文物虚葬，号高平陵。”因而也有一种说法是石勒死后四设疑冢，崇安寺旁的只是其中之一而已。时至今日，在杂乱民居房舍的包围下，穿透历史的崇安寺古刹犹存，而石勒皇帝的陵寝是不是真的埋葬在寺旁，到底还有没有，谁又说得清呢？

崇安寺建在陵川县城西北方的高岗之上，巍峨壮观，俯瞰全城。根据史书中的只言片语，可知在隋朝开皇十六年（596）时这里已经信众云集，香火兴盛。唐初曾更名为“丈八佛寺”，北宋太平兴国元年（976），朝廷敕赐为“崇安寺”，并一直沿用至今。这座古刹历经一千多年的风雨洗礼和战乱更迭，几度兴废，现存至今的主要建筑都是明清两代遗留。全寺共分两进院落，修筑在高耸的石台基上。最前端为楼阁式山门，两侧配建钟鼓楼。走进寺内，迎面是面阔五间、单檐歇山顶的前殿，再向后是面阔五间、悬山顶的大雄宝殿。前殿西侧还有一座三重檐歇山顶的两层砖木楼阁，叫作插花楼，原本东西相对，但东侧的一座已经毁掉了。

画中就是崇安寺的山门，一座面阔五间、进深三间、三重檐歇山顶的二层楼阁，上下两层均有回廊，是典型的明代建筑，造型宏伟，体量庞大，犹如城楼一般威武。楼下明间前后贯通，为出入崇安寺的通道。正中央设板门，青石门框仍是宋朝的旧物，上边镌刻有“嘉祐辛丑（1061）六月三日”的题记，可见此楼是明代在宋构基础上重修的。门旁两尊石狮子被砸得头部和前肢缺失，支离破碎，却仍然顽强地坚守在自己的岗位上。门两边为直棂窗，二层明间和两次间则置隔扇门窗，左右梢间开两孔圆窗。正面顶层檐下中央悬挂着“古陵楼”匾额，意指此处为石勒陵寝之地。左右另镶嵌单独的四个大字“行山钟秀”，背面檐下也有四个大字“留云栖月”，意喻古陵楼秀于太行，高接天际。两侧各有一座建在拱门洞式台基上的重檐歇山顶小楼，分别悬匾曰“晨钟”“暮鼓”，是寺院的钟、鼓楼，三座楼阁一字排开，外观雄壮震撼又精巧华丽。尽管只是崇安寺的外围建筑，却彻底地抢夺了寺内佛殿的风头，成为崇安寺乃至陵川县城的标志。

远远望见沧桑的古陵楼在拥挤而丑陋的现代民房包围中，显得越发雄伟挺拔和优美古雅，我深深地为中国传统建筑文化绵延千载而不绝的传承和经久不衰的独特魅力而感慨不已，这也正是令我千里追寻、痴迷到难以割舍的神奇力量。

05 西溪二仙庙

陵川县城西侧一山之隔的岭常村四周山环水绕，风景秀美，层峦叠翠，村西山谷深处林丛之中掩映着一座千年的古庙。但见殿宇重重，楼阁高耸，飞檐叠出，一派仙家府第的景象，好似一轴传统的山水画卷，生动地展现在眼前。这是一座供奉二仙娘娘的庙宇，此地附近有一口龙泉终年喷涌不息，汇聚成溪水。因位于县城之西，按方位被称作西溪，庙也就叫作西溪二仙庙了。

这座二仙庙创建于唐朝乾宁年间（894—897），宋徽宗赵佶在崇宁年间（1102—1106）曾加封二仙姐妹为冲惠真人、冲淑真人，赐庙号“真泽”，因而二仙庙也被称作真泽宫。金朝皇统二年（1142）对二仙庙进行过扩建，形成了现存布局，

山西省陵川县岭常村西溪二仙庙后殿
二〇一四年十月二十四日 下午十三时二十分—十五时三十分
连 达 绘

山西省陵川县岭常村西溪二仙庙后殿

虽经过后世多次修缮，但基本格局再没有大的变动。

西溪二仙庙坐北朝南，现存两进院落，整体十分狭长。最前端紧邻山脚下的是清代所建的三开间悬山顶山门兼倒座戏楼，两侧有配楼。走进山门内是宽敞的庭院，好几株参天的松柏簇拥着正中央的献殿和正殿。由于金末元初的战争波及这里，曾经给庙宇造成重大破坏，现存的正殿是明代洪武十八年（1385）重建的，面阔三间，进深六椽，单檐歇山顶，平面呈正方形，前面连建面阔三间、进深两间的卷棚顶献殿一座。整体风格纤巧精致，秀气华丽，东西两边对称地建有长长的廊房。

正殿之后是后殿，修建在近一米高的宽阔石台基上，面阔三间，进深六椽，体量比正殿大许多。殿顶巍峨，飞檐宽广，斗栱雄健，比正殿更显出一股俊朗之气。前檐下出廊，陈列着众多历代维修的碑记，三间都设置隔扇门窗。此殿乃是金代遗构，即皇统二年（1142）时所建，两侧建有耳殿，东西有配殿。可惜包括正殿在内，里面的塑像在“文革”中全部被毁，后来的补塑实在辜负了这千年古庙的气韵。

山西省陵川县岭常村西溪二仙庙全貌

在后殿的东、西两边还各建精巧秀美的楼阁一座，两楼结构一致，都是三重檐歇山顶的二层楼，面阔和进深均为三间，平面呈正方形，腰部出平座，上下皆有回廊。一层廊柱为抹角方石柱，二层廊柱为方木柱，就安置在平座之上，柱间设勾栏。这两座楼阁意为二仙娘娘梳妆打扮之所，因此被称作梳妆楼，与后殿是同一时期所建，均为现存金代建筑中的精品。尤其梳妆楼的建筑形式更是相当罕见，是西溪二仙庙山光秀色中的点睛之笔。如此精美的一对楼阁能完整保存至今的仅此一例，弥足珍贵，我在画中所表现的乃是东侧的梳妆楼。

遍寻庙中所藏历代碑刻，多为文人墨客吟诵西溪山水春色和二仙庙宇宛若蓬莱仙境的诗篇，可见这里数百年来一直为人们所推崇。其中还有金末元初的文坛巨匠元好问幼年来此留下的诗句。元好问，字晋卿，号遗山，鲜卑族，太原秀容人（今山西忻州），生于金朝明昌元年（1190），卒于蒙元宪宗七年（1257）。他十四岁随父亲元格赴任陵川县令，在此求学六年，常流连于西溪二仙庙的山水景致和殿阁亭台，曾于泰和五年（1205）写下了赞颂西溪的诗篇：“期岁之间一再来，青山无恙画屏开。出门依旧黄尘道，啼杀金衣唤不回。”说哪怕啼鸣的黄鹂鸟累死了也唤不回沉醉于西溪美景间的游客。当他晚年在山东居住时还写下了《陵川西溪图》，

山西省陵川县岭常村西溪二仙庙

东梳妆楼

二〇一四年十月二十四日上午九时五十分——中午十二时四十分

连达 绘 

其中有“不到西溪四十年，溪光林影想依然”的诗句，表达了对西溪山水的眷恋和思念之情。

如今的西溪二仙庙依然是喧嚣的现代文明中与世无争的宁静一隅，仍旧美好得令人迷醉，只是岁月的积淀让这秀美的建筑群多了些沧桑和厚重。我也不止一次来到这里，徜徉于这园林般的千年古庙中，品读着浸润肺腑的传统中国之美，真是身心的莫大享受，让我久久不愿离去。

06 西溪龙王庙

西溪二仙庙东面还有一座龙王庙，与二仙庙相去不远，大体上呈东西相对之势。此庙坐南朝北，修建在岭常村南山脚下，去往二仙庙的大路就从旁边经过。这一片古老的建筑群依山就势，层叠攀升，蔚为壮观，在苍翠的山林之间昂然高耸，颇有高冷孤绝之感。看这座龙王庙的外观似乎也不甚久远，至多就是个明清的遗留。临路边有一眼深潭，周围有八边形的石栏板围护，看石料风化的程度，年代应是极老，栏板下还镶嵌石雕龙头一个，已经半没入水中。水潭后边是一座高大的条石平台，其上建有三开间硬山顶、类似戏台一样的建筑，在石台基上镶嵌碑刻。我仔细辨认，是清乾隆丁酉（1777）仲冬的一块碑记，记述山下有泉水曰龙泉，从龙头口中喷涌而出，泻入池内，冬夏不涸，是为西溪之源。上建者乃喜雨亭，是为感谢龙王布雨而建。亭后有狭窄而陡峭的石阶沿着山坡到庙门前。庙门就是晋东南常见的两层硬山顶砖木楼阁，正中央开门，门内为倒座戏台的格局，两侧建有略矮一些的配楼。

龙王庙是一座方正的四合院，背后以苍翠的青山为靠，除山门及戏楼外，正殿和垛殿以及两厢的配殿等元素一应俱全，格局保存完整，但建筑外观破坏和改建也较为明显，只有正殿古风犹存。正殿面阔三间，进深六椽，单檐悬山顶，前檐下出廊，下部有石台基，体量是全庙内最大的。

山西省陵川县岭常村龙王庙

根据房屋构架和斗栱结构分析，正殿修造时间应不超过明代，但门窗和彩画早已被改换过了，殿内塑像更是惨不忍睹。两旁还连建二层的垛殿，东西两边为五开间前出廊的配殿。庭院中央有两株牡丹，据说已有数百年高龄了。

现在庙中重新住进了僧人，我来到这里时正逢僧人和附近村中的信徒在山门内由戏台改建的佛堂中诵经讲法，见我入内游览，只是略一点头，随我自便的意思。我见龙王庙虽小，各处竟然保存着不少碑刻，便一心想从里面找到这庙的准确来历。但除了被雨水磨蚀漫漶的石碑外，可见最早的也就是明朝成化二十一年（1485）六月陵川县知县李浒等人祭祀西溪龙王的碑记了，这是关于西溪龙王庙之名准确的记载。

一块 1984 年由陵川县博物馆对龙王庙进行整修后所刻石碑上说，此庙创建时间已经无可稽考，当地老人们也不甚了了，根据前人题咏判断，应有至少千年历史了。若真如此，其创建年代应可与二仙庙相当。

还有一块清同治元年（1861）的碑刻说到了关于龙泉的一则故事，大意是讲“龙头山旧有瀑泉……经年不息，实陵川风水所钟聚也……今春二月，忽然点滴细流，水枯欲竭，适（陵川县知事杨光海）携同寅拈香至此，惊询厥由，佥曰近处开垦煤窑所致，当令及时封堵，以苏地脉，八月初泉水忽涌流如故……示戒：……（方圆）五里禁煤厂……”明确记载了当时因附近开窑采煤导致泉水枯竭，后被及时阻止并补救，这才恢复了龙泉胜景，并明示周边五里之内禁止采煤。说明一百五十余年前的先人们已经意识到了环境的破坏问题，能够及时做出相应的治理并且颁布了保护措施。这对环境形势日益严峻的今天也有借鉴意义，因而摘录于此。时至今日，龙泉仍然在奔涌，深潭依旧碧绿，不正是当地民众悉心爱护的成果吗？

07 附城陵邑会馆

陵川县是文物大县，宋、金时期古建筑的保有量在整个晋东南地区也是名列前茅的。但在寻访这些重量级早期建筑遗存的同时，我也尽量去留心一下沿途所能遇到的明清古建筑。其实这些在早期大木构建筑光辉之下显得有些普通，暗淡的晚近建筑浓缩着当时的社会风貌，记载着被遗忘的往事，凝结着那一历史时期的艺术特色，自有其独特的美感和可称道之处，也是中国建筑文化传承中不可或缺的一环，同样值得探寻、发现、关注和保护。我在陵川县附城镇老街东部偶遇的陵邑会馆，就给我留下了深刻的印象。

这座陵邑会馆深藏在附城镇中学后边的街巷之内，如果不是远远看见了高耸的悬山顶异于寻常民居，也许就错过了，绕到会馆门前时，不由得被其雄伟气势所震撼。

会馆门是一排高大的两层砖楼，好像堡垒一般坚厚，只在一层中央部分开板门，上嵌匾额为“丹心千古”。外边建有宽大的三开间抱厦，以方形抹角石柱支撑起粗硕的额枋和雕刻花哨的斗栱，柱下置方桌式柱础。从大门边的煤堆就能看出这里已经沦为民居了，一层外墙上的两个窗户即是老乡为采光方便而后凿出来的。

山西省陵川县附城镇陵邑会馆正门

山门抱厦上浓密的杂草、散乱的砖瓦，以及变形塌陷的屋檐，都说明这里失修已久。从这里向东上一个坡，旧时的坊门犹存，对比这座可通行人车的坊门尺寸，便能看出会馆正门的巨大程度。

走进会馆，庭院的宽阔程度又出人意料，正门之内是三开间两层的倒座戏楼，左右有配楼。这组建筑到院中央的前殿之间至少有半个足球场大小，只是荒废太久，已经是杂草繁茂如同野外。东西两厢对称地建有七间长的廊房。院中住着好几户人家，各管一片，因为我的到来，各家养的狗都狂躁地吼叫不止。

前殿是座面阔三间进深六椽的悬山顶小殿，前出廊，体量不大，造型僵硬，属于典型的清晚期作品。门窗墙壁早已被改造成了教室的模样，现在门旁的“陵川县附城镇职业培训中心”牌子仍在，也成了历史陈迹的一部分。东西两山墙外各建有月洞门一座，可通后院。

后院比前院要狭窄紧凑，由后殿和左右耳楼、东西配楼与前殿共同围成，这一组才是全庙的核心建筑。后殿即会馆的正殿，修建在高大的石台基上，面阔三间，进深六椽，单檐悬山顶，前檐出廊，檐下斗栱不仅雕刻花哨，而且比例巨大，至于

山西省陵川县附城镇陵邑会馆后殿

雀替的木雕和脊上的琉璃也都是极尽华美之能事。这座大殿外观虽然很破败，但仍不失雍容华贵和威武庄严的气度，左右各建有一座面阔三间高两层的悬山顶耳楼，皆出前廊，以外置木梯上下。东西是面阔五间出前廊的两层配楼，这些楼阁之高大却与后殿的高度相差无几，也反衬了后殿体量的巨大。现在东侧配楼里有老乡居住，其余的殿宇楼阁仅作为库房使用或者完全荒废。院中小面积种了点青菜豆角，大部分地方野草比菜地更茂盛。西侧配楼前檐全部朽烂坍塌，我爬上窄窄的砖楼梯去查看，当年学校的课桌还杂乱地堆放在里面，一架积满了尘土、受潮变形的脚踏式风琴把我的思绪拉回学生时代的音乐课。打开琴旁的木箱，里面孩子们的演出服装颜色依然艳丽，甚至还有一个道具用手枪套，这也是一代人的青葱记忆，已成为一段被灰尘掩埋的历史。院中老大爷赶在下午艳阳高照的时候把被褥挂在大殿的廊柱间晾晒，他告诉我，殿里原来供奉的是关老爷，是座老爷庙。

这座会馆虽然荒败，但格局基本完整，创建碑刻也保留了下来，结合这一带的历史，很快厘清了来龙去脉。附城镇昔日因地处陵川县通往泽州府和南下中原的交通要道上，在晚清时期发展成了经贸重镇。此地商贾云集，车马川流不息，镇上店铺林立，日夜流金淌银。这座陵邑会馆也称作东街会馆，就是诞生于那时候。根据现存的《陵邑附城镇创修会馆记》记载，清道光三年（1823）由当地六十六户商号捐资两万四千贯钱开始兴建，于道光十年（1830）落成。道光三十年（1850）又进行了大规模的彩绘涂装，直至咸丰三年（1853）才最终竣工。后殿的主神供奉着保佑众商家财源广进的武财神关老爷，两旁配祀关平和周仓，东耳楼里供奉增福财神，西耳楼里供奉金龙四大王。现在的前殿则是当初的拜殿，即寻常所说的献殿，为奉祀跪拜之地。会馆不但是供奉神明之所，也是商会协商和处理公共事务的地方，东西配楼还是外来客商的留宿之地。再根据民国十九年（1930）九月的《增修东会馆街房碑记》，可知从民国十一年（1922）起又对会馆临街处进行了增修和扩建，形成了会馆现存的格局。

陵邑会馆今日的衰败惨状，很直观地反映了经济的萧条、信仰的缺失和文化的没落。往昔的辉煌岁月随风而散，不知会馆的未来究竟会怎样。

第四章

苍茫太行觅仙踪：凤栖高台古泽州

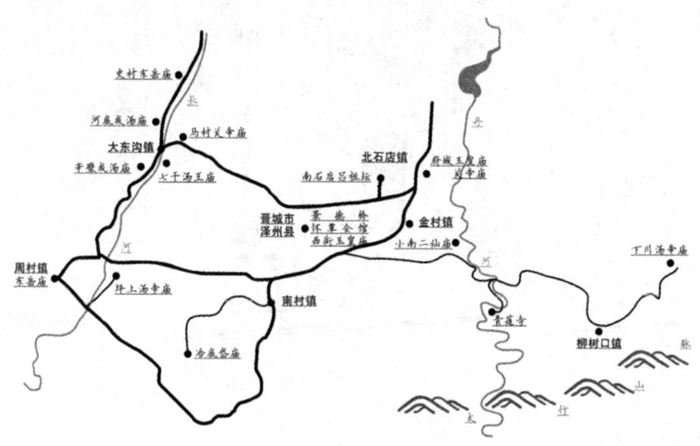

晋东南古称潞泽地区，潞州指的是今天的长治市，泽州之名则自隋朝开皇三年（583）正式确定以来，经千余年，至今犹存。其实早在旧石器时代，这里就已经留下了人类繁衍生息的足迹。作为晋省的东南角，泽州雄踞于太行之巅，古有“河东屏瀚”“冀南雄镇”之美誉，历来便是兵家必争之地。泽州的历史也与历代的兴衰更替紧密地联系在一起，留下了无尽的故事和璀璨的文明遗迹。不过关于这里的行政区划倒是有点饶舌，就拿清雍正六年（1728）升泽州为府说起，当时下辖了阳城、沁水、高平、陵川和晋城五个县，并取当地神话“宿凤高台、有凤来栖”之意把晋城县改名为凤台县，泽州府所在地就设置在凤台县之内。但民国时期废除了州府治，又把凤台县改回了晋城县。到了20世纪80年代，升晋城县为晋城市，在原县境之内划出一块区域为市区，其余部分恢复泽州县之名，仍为晋城市下辖的县。所以本章里说到的泽州不是曾经下辖五县的泽州府地区，而是指清代的凤台县，即今天的泽州县。作为文明积淀深厚的地区，泽州县的历史遗存之丰富，远非只言片语和粗浅章回所能详尽。我在当地朋友们的协助下，尽可能深入太行山中寻访或知名或荒败的庙堂寺观，只求感受到古泽州真实的魅力所在。

山西省泽州县府城村关帝庙正殿

01 府城关帝庙

来泽州寻古就一定不能错过金村镇的府城村，这座古老的村庄已经有一千余年的历史了。传说早在北宋时期，曾经准备把泽州府治迁往这里，当地更名为府城。然而这一计划最终并未实现，但府城村的名字却保留了下来。此地现存两组国保古建筑群，其中之一就是关帝庙。

府城关帝庙坐北朝南，修建在村子东端的坡地上，是一大片南北狭长的建筑群，共存三进院落，依地势渐次升高。最前边的山门紧邻公路边，是一排城堡般高大坚实的两层砖楼。正中央下部开门洞，内侧是倒座戏楼，台上演戏，台下通行，两旁各连建一组略矮些的配楼，这是晋东南许多庙门的常见样式。相传此庙创建于金、元时期，但现在的建筑都是明清所留。穿过山门，眼前豁然开朗，院里相当空旷，大得有点夸张，显得与全庙后部衔接有些松散。山门内左右两边各建一排五开间的廊房，里边陈列着如林的清代捐修碑刻，记载着关帝庙往昔的繁华和辉煌。院子北部建有高台，现在台上已经复建起一座崭新的四柱三楼式石牌坊。拾级而上，穿过石牌坊后再上一重高台，便来到第二重门。其实刚才的山门为后世所增建，这里才是关帝庙原有的正门。此门面阔三间，高两层，单檐悬山顶，前檐下出廊，由四根精致的抹棱方石柱支撑华丽的木雕斗栱，柱间饰以镂雕的二龙戏珠雀替。明间即为庙门，两旁又连建两座掖门以及歇山顶三层钟、鼓楼各一座，门内为两层倒座戏楼，都装饰精美，极尽奢华。廊下一对造型顽皮的石狮子相对扭头，如嬉似笑，生动传神，滑稽有趣。正脊上孔雀蓝的琉璃构件在阳光下闪耀着熠熠的光辉，这一组建筑群庄重大气，布局紧凑，借高台之势，更显得巍峨宏丽。

第二进院中就是关帝庙的正殿——关帝圣君殿了，此殿修在另一重高台上，可谓步步登高，层层递进，殿前又辟有月台，这是金、元时期的建筑元素在清代的延续。关帝殿面阔三间，进深六椽，单檐悬山顶。前檐下出廊，由四根石柱支撑，每根柱上均有两条高浮雕的游龙盘绕。这些龙的造型栩栩如生，昂首做升腾欲飞之状，遒劲的龙身似乎已经勒进了石柱当中，有呼之欲出的逼真之势。其精湛的刻工和华丽的造型真可与山东曲阜孔庙大成殿的盘龙廊柱相媲美，只是体量偏小，少了点孔庙龙柱的庄严肃穆，更多了些浓郁的生活气息。龙柱之下有四个石狮造型的柱础，两两相对，口衔绸带，背上承托莲台，莲台上便是盘龙石柱。龙柱顶部是令人观之耀眼炫目的精美镂雕云龙雀替，一对对鎏金蟠龙翻卷身躯，扭身昂首挥爪欲争抢额枋中央的火焰宝珠，其逼真程度简直不似浮雕于木上，倒更像游走于空中一般。只怕一眨眼间，金龙便要飞腾而去了。檐下的斗栱更是精巧繁复，皆雕成花瓣形状，柱头斗栱出双下昂，补间则为单下昂，昂头做成象鼻卷曲状，耍头雕成龙头。

这座正殿简直就是清代山西木雕石雕装饰艺术的一个大展厅，站在檐下，有眼花缭乱、目不暇接之感。我能看到的每个角落几乎都被先民们精心地进行了雕凿和描绘，却华而不媚，艳而不俗，堪称建筑和艺术的完美结合。经过了屡次浩劫，殿内的关老爷神像都早已不是原作了，甚至门窗和廊下悬挂的匾额也都是后来增补的，但这些云龙盘绕、瑞气升腾的廊柱雀替和顽皮的狮子柱础竟然能神奇并完

山西省泽州县府城村关帝庙正殿石狮柱础

整地留存到今天，真是奇迹啊。

左图就是正殿廊下的一个石狮形柱础，狮子威猛的形象已经被颠覆了。看它矮胖身材、耷耳卷尾的俏皮样子，倒有几分像在家中备受宠爱的哈巴狗了。狮子背上镶嵌莲台，扛托着龙柱，柱上便是翻腾的浪涛和舞动的虬龙，龙爪紧握宝珠，在火焰与云朵里举头仰望。莲台下部还有浮雕的小龙一条，虽细微，却同样动感十足，气势不凡。狮子身腹才是真正的承重部分，石料贯通在地，两侧面仿马具刻成障泥样式，表面浮雕戏曲故事人物。

在这个柱础的另一侧有“乙卯仲秋石仙”的题款，还有印章两枚，一个已经风化不清，隐约似“景安”，另一个写的是“廷美之印”。石仙和廷美就是全庙诸多精美石雕的作者——清代泽州县巴公镇渠头村的续廷美。续家是清中期著名的石雕世家，字号景安斋，最早出现于清康熙晚期，作品遍及晋东南各地，至今在渠头村、西郜村和珏山等地仍能看到景安斋的石雕。其中署“廷美之印”的作品，时间最早的是乾隆八年（1743），还有乾隆二十三年（1758）的，这里的乙卯按干支排查，只能是乾隆六十年（1795）。假设他二十多岁开始独立承接石刻工程，并落“廷美之印”，也就是说在雕刻府城关帝庙石柱的时候，也年近八旬了，可以想见续老先生将毕生的艺术造诣都倾注在了关帝庙的石刻创作中，充满了自信和超然。是以自号为“石仙”。

第三进院中是关帝庙的最后一重殿宇——三义殿，顾名思义，供奉的就是桃园结义的刘、关、张三兄弟了，因而也可以叫作三结义殿或者三义士殿。此殿面阔三间，进深六椽，单檐悬山顶，体量比正殿要大一些，两旁连建垛殿，东西厢是配殿和廊房，都是规模宏大、装饰华丽的清代殿堂。三义殿前廊下也有极其复杂的木雕和石雕

山西省泽州县府城村关帝庙三义殿

装饰，比正殿的雕刻更加让人有“乱花渐欲迷人眼”的感受，其中最出彩的还是四根高浮雕石柱，与正殿题材不同，这里的石柱上浮雕的是神话故事和民间传说。

东边的第一根柱上有《汾阳王郭子仪庆寿》故事的浮雕。郭子仪（697—781）是唐朝名将，在安史之乱后力挽狂澜，收复河北和东、西两京，拯救了李唐王朝，之后平兵变，退回纥，败吐蕃，成为唐朝的倚靠，曾被尊为“尚父”，位极人臣。浮雕中郭子仪的七子八婿前来拜寿，他们都是朝中高官显贵，其下还有官吏、家眷、仆从和兵丁、乐工等人物相簇拥，穿过彰显功勋的牌坊，高举着伞盖仪仗。郭子仪端坐当中，笑逐颜开，一派喜庆气氛，人物虽多却井然有序，丝毫不乱，面貌服色各异，皆生动传神。

第二根柱子上表现的是《隋唐演义》中瓦岗寨的故事，柱子中部位置是一座城池，城头上是手持大斧的混世魔王程咬金，还有使熟铜锏的秦叔宝，足智多谋的徐懋公以及枪法独步天下的俏罗成。周围是兵卒将校，千军万马环绕。不过也许因为清代中期距离剃发易服时间已久，人们对于汉服变得陌生，石刻中的人物造型着装更多是戏曲里的形象了。

第三根柱子上描述的是《封神演义》的故事，根据人物形象能够辨识出渭水河畔垂钓的姜太公，肋生双翼的雷震子，遁地无形的土行孙和脚踏风火轮的哪吒三太子等形象。

第四根柱子上讲述的是唐高宗李治和皇后武则天到山东拜访九世同堂的老寿星张公艺的故事。张公艺生于北齐承光二年（578），卒于唐仪凤元年（676），是山东郓州寿张人，活到九十九岁高龄，一生历经北齐、北周、隋、唐四个朝代，是一位传奇人物。张公艺秉承以德修身、礼让治家的原则，使全家九代九百余口人父慈子孝，兄友弟恭，夫正妇顺，仁善相传。据说全家人有统一的食堂和裁缝房，吃穿都统一发放，每到吃饭时间则敲鼓集合，一同进餐。甚至其家中饲养的百余只犬也会模仿主人的习惯，如果有一只不到，便不吃东西，非要全部到齐方才肯进食，简直就是原始共产主义社会的管理方式。

《旧唐书》卷一百八十八列传第一百三十八记载："郓州寿张人张公艺，九代同居。……麟德中，高宗有事泰山，路过郓州，亲幸其宅，问其义由。其人请纸笔，但书百余'忍'字。高宗为之流涕，赐以缣帛。"张公艺治家有方的故事古往今来一直被称颂，柱子上所刻画的正是张公艺向唐高宗夫妇敬献《百忍图》的场景，此故事出现在清代的石雕题材里，更说明人们对仁孝张家的推崇和敬仰千年不衰。

四根石柱的下部都有莲台衬托，游龙环绕，最下部为八角亭阁式柱础，既充满了华丽的装饰风格，又淋漓尽致地展示了山西明清时期敦厚质朴的造型艺术特点。两座殿宇的石雕和木雕是全庙的精华所在，也就是凭借着这些精湛的雕刻作品，仅为明清建筑的府城关帝庙才能从众多宋、金、元建筑中脱颖而出，一举荣升为新一批全国重点文物保护单位。

我来到关帝庙中，正赶上新晋的国保在内外大修，殿内原有的塑像是20世纪末的新作品，都被扔了出来。庭院里满是神仙和鬼怪的残肢断臂，三义殿中三位尊神的新泥胎也已初具规模了，虽然庙宇是关老爷的，但有大哥刘玄德在此，关老爷必须把正中央的主位让出来，和张翼德分坐于两旁。新塑像的造型很威武，但因为用的是旧有木胎，手臂显得有点短了。

02 府城玉皇庙

比起华丽堂皇到有些张扬的关帝庙，位于村子正北高岗上的玉皇庙看起来显得质朴平常。虽然也是殿宇层叠，气相森严，但建筑外观相对更为素雅，可此庙的宝贵价值却远非关帝庙所能企及。因为无论从建筑的年代，还是庙内所保存下来文物的数量和质量来看，府城玉皇庙都是极其值得称道的。

先说建筑年代，两庙具体的创建时间虽然都已经无从考证，但关帝庙传说是金、元两朝所创，而玉皇庙则是自隋代即有之。北宋熙宁九年（1076）进行了扩建，初具规模，金朝泰和七年（1207）再次大修。可惜不久在元灭金的战火中遭到破坏，到了元朝至元元年（1264）再一次大修，其后明清两代更是屡有修补，林立的各代维修碑刻传承明晰，证明了玉皇庙悠久的历史。关帝庙现存的建筑基本都是明清两朝所遗留，清代的成分更多，而玉皇庙内的殿宇包含了北宋、金、元、明、清五个朝代的建筑作品，前后跨度已经九百余年了。

玉皇庙坐北朝南有三进大院，最前端为头道山门，这是面阔三间、进深四椽、单檐悬山顶的元代建筑，前后出门廊，并列开三座木板大门。斗栱极是壮硕，顶上琉璃装饰精美霸气的造型也堪称一绝。山门之内是个宽敞的大院子，里面古柏参天，环境清幽，与墙外如同两个世界。

再上两重石台基，是与头道山门造型十分相似的第二道山门，院内是金代所建的三开间悬山顶成汤殿，供奉着商朝始祖商汤。殿内保存着完整的元代两层楼阁式小木作神龛，一层有汤帝神像正襟危坐其中。

第三进院里又起一重高台，上面是献殿和正殿，是全庙的核心建筑，正殿面阔三间，进深六椽，单檐悬山顶，前檐下出廊，正中央悬巨匾“昊天玉帝之殿”为北宋所建，殿内的玉帝及诸神塑像至今犹存且大多保存完整。正殿前边还有一座面阔三间、进深两间的明代歇山顶献殿，檐下密布纤瘦的双下昂卷鼻形斗栱，下部由10根坚实的抹角方石柱撑起，整体造型显得清秀别致，是信众日常献礼祷告之所。

山西省泽州县金村镇府城村玉皇庙献殿

各院的东西两厢都有对称的配殿和厢房、钟鼓楼等建筑，有蚕神殿、关帝殿、太尉殿、十二元辰殿、十三曜星殿、二十八宿殿、老君殿等……全庙虽然经历了千百年来的无数劫难，竟然能够神奇地依然基本完整，各配殿内神像也绝大多数安然无恙，所以为我们遗留下了自北宋以来的彩塑二百六十余尊。这些彩塑数量之众多，保存之完整，工艺之精湛，文物价值之高，在全国范围内都占有重要地位，这当然也是关帝庙所望尘莫及的。这些彩塑的保全，使得玉皇庙可以当之无愧地成为一座伟大的艺术博物馆。

在各殿宇的几百尊彩塑中，艺术价值最高也最负盛名的是二十八宿殿内的元代二十八星宿彩塑。二十八宿是指古代天文观测中被作为参照坐标的二十八组赤道星座，最早的记载出现在战国时期，每一组称为一宿，每七宿为一象，分别归属于东、北、西、南四象。东方七宿为：角、亢、氐、房、心、尾、萁；北方七宿为：斗、牛、女、虚、危、室、壁；西方七宿是：奎、娄、胃、昴、毕、觜、参；南方七宿是：井、鬼、柳、星、张、翼、轸。二十八宿从角宿开始自西向东排布，与日、月运行的方向一致，后来在漫长的历史中被道教演化成元始天尊手下的侍从星君，开始逐渐具象化。至唐代时又被五行家袁天罡创造性地将诸星座与七曜（日、月、金、木、水、火、土）以及二十八种神兽或动物相结合，重新为二十八星宿确立了名字，即为东方：角木蛟、亢金龙、氐土貉、房日兔、心月狐、尾火虎、箕水豹；北方：斗木獬、牛金牛、女土蝠、虚日鼠、危月燕、室火猪、壁水貐；西方：奎木狼、娄金狗、胃土雉、昴日鸡、毕月乌、觜火猴、参水猿；南方：井水犴、鬼金羊、柳土獐、星日马、张月鹿、翼水蛇、轸水蚓。二十八星宿的形象在历代的传承和艺术创作中也不尽相同。过去曾经将其附会于东汉的开国功臣云台二十八将，这也是道教在传承和发展过程中不断吸纳各方面元素、充实完善自身的一种方法，而府城玉皇庙内的二十八星宿彩塑则更加大胆地将一些星君塑造成了女神形象，堪称一种创举。

现在关于玉皇庙内二十八星宿塑像的作者是谁已经无从考证，但被广为接受的一种说法是元代著名雕塑家刘銮。据说此人曾经师从于尼泊尔雕塑家阿尼哥，跟随他从事了元代两京寺观庙堂大量的喇嘛教神像的雕塑创作，并将其中的特点与中原传统神像造型相融合，创作出了一大批不同于以往形象的佛教、道教神像艺术作品，形成了独树一帜的风格。其塑造的人物面部轮廓比汉人要长，鼻梁高而直，有了显著的异域气质，被俗称为希腊鼻子。身体造型修长，肌肉虬劲，更符合人体解剖学，更接近真实人物比例。

玉皇庙二十八星宿的大部分人物造型正与传说中刘銮的创作风格相吻合，尺寸与真人相仿，形象塑造得灵动传神。动者显得身形矫健，孔武有力，充满了撼人的威势；静者则稳重端庄，面带含蓄的微笑，举手投足间展现出优雅的气质。这些神君衣饰华美，铠甲鲜明，峨冠博带，雍容华贵，形象亦神亦人，其逼真程度使我在与之面对时有想开口对话问候的错觉。神像身旁都依偎着与其星宿相对应的神兽，无论蛟龙猛虎还是牛马犬狼，在神君身边都缩小了比例，好似宠物一般乖顺可爱，以反衬诸神无边的法力和仁爱的胸怀。这些塑像不但造型高超，其所着衣冠与所持法器用具又是元代时期汉族服装和装饰特色的真实记录，具有宝贵的资料价值。因此二十八星宿虽然只是玉皇庙内的侍从神君，位列配殿之内，其名声却盖过了正殿里的玉帝神像，成了玉皇庙的形象代表。像我这样的游客千里迢迢赶来，只为能一瞻星宿真容。

不过二十八星宿塑像实在是太有名了，也引起了盗贼们的觊觎，角木蛟的头像就曾经被盗割。因此现在的星宿殿常年锁闭，星君们的真容也很难得见了。

山西省泽州县府城村玉皇庙二十八宿之尾火虎

山西省泽州县府城村玉皇庙二十八宿之危月燕

山西省泽州县府城村玉皇庙二十八宿之心月狐

山西省泽州县府城村玉皇庙二十八宿之壁水貐

山西省泽州县府城村玉皇庙二十八宿之奎木狼

山西省泽州县府城村玉皇庙二十八宿之毕月乌

山西省泽州县府城村玉皇庙二十八宿之娄金狗

山西省泽州县府城村玉皇庙二十八宿之张月鹿

03 小南二仙庙

泽州县金村镇的东南村有一座小南二仙庙，这名字说起来有点让人迷惑。其实由于村庄位于一座大山的南面，原来就叫作南村。因为村庄实在不大，当地人习惯叫作小南村。后来发现与泽州县南面的南村镇重名，人家是个大镇子，那只好咱这小村改名吧，取其位于泽州县正东的方位，于是改成了东南村。但二仙庙历史实在太过悠久，人们称呼小南二仙庙也成了固定的词汇，以至于庙名始终未变。

根据碑刻记载，小南二仙庙奠基于北宋哲宗绍圣四年（1097），创建于宋末大观元年（1107），也就是宋徽宗加封二仙姐妹为“冲惠”“冲淑”真人、赐庙号“真泽”之后正式开始兴建的，落成于政和七年（1117），前后跨度二十年方才完工，至今已经九百余年了。庙宇位于村北，坐北朝南修建在一处黄土崖头，大殿的后墙外就是绕村而过的公路。

全庙现存两进院落，由山门、香亭、献殿和正殿以及两侧的垛殿、东西的配殿组成，其中山门早年已经毁掉，现在的山门是前几年修复的。香亭三间，献殿五间，都是悬山顶的明清建筑。全庙最核心的正殿则被五开间宽大的献殿严严实实地挡在了身后。

正殿是北宋创建二仙庙时期的原构，体量不大，面阔进深各三间，单檐歇山顶。出檐宽阔，檐角如羽翼般张扬高举，檐下是雄大的斗栱和凌厉的双下昂，以四根硬朗的青石抹角方柱支撑。只在正面开设隔扇门窗，其余三面均为墙壁，后墙就是庙宇的外墙。

正殿本身已经是宝贵的建筑遗产了，但走进殿内时我立即被眼前的景象震撼了，本不甚宽阔的殿内竟然隐藏着一组精美绝伦的小木作神龛。我从未见过造型如此优美独特的木作神龛作品，完全颠覆了我脑海中以往的神龛式样，令我瞬间为之倾倒，这就是与正殿同时期诞生的北宋木构神龛珍品。

山西省泽州县金村镇
东南村小南二仙庙
二〇一四年六月六日
上午十时三十分——十一时五十二分
连达

山西省泽州县金村镇东南村小南二仙庙神龛

这座神龛安置在殿内正中央的神台上，由两座主龛、两座副龛和一座连接两副龛的拱形廊桥组成。主龛紧靠后墙，是两座由短廊连接在一起的微缩单檐歇山顶宫殿。内部供奉着并列而坐的二仙姐妹神像，两旁有几尊侍女塑像对称而立。两座副龛相对列于主龛前边香案的两侧，为两层歇山顶的楼阁，造型与真实庙宇中的钟鼓楼颇为相似，应该是早期建筑中阙楼形式的体现。一层较为高大，外侧的屋檐一直延伸至主龛檐下，与主龛相接，共同围成了半封闭式建筑群。二层出平座，两平座间架拱形廊桥，桥顶中央建有一座方形歇山顶小亭阁，两侧以斜廊与两副龛相连接，形成了殿阁重重、飞檐比翼、长虹横亘的天宫楼阁效果。整体造型典雅别致，各檐下的斗栱极尽精巧繁复之能事，包括檐瓦、勾栏、门窗、脊兽、鸱吻等也均雕刻得惟妙惟肖，与实物无异，更将神龛衬托的雍容华贵，让人不由得联想到了《铜雀台赋》中“立双台于左右兮，有玉龙与金凤。连二桥于东西兮，若长空之虾蝾”的诗句。虽然这里只有一座桥，却足以想象出那种美轮美奂的古雅的意境，可以将这组神龛理解为宋代宫殿的一个微缩模型，也是已经远去的早期中国宫阙建筑的真实缩影。可惜这种建筑形式的实例早已无存，我只是在石窟和壁画中才见过古人们的这般美好创造，也曾经在关于大同华严寺的介绍中看过那里辽代小木作壁藏的照片，还有一些古建筑的藻井里有更加微缩版的天宫楼阁造型。但像小南二仙庙的神龛体量这么大、这么直观具体的形象，我还是第一次见到，看实物的震撼是在照片中永远不能体会的。

两座副龛楼阁的一层内还有头戴乌纱、身着官服、手执笏板的女官相对而立，意为听候二仙娘娘差遣的文武官员，附近还有多尊校尉和侍女的塑像侍列。这些彩塑也都是宋代的原物，尺寸比真人略小，造型秀美，仪态端庄，冠服华丽，与神龛和正殿共同组成了一个宋人心目中美轮美奂的琼楼仙境，也给我们这些后人留下了中国千年之前的美好形象。

但这些珍贵、优雅和绝佳的艺术品在可恨的盗贼眼中却只是一沓钞票。听村里的乡亲说，前几年有盗贼潜入庙内，割走了两尊塑像的头部。由于庙宇建在村边，没能及时发现，盗贼尝到了甜头，后来竟然来了一车人，公然砸开正殿紧邻公路的后墙，把神龛内十几尊塑像的头几乎全都割走了，真是丧心病狂、触目惊心。直接导致了现在二仙庙防御严密，甚至把整座正殿外都用铁笼子围起来了，宁可不给人看，也绝不敢再出闪失。这也是许多乡村古迹面临的尴尬窘境，我也只有在画中才能将那些杂乱的铁栏杆去掉，还正殿一个清爽了。

04 青莲寺

在泽州县金村镇东南丹河河谷旁硖石山的阳坡上，坐落着一片有千余年历史的佛教建筑群，这就是著名的青莲寺。

青莲寺几乎是泽州地区最为古老也最负盛名的寺院了，其历史可以追溯到北齐天保年间（550—559），由高僧慧远所创建，当时以山为名，叫作“硖石寺”。最初这里规模并不大，时至唐代，随着佛事兴盛和僧侣的增多，空间越发显得局促。到了唐太和二年（828）时，在向北约一里的山坡上重新选址，修建了一座规模更

山西省泽州县金村镇青莲寺释迦殿

宏大的寺庙。按方位区分，旧寺被称为下寺，新寺则叫作上寺。及至咸通八年（867）始更名为青莲寺，下寺因为修建年代早，被俗称为古青莲寺。上寺则为新青莲寺，两寺一上一下，相互呼应，声名日隆，各地信徒僧众均到此求学说法。青莲寺一度发展成为中原佛教的中心，盛极一时，被天下寺院尊为“佛门之都”，享有“文青莲，武少林”的美誉。

今天的下寺仅存正殿、南殿各三间，都是歇山顶建筑，内藏唐宋时期的彩塑，是青莲寺辉煌过往的见证。另有一座覆钵式舍利塔，为明代所建，是泽州地区仅见的藏式佛塔。

上寺地势险峻，临渊而建，景色壮美，现存三进院落，最前端为山门兼天王殿，左右两旁建有钟鼓楼。走进院内，迎面就是巍峨壮丽的两层歇山顶的藏经阁，是清朝时将原有的宋代三开间小殿做了整体抬升，下部又加筑了一层改建而成的，这里面曾经存放历代经书五千余卷。藏经阁后面的院子中央是修建在高台上的释迦殿。此殿建于北宋元祐四年（1089），是一座面阔三间、进深六椽的单檐歇山顶建筑，为青莲寺的正殿。经过了九百余年的变迁，依然保持着宋代殿宇的特点，深广的出

山西省泽州县金村镇青莲寺释迦殿宋代佛像

檐，壮硕的斗栱，凌厉的下昂，古雅的直棂窗，处处都散发着故宋时期优雅的气息。檐下林立的历代碑刻记述青莲寺久远的故事，也成为人们了解青莲寺的宝贵资料。释迦殿内神台上现存一组彩塑，正中央莲台上结跏趺坐的是佛祖释迦牟尼，左右对坐者为文殊和普贤两位菩萨。佛祖坐像的右边还有一尊侍立的阿南尊者像，另一侧本该还有相对称的迦叶尊者像，很可惜已经无存了。相传这些塑像本是创于唐代，宋人在旧像的基础上重新塑造和修改，于是这些流传千载的彩塑作品兼具了两个时代的造型特点和神韵，是不可多得的艺术瑰宝和珍贵文物。虽然历经战乱和浩劫的洗礼，众佛菩萨和尊者却都能安然度过，但泥塑之躯终究还是经受不住无尽岁月的侵蚀，普贤菩萨垂坐的右腿从膝盖处就已经折断了，文殊菩萨的左脚掌也掉了，但从残余部分仍能看得出脚下曾经是踏有莲台的。包括佛祖在内，坐着的塑像手掌已全都不在了，虽然双手合十的阿难尊者身躯都很完整，头皮却脱落了一大块，看起来还有点恐怖。

释迦殿东西两厢是面阔三间悬山顶，高两层，上下皆出前廊的罗汉堂和地藏阁。顾名思义，是供奉十八罗汉和阎王爷的地方。地藏阁内，十殿阎王都团结在地藏

山西省泽州县金村镇青莲寺罗汉堂降龙罗汉像　　**山西省泽州县金村镇青莲寺罗汉堂观音像**

菩萨的周围，罗汉堂里众位罗汉是围坐在观音菩萨身边的，这样四大菩萨就都聚齐了。两座楼阁中的塑像也都基本保存了下来，而且相传是创塑于宋，重妆于明。我来到青莲寺，正巧遇上了文物工作者在对罗汉堂内的彩塑进行修补，这才有缘见到这些罕为人知的珍贵文物，也抢着在傍晚下班前仓促画了两尊，权当是留念吧。

有一尊十八罗汉中的老大降龙罗汉，负责修补的师傅说，在修补之前这个向前伸出的左手已经碎了。根据他右手所持的宝珠推断，左手里原来很可能是握有一条龙的，我甚至怀疑龙身有可能会与左脚跟下那段露出的木胎相连接。但在毫无原始资料的情况下，本着不过多臆造的原则，只能将文物现存肢体补全而已，虽然显得有些僵硬，也只能如此了。

另一尊是罗汉堂正中央坐东朝西的观音菩萨塑像。她表情和蔼，平视前方，左腿垂坐，右腿踏在神台上，左手微微抬起，手心向外，右臂搭在右膝之上，手自然下垂，显得轻松自在。两侧原本还侍立着善财童子和龙女，但因寺内已经下班，时间仓促，只得舍弃了。

在青莲寺释迦殿的后边原来还一座大雄宝殿，据说毁于日寇的破坏，前几年已经复建，其左右还有配殿，西边另有跨院，是旧时僧侣们居住和修行的场所。

青莲寺内古木参天，环境清幽，少有人至，只有阵阵清风和鸟啼相伴。寺院背靠雄伟的硖石山，与对面的道教名山珏山相望，山脚下有碧玉般的丹河流过，好像点缀于山间的仙家宫阙，是古典建筑和山水风景的完美结合，堪称天造地设的风水宝地。即使今天看来，也是上佳的修行之所。

05 下川汤帝庙

在泽州县的柳树口镇有个下川村，村里有几座古庙，尤以汤帝庙最为古朴苍凉。我看了泽州当地著名文化学者王老师、张老师所拍的照片之后，决心一定要去寻找下川汤帝庙，两位老师欣然表示愿开车送我前往。于是某日中午，由王老师开车，拉着我和张老师一同向太行山深处的柳树口镇进发。

谁知运气不佳，通往柳树口镇的大路正在维修，所有车辆都无法通行。经过打听，我们转上了一条偏往东南方的乡间小路。这条破路起伏巨大，王老师的轿车几乎托底，道路狭窄，满是碎石，车开得极慢，生怕滑入旁边的山沟里，可最终却是个断头路，只好返回去再打听。后来又上了另一条类似的路，仅容一车通行。汽车的一边紧贴山体，另一边是悬崖，道路曲折盘旋在山岭之间，开车的和坐车的都紧张到几乎屏住呼吸。经过了漫长到几近绝望的缓慢爬升，终于来到了山顶。此时我们方才长出了一口气，只见群山连绵，似海浪一般苍茫无际。我们已高踞太行之巅，满眼壮阔景象，顿时转忧为喜，精神大振，有说有笑地向柳树口镇进发。从柳树口镇去往下川村十分顺利，但因在山里绕路耗时过久，能在村中停留的时间已经不多了。

下川村是个安逸地隐居在太行山深处的小村庄，被苍翠的群山揽在怀中，远离喧嚣，风景秀美，时间好像在这里停滞了一般。虽然崭新的柏油路已经修到了村旁，但古村风貌并未受到太多扰动，走进村口即可见到清代的石桥。村中广场上关

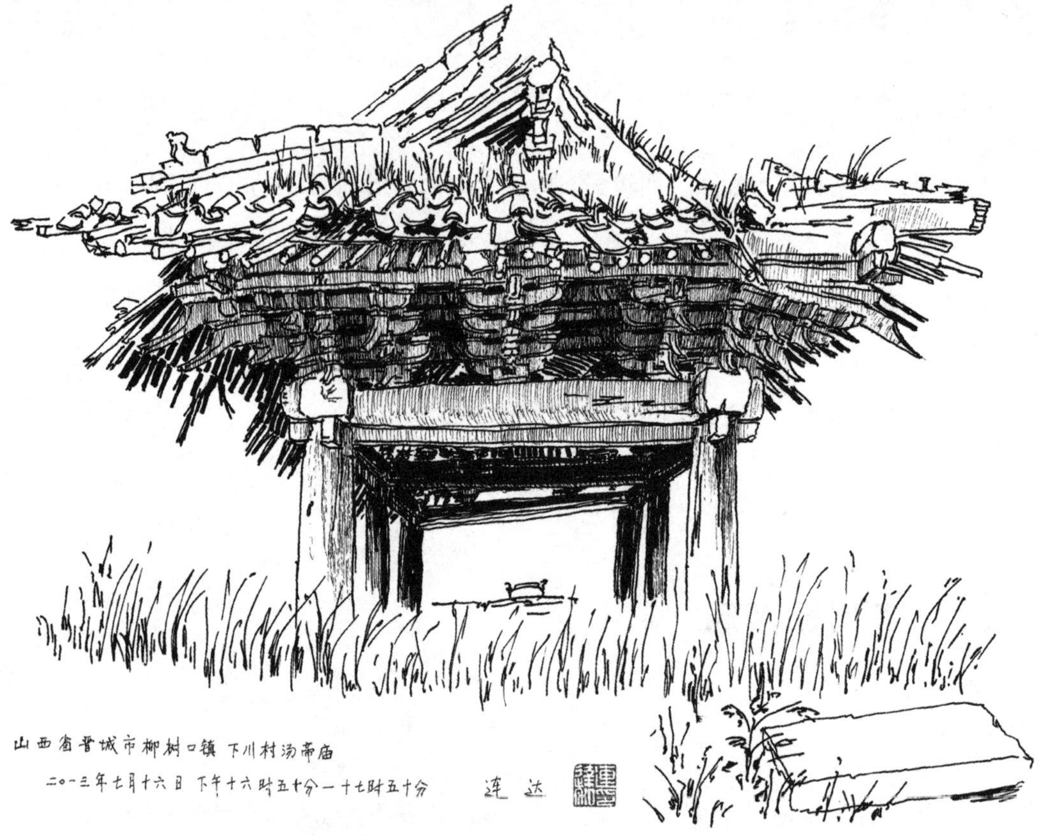

山西省晋城市柳树口镇下川村汤帝庙献亭

帝庙与汤帝庙坐北朝南并排而建，汤帝庙规模更大一些，尚存山门、献亭、正殿和配殿，原有格局基本完整，但整个院子已经荒废了。当我们推开尘封已久的庙门，发现院子里面快被杂草给封死了，完全是一个被世界遗忘的角落。

汤帝庙在“文革”时曾经做过村里的供销社，正殿和配殿被改建严重，正殿内满墙的木格子货架至今犹存。只有献亭和山门虽然破败，却保持了原貌。献亭是祭祀庙内神灵焚香和敬献供品的地方，位于正殿前方，这座献亭为单檐歇山顶建筑，山面向外，正面一间，纵深两间，构架粗壮，斗栱巨大，快要把本不宽敞的庭院填满了。只是年久失修，檐椽朽烂，瓦脊脱落，梁架倾斜，已是摇摇欲坠。此庙的创建年代已经无从考证，现存最早的碑刻为明代嘉靖九年（1530）的重修碑记。献亭的一些结构特点让我感觉依稀有元代风格。虽然房顶和院中生满了野草，但穿越时空的古老与沧桑气质却因此更加浓厚。我一下就被献亭深深地吸引住了，深感为来此所付出的艰辛和危险是值得的，眼看日已西斜，赶紧挥笔画起来。

山门面阔三间，进深四椽，悬山顶，修建在高台之上，虽被改造过，但主体结构尚存。现在东侧檐顶已经糟朽垮塌下去，山门外两侧各建一座二层的砖木配楼，

山西省晋城市柳树口镇下川村汤帝庙山门

顶部也都不同程度坍塌。此时已是傍晚，归程路途遥远，我只能草草画上几笔以记录山门现状。

返回泽州的时候又向老乡问得一条北去的土路，这次不用再贴着悬崖玩命，但路途更加绕远，岔路众多，边走边问边猜。一度进入河滩，在一人多高的野草里穿行，天全黑了才回到城区。没有王老师和张老师的鼎力相助，我这次根本到不了下川。

06 南石店吕祖坛

在泽州县所包围着的晋城市区北部有个北石店镇，镇南相邻有个南石店村，村东南角现存一组别致的近代建筑，这就是南石店吕祖坛，顾名思义，是一座道教的坛口，供奉的是吕洞宾。

这组建筑是一列气势宏大的砖木楼阁，面北而建，整体上形成了一个“山”

山西省晋城市北石店镇南石店村吕祖坛

字造型。正中央的主楼共有三层，是面阔五间的卷棚硬山顶，在最顶层中部凸起一座小巧的八角亭阁造型，二层和三层均出前廊，老乡说一层原本也有出檐，后来塌掉了。主楼两侧各有一座面向东、西而建的三层配楼，通过面阔三间的两层过楼相连接，山墙上的三角尖顶门楼装饰是典型的清末民初风格。

主楼的一层原本是道教法坛，门窗建造成六边形、八边形和扇形样式，颇有仙道洞府的感觉，里面供奉着吕洞宾的神位，地面上有石雕的“金、木、水、火、土”五个大字。第二层内里供奉的是佛祖，地面上也有五个大字“生、老、病、死、苦”，以“生”字为核心排布。最上层供奉孔夫子，把儒教放在了至高的位置上，地面上排布着以“仁”为核心的“义礼仁智信”，前边还加了两个字“良心”。这些字都是用旧墓碑的石料改刻的，仔细辨认，仍可看到万历、康熙等年号。最顶端的八角亭阁内悬挂着一块木雕星象图，据说原来每颗星辰都是用琉璃珠镶嵌，光彩夺目，璀璨生辉，当然那都是很久以前的事情了，如今漫天星辰已经所剩无几。

这座集“儒释道”三教于一楼之内的吕祖坛，在老乡们口中则习惯地称作三教堂。三教一体奉祀，诸神合署办公。这种方式自唐宋时期就已有之，许多地方都建有三教堂，省去了乡民四处求告之苦，但南石店这一处因其独特的外观给我留下了深刻印象。

相传如此规模的建筑，只是一个更庞大工程的组成部分而已。在民国年间，本地道教位于金村镇水东村的总坛发下宏愿，筹资兴建以水东总坛为核心的九大道坛，其余八坛按八卦方位分布于周边村镇之中，南石店吕祖坛是最早落成的坛口之一。所以这里的建筑造型与总坛极其相似，房屋的体量则超过了总坛，现在精美的木雕、砖雕和匾额、楹联等装饰大体保存完整，昔日的富丽堂皇依稀可见。但由于日寇入侵，打断了兴建九坛的计划。随着战乱的破坏，百业凋敝，这一宏大计划再也没能完成。

07 怀覃会馆

无论昔日的泽州府治、凤台县治还是后来的晋城县和晋城市，都设在泽州旧城池之内，并以这里为中心向外发展。作为始建于初唐的千年古邑，泽州城虽然早已在沧海桑田的巨变中荡去了旧貌，但仍有诸多古迹顽强地在现代化进程的夹缝中生存了下来。曾经坚厚的城垣早已拆除干净，可撑起古城脉络的几条主干街道依稀犹存。今天繁华现代的晋城市区旁边，日显老旧狭窄的泽州老街古巷在很多人眼里都属于陈旧落后和急需改造的地方，而我走在其中，则更多地感受到古泽州的气脉仍在延续。那些被认为破旧的老城遗迹往往会成为令我兴奋不已的新发现，成为联系昨天和今天的时空纽带。

在泽州老城驿后街的一所院内，就隐藏着一座创建于清代中晚期的怀覃会馆，是由河南彰德、卫辉、怀庆三府的商人为保护豫商利益修建的行业会馆。当时这豫北三府的商人以经营布匹和白面为主，尤其白面生意几乎垄断了山西的市场。从河南入晋的商道上，每日转运不断，各家商号都集聚了大量的财富，急需行业规范统一管理以利于竞争。怀覃会馆便是在这种背景下应运而生的，位置就选在了明代的旧庙水陆院旁，于清乾隆五十八年（1793）首先开工修建献殿，至嘉庆七年（1802）配殿落成，前后历时十年。豫商投入了大量的人力和财力，建成了有影壁、正门和东西戟门、戏楼、钟鼓楼、献殿、正殿、垛殿和东西两路配殿廊庑的庞大院落。

山西省晋城市怀覃会馆

会馆的房屋都不惜成本，极尽奢华装饰，成为当时泽州府城内最富丽堂皇的建筑群，为后世留下了一座反映清代中晚期建筑及雕刻艺术的宝库，同时也是那个时代豫商雄厚实力和泽州商业繁荣的见证。

可惜，曾经辉煌的怀覃会馆在“文革”时期惨遭破坏，大门和钟鼓楼等建筑被拆除，在原址建起了工厂的水泥楼房，幸存下来的殿宇也不同程度遭到改建。今天的会馆在城市楼宇包围下更像是一个盆地，走在街上根本无法发现那座极其普通、已经废弃的水泥楼房后院大有可观。如果不是朋友带我前来，真是很难找到。这里面现在成了一座大杂院，好在会馆的献殿、正殿、垛殿和配殿等建筑还是保留下来了，其中最为出彩的莫过于献殿和前面的一对大石狮子。

献殿紧靠在正殿前边，面阔进深各三间，单檐歇山顶，平面为正方形，由十二根规整的方形抹角石柱支撑，四角飞檐高挑，屋脊琉璃华美璀璨，斗栱、额枋和雀替都极尽精雕细琢。内部粗硕惊人的大梁上浮雕着栩栩如生的鎏金游龙，整体上显得比正殿还要宏伟华丽，成为会馆内的核心，可惜损毁得也比较严重，尤其本应敞朗的献殿各柱间都被砌上了砖墙，变成了仓库。墙边堆满了旧门板和坛坛罐罐、水缸之类已经逐渐被淘汰的生活用品等杂物。殿前有一对高近两米的巨大石狮子，造型粗犷威猛，但雕工细腻，相当有气势，可惜是砂岩质地，风化严重。

清晨院中空空荡荡，我坐在西配殿的石台基上开始画献殿。院中远远近近几个居民或刷着牙，或端着碗，都在向我张望，确定我真不是要打古建筑的主意后，都报以友善的微笑。在闲谈中得知，来这院里偷盗木雕和琉璃构件的盗贼比游客多，居民们时刻都在保持着警惕。

08 景德桥

泽州府老城的西门之外以白沙河为护城河，河上建有古石桥一座，叫作景德桥。因为这条出西门的大路通往沁水、阳城一带，景德桥因此也被称作沁阳桥。

这是一座跨度很大的石拱桥，桥面总长三十三米，宽度近六米，主拱跨度二十一米，拱高九米，厚度为一米，两端各有一个小拱，跨度各三米有余，用以减轻洪水对桥体的冲击力量，也使桥的外形看起来更美观。桥拱侧面浮雕有波涛、行龙、海马等图案，正中弧顶处镶嵌着一个威猛的鸱首，整座桥造型优美古朴，颇有赵州桥之风。据《凤台县志》记载，石桥于金大定二十九年（1189）由知州黄仲宣创建，至明昌二年（1191）方才修成，与著名的卢沟桥为同时期修造。清乾隆四十八年（1783）因桥西兴建景德庙，始改称景德桥，并在桥北上游西岸埋设一根铁柱，以两个铁箍固定于墙上，用以预测水情。传说这是由豫商所设，当河水漫上头道箍的时候，说明将有洪水，立即派人飞马下太行，回乡报信，预防水患。如果河水淹没了第二道铁箍，河南老家必定已经被淹，则要回去救灾了。这座石拱桥历经八百余年风霜雨雪，承载了无数行人车马，经受了数次大洪水和大地震的考验，至今依然完好屹立，其高超的建造技艺和过硬的质量令人赞佩不已。

为了保护这座饱经沧桑的古桥，1964 年在景德桥南面五十米处又新建了一座石拱桥，所有的车辆行人都从新桥通行。景德桥就此沉寂下来，再也没有了曾经的车水马龙繁华喧闹。如今桥下河水已经干涸，桥两端仍留存着一些明清老房子，

山西省晋城市西关景德桥

古街风貌依稀可辨，使人有一种过了桥就要走进高大的泽州城门的错觉。我趴在新桥的栏杆上，在嘈杂的人流和车辆旁匆匆地画下了孤独落寞的景德桥。

走过景德桥一直向东，横穿老城区，在旧城东门外的护城河上还有另一座石拱桥叫作景忠桥。两桥造型十分相似，也都侥幸地保存至今，两者之间的距离正好是泽州府城池的宽度，成为古泽州的标志。

09 西街玉皇庙

从景德桥向东走不足百米，在泽州老城的西街北侧，现在晋城市第二中学高大教学楼群的怀抱里，静静地矗立着一座古老的玉皇庙。由于临街房屋的遮挡，玉皇庙几乎如同隐士一样紧邻闹市却不为人知，隐藏得了无痕迹。

据现存碑刻记载，这座西街玉皇庙始创于唐文宗太和戊申年，即太和二年（828），距今已经有一千余年历史了。泽州府城的位置从初唐建成之后再未迁移，

山西省晋城市西街玉皇庙献殿

玉皇庙便始终屹立在西关大街的北侧，亦是千年不变。随着历代的更迭兴替，玉皇庙也是饱经风霜，境况不断变化，近几十年间一直沦为大杂院，曾经破败得衣衫褴褛，惨不忍睹，被重新腾退修复是近几年才完成的。

现存的玉皇庙是一所坐北朝南的大四合院，最前边是倒座戏楼，庙门开在楼下正中央，东西两侧各有一座掖门。院子不大，中央偏北的石台基上有建于明代天顺己卯年即天顺三年（1459）的三开间歇山顶献殿，两边分别建有厢房各三间。自从这院子被清理修缮之后，只留下一户人家居住看护，院中的香炉和供案都是信徒们所捐赠，也偶有来上香者。我在画献殿时，守庙的大妈正在清理炉中的残香。

献殿之后紧接着是正殿和东西垛殿，三座殿宇都是面阔三间悬山顶的建筑，前檐下出廊，正殿端坐中央，最为宏伟高大，自然是供奉玉皇大帝神位的玉皇殿。两座垛殿的高度略矮于正殿，东侧垛殿为三官殿，供奉的是天官紫微大帝、地官清虚大帝和水官洞阴大帝，西侧垛殿曰四圣殿，供奉着天蓬元帅、天猷元帅、翊圣元帅、真武元帅等道家护法神将。

庙中碑刻并未提及三座殿宇的创建时间，只是记述了清康熙丙午年（1666）曾经有过改建和彩绘。但从建筑结构上来看，似乎有金代建筑的特点，而且玉皇殿

山西省晋城市西街玉皇庙玉皇殿三官殿四圣殿

前檐下四根青石抹角方柱都遍布线刻花纹图案，有浓郁的金代气息，石柱顶端有“南建圣社卫二叔同弟五叔谨施石柱一条，冶头社张小翁同妻赵氏男念四谨施石柱一条，寨裹西社毕震同妻司氏男念四谨施石柱一条，泰和二年（1202）九月十有二日记”的题记。另有“泽守杨廷秀令、倅车完颜永协晋城丞马国基、司侯爱、申增寿、张希玮、张式、雷光颐，泰和五年（1205）十二月中瀚日游琵琶泓，男履谦革侍行”，因此可以判断这些殿宇至少在金代曾经进行过重修。虽然后世又屡经修缮，但一直沿用着金代的石柱。三座殿宇里，玉皇殿最堂皇气派。但要说做工精巧、气势逼人的话，三官殿恐怕要更胜一筹。其檐下的斗栱之华丽与张扬，令我格外喜爱，因而在画面构图时，特地将这些斗栱放在了显要位置上。

玉皇庙东西两路还有配殿和厢房，但多是后来复建的，精华全在献殿和后三殿上。在热闹的街市旁边，这座闹中取静的小院子更像是世外桃源，既避开了市井的嘈杂，又安然涉过千年的喧嚣，只是可惜失去了原有的生存环境，与现在身旁的教学楼群显得格格不入，三面被高楼包围起来，好像成了被揽入巨人怀中的珍玩器物。但在城市现代化进程中，能够保住这组古建筑已经相当不易，其中一定有着诸多的无奈，实在难以尽如人意了。

10 冶底岱庙

在泽州县南部有众多的古村落和庙宇，规模最大的应该就是冶底村的岱庙了。岱庙其实就是东岳庙，供奉东岳泰山之神，即《封神演义》里的武成王黄飞虎，书中说他被封为“东岳泰山天齐仁圣大帝”，执掌幽冥地府一十八层地狱，凡一应生死转化人神仙鬼，俱从东岳勘对，方许施行。东岳泰山为五岳之首，又称岱岳，

山西省泽州县冶底村岱庙前石狮

东岳庙叫岱庙也就很正常了。因其在当地声名显赫，山门上现在悬挂匾额竟然叫作“泽州岱庙”，本村人则称之为西大庙。

这座岱庙坐北朝南，修建在冶底村西边的山坡上，三面有群山环抱，绿树掩映，景色秀美。庙宇共有两进院落，位于层叠的高台之上，清早来到岱庙前颇有神清气爽、精神一振的感觉。山门外有两尊石狮，造型威猛中透着顽皮，前腿在“破四旧”时被砸掉了，只剩下狮头、身躯和后腿。因狮子身躯原本是前倾的，没有了前腿倒使整体上变成了一个优美的弧线造型，有欲凌空飞跃的动势。两尊狮子扭头相对，似乎在咧开大嘴做鬼脸，准备一同向前跃起的样子，显得更加鲜活。当猜测狮子的前腿原来到底为何种造型时，有无限的遐想空间，可以充分发挥自己的想象力，真与古希腊的断臂维纳斯有异曲同工之妙，难怪被人戏称为“维纳狮”。

进入山门，庭院宽阔，这里有两千年高龄的古树“银杏王”，有两株“人”字形桧柏，还有终年不枯的龙泉井。院子中央为一个长方形的水池，曰鱼沼，又名寒潭，即庙内的放生池。池后有一丛青翠竹林，林后的高台上有舞楼一座，碧水修竹映衬之下的亭台飞檐竟有了一丝江南园林的韵味。

第二进院落整体又登一重高台，从舞楼旁的侧门可进入院内。舞楼下有一米多高的石台基，周围施以围栏，两边有石阶可登台，并可通往东西配楼之内，那里应该是旧日为神明献戏时的后台。

舞楼平面呈正方形，为单檐十字歇山顶四柱式结构，由四根砂岩抹角方柱支撑，左右两面后来又辅以木柱。造型简洁粗犷，举折平缓，出檐宽大，檐角张扬，相传为金代遗构。本村老人们说确实曾经看见过金正隆二年（1157）的题记，只是后来被毁坏了，他们也觉得十分可惜，否则必定轻松超越高平王报二郎庙的金大定二十三年（1183）戏台而成为中国现存最早的戏台。但无论如何，这也是岱庙中的一件建筑瑰宝。

以前曾经在书中见过冶底岱庙的旧照，那时的舞楼破旧不堪，脊饰无存，檐椽糟朽下垂，一派风烛残年的惨状。此番得见，已经被修缮一新，重又变得健康硬朗起来，两旁的厢房和配殿也都修缮完毕，几个工人师傅正在配殿里重塑诸神的法身泥胎，有着令人称道的好手艺。这幅舞楼的写生我就是坐在东配殿廊下画得的。

山西省泽州县冶底村岱庙金代舞楼

舞楼正北的砖石高台上就是岱庙的正殿天齐殿，也称五岳殿，面阔三间，进深六椽，单檐歇山顶，殿堂高大宽敞，造型清秀大气，飞檐如双翼般霸气高挑。檐下出前廊，以四根高大的青石抹角方柱支撑，在石柱的上部可见到诸如“五岳殿王琮施石柱一条，宋元丰三年（1080）二月初三日记”的题刻，还有“丘吉、王清、段高”等人在同一时间所施石柱。虽然岱庙的始建年代已经无从考证，但这些题记至少证明了正殿在北宋时就已经建成，柱下一米见方的巨大覆莲式柱础和一人高的砖石台基也都是同时期所建。大殿的次间安直棂窗，明间设板门，有线刻精美的青石门框，遍布龙、狮、菊、莲、牡丹、化生童子等图案。门枕石保存完好，右侧的小狮子在母狮怀中顽皮嬉戏，左边雄狮抚绣球向右凝望。漫长的岁月已经把狮子打磨得光滑圆润，小狮子的屁股甚至光可鉴人。

在门楣正中央下部有几行小字题记“阳城县石源社郭润，门工施钱二十贯，时大定岁次丁未乙巳月癸未日，本州石匠司贵同弟窦小二”，这不但把修造石门的年代和工匠、出资人名字记载下来了，连总造价也一目了然，说明在金大定二十七年（1187）曾经重修过正殿。现在殿内的砖雕神台也是与石门同一时期修造的，同样雕工精湛，保存完整，其上的木雕神龛虽然年代晚，水准却

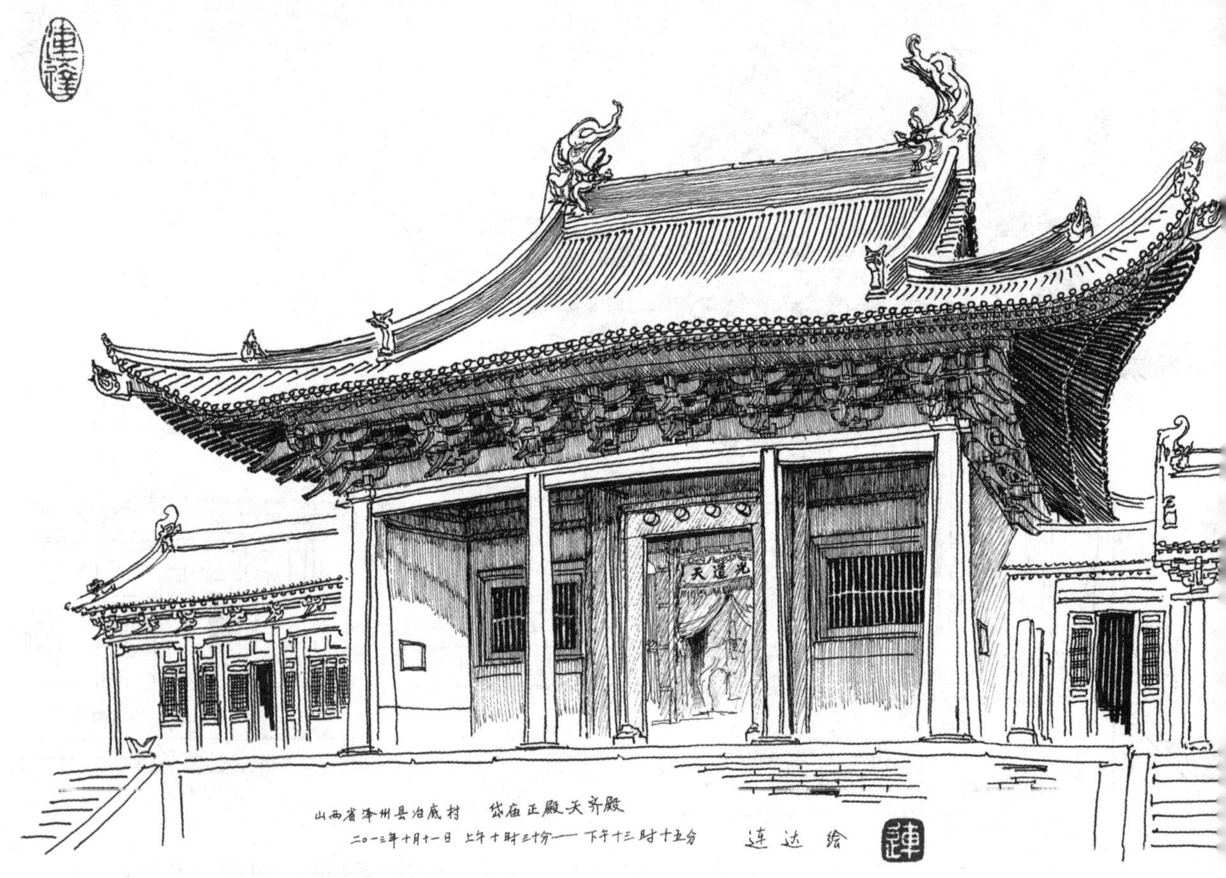

山西省泽州县冶底村岱庙正殿天齐殿

非常高。可惜神像早已经被捣毁，殿内现有的神像和廊下的神将都是今人补塑之作，其水准实在是愧对古人啊，我在画正殿时主观地把廊下花团锦簇的神将去掉了。

在天齐殿两边陈列着多通古碑，记述着从元代至元年间到明代永乐、万历和清乾隆等时期的多次修缮经过。不过正殿从梁架到门窗依然保存着宋金时期的风格特点，是晋东南地区早期古建筑里的杰出代表。在两侧垛殿和东西两厢分别建有碧霞元君殿、土地殿、五谷神殿、虫王爷殿、牛王殿、龙王殿、速报司神祠和关帝殿等建筑，多是明清遗留。

在岱庙画了半日，至午时，住在东厢房里的看庙大妈邀请我到屋里和她们老两口一起吃面条，态度坚决，不容推却，一句“画了一上午，不吃饭哪成”分外温暖人心。热面下肚，顿时精神大振，回到院中继续将天齐殿画完。在山西曾经多次得到善良乡亲们的帮助，哪怕一碗面、一句关怀的话语都能给予我这个身在异乡的游子以巨大温暖和鼓舞，这也是山西值得我深爱的原因之一。

山西省泽州县周村镇坪上村汤帝庙

11 坪上汤帝庙

泽州县周村镇东面有个叫坪上的小村，村西头现存一座很大的汤帝庙，原来曾被改作小学，现在已经闲置起来了。此庙院子巨大，尚存的建筑有最前端的舞亭，之后为三座并列而建的三开间悬山顶前殿兼山门，院内东、西有长长的配殿和廊庑，院子最北端为体量庞大的正殿及两侧垛殿。

这座汤帝庙前有一大片空地，好像一个小广场，修建在毛石台基上的歇山顶四柱小舞亭孤立于庙前。后面的汤帝庙建筑群基本完整，唯独把这座舞亭扔在山门之外，情况十分特别，到底是为什么呢？庙内有石碑多通，但大部分已残缺不全，山门内还有几块碑被铺在地上，已经磨得基本看不清字迹，只能确定是清代之物，但我无法从碑上获得有用的信息了。

先说说后面这座庙，有四面封闭的院落，前殿内侧还有戏台遗址，各殿俱在，所有庙宇元素完备，应该不需要在庙前修建单独的舞亭。正殿面阔五间悬山顶，檐下出廊，在大梁上有题记“旹明弘治拾肆季（1501）岁次辛酉伍月有伍日宜用辰时上梁梓匠段康□贵，重建正殿五间保佑阖村人寺平安风调雨顺五谷调盈尔为士□□”，说明这座大殿乃至这座汤帝庙在明以前就已经有了。明代这次施工只是重建，而面阔三间前出廊的西垛殿从斗栱到门窗和廊柱带有明显的早期特征。再看这座舞亭所用的四根抹角方石柱、下部的覆莲式柱础和基座角上的石狮，也带有浓郁的金代特点，虽然上边的木作是明清后加上去，应是原址利用了旧有石构件。从这些信息判断，这座坪上汤帝庙也许在金代就已经建成了，舞亭本该修在庙内才能为正殿里的神明演出，就说明了庙宇原有规模应该比现存的要大，舞亭前边还有山门之类的建筑，也许后来经历了战乱或者年久失修，庙宇衰败了。明代重修时缩小了建筑规模，在舞亭之后重建了山门和前殿，就把舞亭分隔在了庙外面。

当然这只能是个猜测，但小巧的舞亭显得很别致可爱，值得一画。

12 周村东岳庙

泽州县西部古村镇遍地，古建筑不可胜数，最著名的当属周村镇。

镇子东边有一条长河，大约在汉代前后，此地因长河之桥而名长桥村。相传除去三害、浪子回头的西晋名将周处死后就埋葬在村西边，人们为了纪念他，将地名改为周村，距今已经有1700多年的历史了。后来随着村庄发展繁荣升格为镇，也就变成了周村镇。镇子由一条东西向狭长的古老商业街串联起来，尚有众多的明清古宅大院、商铺和庙宇，当年的城垣还断续残存。

镇子西北面地势很高，我一路上坡穿过古街，拐向镇北的高地，那里坐北朝南耸立着一座巍峨的东岳庙。

山西省泽州县周村镇东岳庙

周村东岳庙的创建年代已经不可考证，唯有北宋元丰五年（1082）、明宣德二年（1427）和隆庆四年（1570）重修的记载，清代更是多次整修和扩建，并在周围又兴建文庙、高台寺、迎祥观等多座庙宇，形成了以东岳庙为中心的古建筑群。可惜诸神法力不够，运气不佳，时至今日，这些寺观庙宇多已毁灭，只有东岳庙孑然尚存。

周村北部地势高峻，东岳庙下部还建有高高的台基，远望甚是恢宏壮观。走上长长的台阶，穿过山门，眼前出现一座三层高的砖木楼阁，下部两层为砖楼，顶上并列建有歇山顶亭子两座，转过来一看，原来亭子是庙里的钟、鼓楼，下部与一座两层戏楼连建在一起。之后又上一重高台，在一列宽大的石基座上并排建有三座大殿，三殿之间有两座过殿连接，前边还建有歇山式抱厦，这一组建筑庄重威严，层次分明，飞檐层叠挑出，真是霸气十足。

按碑刻所载，这一排大小五座殿宇“中祀东岳，东祀增福财神，西祀吴王，东序二郎，西序关王”，当然神龛早已经被捣毁，现在只余下空荡荡的建筑了。这三座大殿之中当属正中央供奉东岳大帝的主殿天齐殿最为高大雄伟，面阔三间，进深六椽，单檐歇山顶，檐下出廊，以四根粗壮的方形抹角青石柱支撑，中间两

山西省泽州县周村镇东岳庙元代石狮

根柱上浮雕“巍巍四岳之宗三代东巡秩祭望，浩浩两仪之秀万年中土镇封疆”的对联及明隆庆六年（1572）游览、天启五年（1625）重装的题记。整座大殿有明显的宋金建筑风格，一些资料上也提及此殿为宋代遗构，只是历代多次维修，风格未免有些杂糅。东西两殿从前面看与正殿造型类似，都是高挑飞檐的歇山顶。只是台基低矮，格局略小，从侧面看实际为悬山顶，只是在前檐又加了歇山式抱厦，两座过殿也是悬山顶。

整个东岳庙在新中国成立后被改作粮库使用，几座殿宇的前廊也都曾被砌墙封闭起来了。我来到这里时庙内正在进行大修，这一排殿宇的施工已经接近尾声，封堵前廊的墙壁被清除，我有幸看到了正殿精美的石门框，其造型与陵川崇安寺的宋代石门框和高平西李门二仙庙、泽州冶底岱庙的金代石门框都颇为相似，上面还遍布龙凤纹和花卉的线刻图案，在门框横梁中部有建造人员的题名，并有“至元十五年孟秋望日立”的落款，说明在1278年元世祖忽必烈时期也曾经进行过一次维修，至少是更换了门框。相传在元灭金的战争中，东岳庙遭到巨大毁坏，元初才再次进行大修，或仿照旧制或使用旧构件，使整座大殿保存了许多宋金建筑的风格特点，连石门框的做法也是与宋金时期一脉相承。

门枕石上趴着的狮子口中衔着绸带，爪里抓着绸带的另一端，头部微微上扬，全身肌肉健壮有力，似乎是蹑足潜踪伏在地上，随时会一跃而起般做蓄势待发状。狮子整体上虽然与宋金时期的造型变化不大，但具有一种更威猛的气势了，可惜嘴巴部分被砸坏，绸带中间镂空部分也断了。石座上同样有线刻纹饰，靠近地面处已经漫漶不清。

我在东岳庙写生时，正值维修施工干得热火朝天，身边电锯轰鸣不止，锯末和粉尘飘荡，脚下泥水流淌。我只好硬着头皮蹲坐在一堆砖头上画下了宏大的正殿建筑群。

13 辛壁成汤庙

周村镇以北是大东沟镇，镇子的西南方有个面积不小的辛壁村，村庄修建在长河西岸的台地上，这是古时候村落选址的规矩，既可以预防洪水泛滥，又有利于抵挡盗匪侵袭。当然随着经济的发展，村庄面积不断向四外滚动扩张，旧村的格局早已经被打破了。来到辛壁村外时候，隔得老远就能看见高地上有一片巍峨壮观的古建筑群从周围民房中鹤立鸡群般地凸显出来，这就是辛壁成汤庙。看到这般景象，我怎能不赶紧向村中奔去。

相传古时候本村街巷布局如凤，因而名叫凤凰村，至唐玄宗时代才更名为辛壁村。至于为何叫作辛壁，众说纷纭，一说其辛来源于姓氏，其壁指村庄背靠的可寒山，一说是因为古时候寺庙而得名。大东沟镇位于长河水运的枢纽位置，素有“四十里长河一码头”的美誉，在历史上是沁水、阳城和泽州三处的贸易集散地，水旱两路北上可通大阳镇，南下可经周村达中原，在民国以前一直是一条繁华的贸易通道。辛壁村距大东沟镇近在咫尺，经济也曾一度繁荣富庶，村中深宅大院和寺庙殿堂至今遗留众多，规模最大的当然首推村西部的成汤庙和太平观古建筑群。

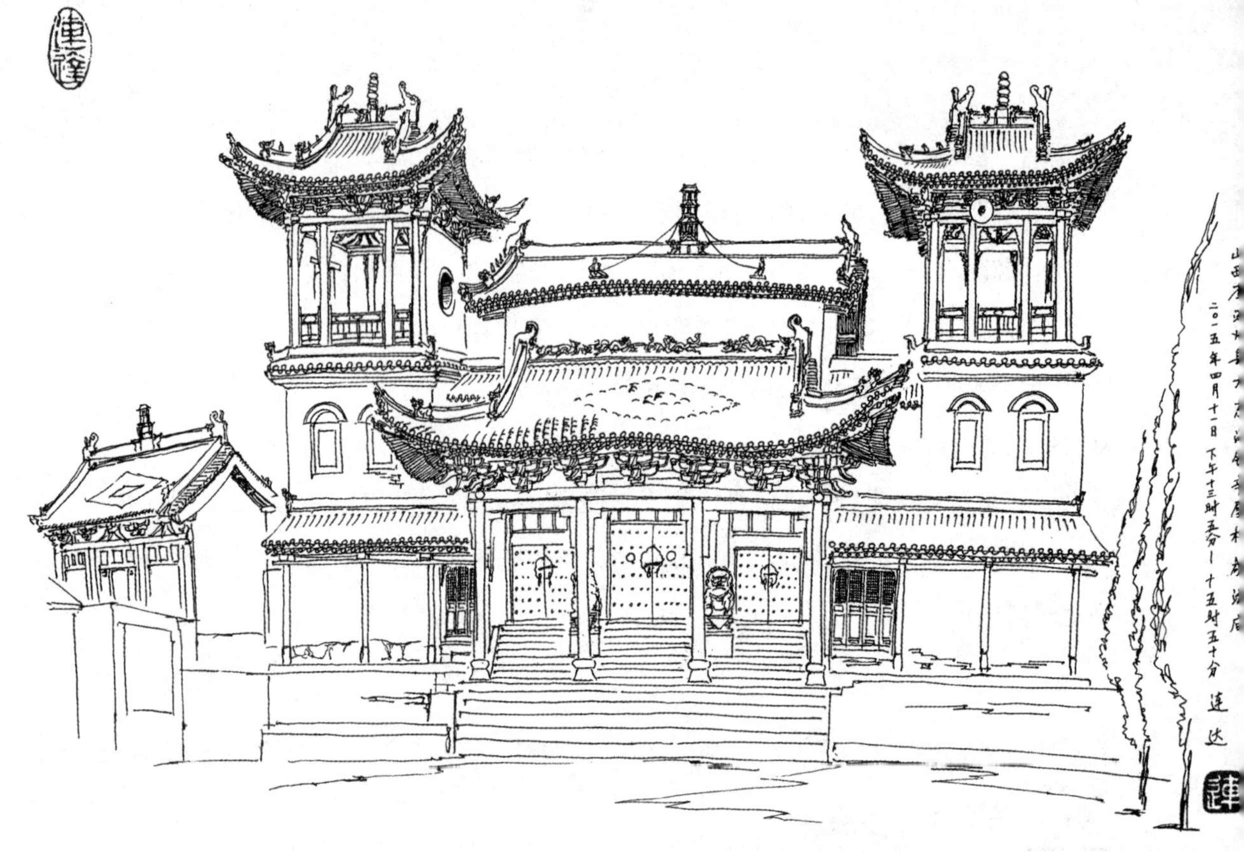

山西省泽州县大东沟镇辛壁村成汤庙

成汤庙也就是汤帝庙，顾名思义，是祭祀商汤的庙宇，在泽州县西部和阳城县一带现存的汤帝庙格外多，该地区可以说是商汤的势力范围。辛壁村成汤庙创建于金朝大定年间（1161—1189），明清两代屡有修缮，坐北朝南修建在村西的高地上。庙宇规模不小，外观也格外有气势，最为夺目者便是山门建筑群。高高的石台基上是面阔三间歇山顶的山门，其左右为高三层歇山顶钟、鼓楼，下部临街出前廊。山门内是两层悬山顶的倒座戏楼，这组建筑显得主次分明，高低错落，宏伟华丽，让站在阶下的人感受到一种凛然的霸气。庙内有正殿成汤殿，左右有垛殿，东西有配殿和廊庑，是一座严整的大院。成汤庙西侧是一组叫作太平观的庙宇，为两进院布局，整体上比成汤庙更加宏大。碑刻记载创建于元大德九年（1305），只是外观看起来不如成汤庙山门显得先声夺人，反倒成了成汤庙的陪衬。

山西省泽州县大东沟镇七干村汤王庙

14 七干汤王庙

在大东沟镇正南面有个叫七干的村子，虽不起眼，却有着久远的历史，相传唐代就已经存在了。有据可查的名字曾经叫作七干管，这个名字在附近某座庙里现存的宋代碑文中有记录，“管”是过去最底层的行政管理机构，最早是在北宋实行的乡管制度中出现的，金代时也将“管”一级称作社，相当于村。后世改用保甲制度，“管”的叫法才逐渐消失，比如前面提到过的南石店吕祖坛的总坛水东村，过去就曾叫水东管。

七干村的老村舍被新村围在当中，古朴风貌犹在，村东头现存一座两进院的大庙就是汤王庙。这座大庙坐北朝南，南北相当狭长，最南端是修建在高大石台基上、面阔三间的单檐歇山顶戏台。前檐两角高高地挑出，造型优美，但四根檐柱下的柱础已经有两个被盗走，柱下仅仅用砖头石块草草垫起来。可恨的盗贼正在杀鸡取卵般地疯狂破坏着乡村的古迹，我在很多地方都见过这种偷盗柱础的情况。为了把区区一个清代石雕柱础卖掉换来几个小钱，就无所顾忌、毫不心疼地宁可拆塌一座庙宇，这些人是多么唯利是图和道德沦丧啊。

戏台对面是山门，就是画中这座面阔三间出前廊、高两层的悬山顶楼阁式建筑。一层以方石柱支撑，二层以上则为全木结构，体量雄伟高大，雀替和斗栱等细节又雕刻精湛，是典型的清代中晚期作品。左右建有两层的耳楼，这也是晋东南寺庙山门一种常见的形式。山门和戏台之间有两列长长的配楼左右相对，共同围成汤王庙的第一进院落。虽然现在早已经荒废破败，草料和垃圾充斥其间，但根据配楼二层长廊式的结构可知，这里是原来观戏时的看台。第一进院落的面积不小，每当有庙会的时候，必定会给汤王老爷献戏，四方乡民都聚集在这里。普通百姓就坐在山门下层叠的石台阶上看戏，有身份者和女眷则可升座庙门二层和左右看台来观戏，所以这里也相当于古时候的一个村民广场。

汤王庙修建在村东入口处，于是在看台和山门之间的东西两侧院墙上还开辟了两座相对的过街门洞，使行人可以从第一进院里穿庙而过进出村庄，又不必打扰第二进院内汤王老爷的清净，还保证了戏台周围的相对封闭——古人的设计真是煞费苦心，考虑周全。第二进院里就是三开间悬山顶的正殿和两旁长长的配殿了，晚清建筑呆板僵直，反倒不如山门和戏台更具有观赏性。

如今的七干汤王庙前早已萧条沉寂下来，甚至少有人从庙前经过，荒草丛生垃圾成堆的戏台下，如何让人忆得起那往昔的笙歌吟唱？这里就像被世界遗忘的角落，只偶尔从远处传来几声犬吠，然后就是死一般的寂静。

山西省泽州县大东沟镇马村关帝庙

15 马村关帝庙

大东沟镇东边的黄土台塬上有一个马村，老村在东，新村在西，形成了东西狭长的格局。在老村西端与新村交界的位置上，坐北朝南保存着一处极其宏伟的大庙，这就是马村关帝庙。

关帝庙并不少见，但这一座的布局却是相当独特。来到马村西门外，但见墙垣坚厚，门洞幽深，城墙顶上又建有楼台殿阁，煞是壮观。实际上，村门开在了关帝庙台基的下面，进村的东西向大路正好从庙下穿过，关帝庙台基像城墙一样高，这组建筑的大手笔大气魄可见一斑。

马村关帝庙只有两进院落，但这两进院落的跨度都相当大，山门前有宽阔的广场，广场南边还有戏台，这一大串建筑横亘于村庄西侧，真是霸气十足。

山门是一排两层的砖楼，屹立于高高的石台阶顶上，正中央出三开间抱厦，两层楼高的石雕檐柱气势上格外震撼，让人仰视间顿感自身太过渺小。

山门内是两层倒座戏楼，狭长的院子两边各有面阔六间的二层配楼，正中央两重高大的石台基上是面阔三间悬山顶的正殿。与两厢的配楼相比，正殿的体量不大，显得小巧玲珑。内部关老爷的神龛早已毁坏无存，屋顶也多处塌漏，后墙上悬挂了一幅喷绘的关公夜读春秋的塑像，在破败不堪空空荡荡的正殿之内显得格外凄惨。

由于关帝庙在新中国成立后曾经被当作村委会和供销社使用，各殿的外观都已严重改建了。现在两座配楼的墙上"敬祝毛主席万寿无疆、林副统帅身体健康"的标语仍清晰可辨，残破的石碑也东倒西歪扔在角落里。我看了一下，碑上最早的时间记载是一块乾隆五十五年（1790）的捐修碑。后来我又在东配楼脊上看见了同一年号的扶梁签，再结合庙中建筑清代中晚期的特点，基本可以确定关帝庙就是创建于那个时候，其下嘉庆、咸丰、同治乃至民国年间的修缮碑记也都有所见。

后院里的建筑有后殿和东西配殿，都是面阔三间的硬山大瓦房，结构太过简单，造型也谈不上美观。院中和房顶上生满了野草，各殿都有不同程度的坍塌，看殿前那几株不太粗壮的柏树，也说明了庙宇的历史并不很久远。配殿里还存放着几口棺木，即使在晴朗的下午，在这荒败得足以成为《聊斋志异》场景的破庙里忽然撞见这物件，心中也还是咯噔地骤然一紧。

16 河底成汤庙

从大东沟镇向西北不远有个双河底村，这也是座千年古村，位置临长河岸边，原名为河底村，后来因北面的下村镇也有个河底村，东边一路之隔还有个河底河村，外来者不易区分，就改称为双河底了。现在这里向西向南发展出了很大面积的新村，把老村舍挤在了东北角的一隅。

山西省泽州县大东沟镇双河底村成汤庙山门

老村西北部的高地上有一座古老的成汤庙，始创年代已不可考，经查阅现存的大明弘治十五年（1502）《重修成汤庙记》碑文得知，“重修始于大观元纪（1107），功成终于宣和二年（1120），考之于史，皆宋徽宗之号也，也有碑可证”。说明这座成汤庙至少在宋朝之前便已经存在，至宋末曾经进行过大规模修缮。这样一座上千年历史的古庙一直被称作河底成汤庙，乃至村名改为双河底之后，依然没有变过。

现存的成汤庙是修建在高高条石平台上的一所大院子，由山门、正殿和两侧垛殿以及东、西配殿组成，画中就是金代时改建的山门，面阔三间，进深四椽，单檐悬山顶，前檐下以四根砂岩抹角方柱支撑，下部台基近两米高。前边又突出一小平台，有踏跺左右相对。这种式样的平台是早期建筑的特点，是成汤庙久远历史的佐证，也有人认为在唐朝时便已筑就。从外面看起来山门依然保持着古老的面貌，其实内侧部分早在“文革”时期就已经被拆掉，并建成了一个巨大敞朗的三角顶革命大舞台，山门内檐下原来的金代石柱至今仍然被弃置在角落里。

正殿面阔三间，进深六椽，单檐悬山顶，前檐下出廊，斗栱用材粗硕，排布疏朗，质朴大气，由四根规整的青石抹角方柱支撑，柱头顶端镌刻着施柱人的姓名。下部有一米余高的石台基，原来前边还连建月台。新中国成立后将庙宇改建为学

山西省泽州县大东沟镇双河底村成汤庙

校，把月台拆除，用旧石料在殿前砌成台阶。正殿明间原本为木板门，后来被拆改。据守庙的大叔回忆，山门所用的木门板很可能就是从正殿挪过去的。现在正殿的宋代青石门框依然保存完整，上边的“大观二年（1108）九月一日”题记清晰可辨，这正好与碑刻上所述相印证，说明现存的正殿正是北宋末期修建。现在门两旁的直棂窗保存得很完好，仍是原来的样子。

正殿两边各有垛殿三间，与正殿为同时期所建，原来分别供奉着关帝和高禖神，自从改成学校，连同正殿的汤帝神位和东西配殿里的龙王、牛王、马王等诸般神圣统统被扫进了垃圾堆里。再后来，学校也废弃了，接着庙里的文物和建筑构件开始不断被盗。村里没办法，只能把院子大门一锁，外人便很难再一睹成汤庙真容了。这座千年古庙在许多古建筑爱好者们口中几乎成了难以涉足的禁地。

我在泽州好友小孔的带领下，在一个仍寒气逼人的初春清晨赶到双河底村。我先在山门前抓紧时间画起来，小孔又多方联系找到了管理成汤庙的大叔。没想到大叔出人意料地爽快，当他看到我画的山门之后，打消了顾虑，不但打开庙门请我们进去，还回家取了几个热乎乎的烤地瓜送给我吃，说来这么早一定没吃饭，天气还很凉，不吃点东西哪成。我画起来没完没了，转眼就是一上午，大叔也不急不躁，并不催促。我在晋东南去过的许多古庙都荒败无人，正巧大叔和小孔一直坐在正殿前拉家常，我便顺手把他们俩也画了进去。

17 史村东岳庙

从大东沟镇北去不远是下村镇的史村，村庄面积很大，这一带又是矿区，相当繁华富裕。在史村中部现存一座规模不小的东岳庙，坐北朝南，共有两进狭长的院落，以前端的山门和左右对峙的钟鼓楼最威武壮观。第一进院中为清代的三开间悬山顶前殿，两旁是长长的配殿，第二进院子里筑高台，上边是面阔七间，进深六椽，单檐悬山顶的巨大正殿，为元代遗构，两厢配二层楼阁式廊房，除了正殿之外，其余房舍都是清代修筑，新中国成立后多被严重改建。现在庙前开辟为广场，庙宇也成了村子的公共活动场所，各殿都曾被村里自行翻修，但缺乏专业的修缮技术指导，使这座庙宇的气质变得有点艳俗。

我在一个深秋的下午赶到了这里，运气不佳，守庙的老大爷对我这个外地口音的陌生人比较警惕，大门一关，闲人免进。不过东岳庙的山门建筑群实在很不错，哪怕无法进庙，在门外画上一幅也是很过瘾的。正中央的山门为面阔三间的悬山顶结构，前后出廊，廊下并排有一座中门和两座掖门，门前设八字影壁，左右分别筑有两层歇山顶砖木结构钟、鼓楼，最下部有高大的基座。楼阁顶层檐下的斗栱手法大气，结构复杂，依稀有早期木构的特点，耐人寻味。

画古建筑是一件令我很痴迷的事，尤其喜欢绘画的过程，可这一次正赶上气温骤降。尽管我也早有准备，却还是没想到温度落差之大是我加穿一件外衣所无法抵御的。凛冽的西北风固执地想把我赶走，我也固执地咬牙坚持。这个拉锯战过程极其痛苦，最后浑身抖得无法自控，起身活动蹦跳也不能缓解，仿

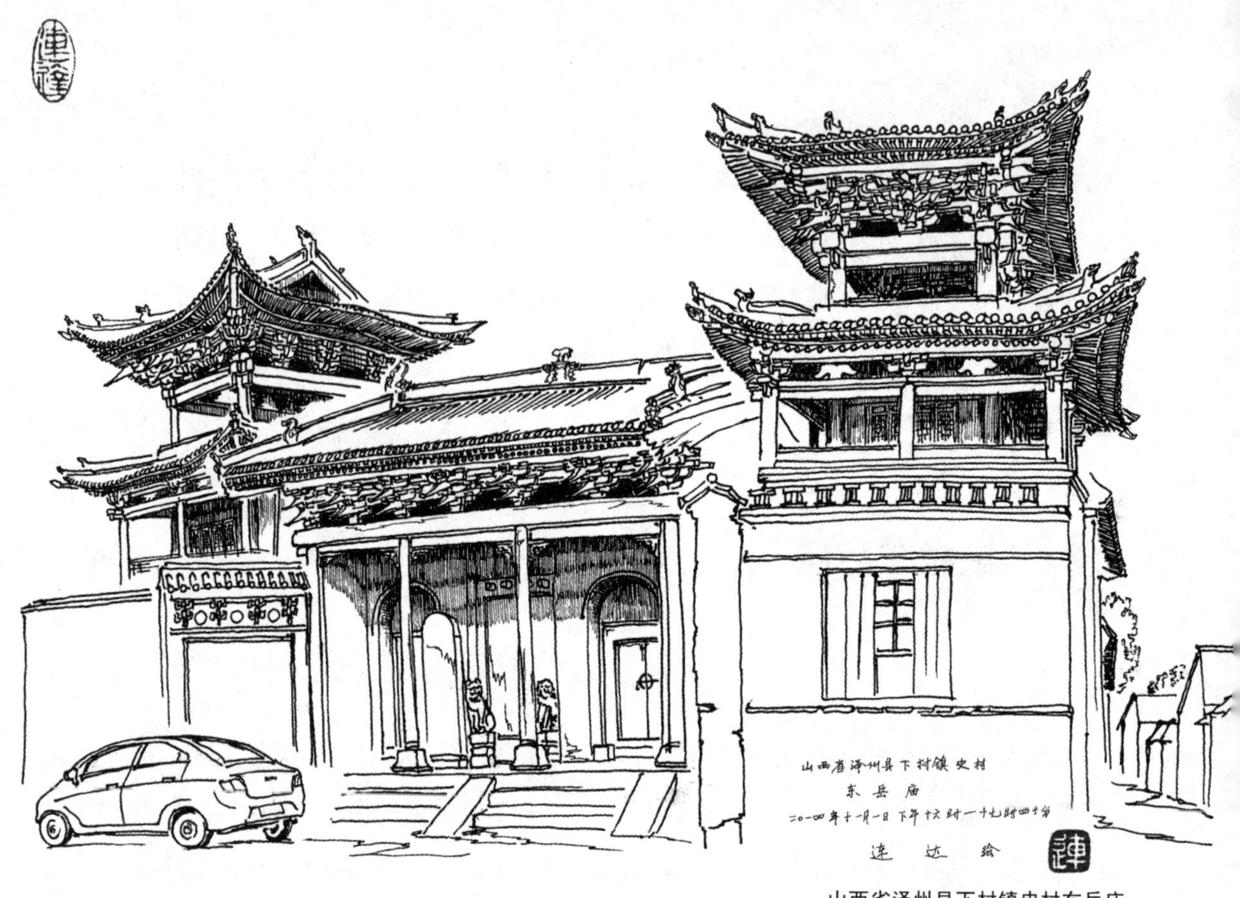

山西省泽州县下村镇史村东岳庙

佛身体的热量都被吹没了，鼻涕也呈奔流之势，在热心村民的围观下简直不好意思抬头了。

咬牙坚持到黄昏时分终于画完了，村中有热心者主动帮我叫开庙门，使我得以匆匆一览后院元代正殿粗犷健硕的雄姿。

第五章

庙堂民居无穷尽：沁河两岸任徜徉

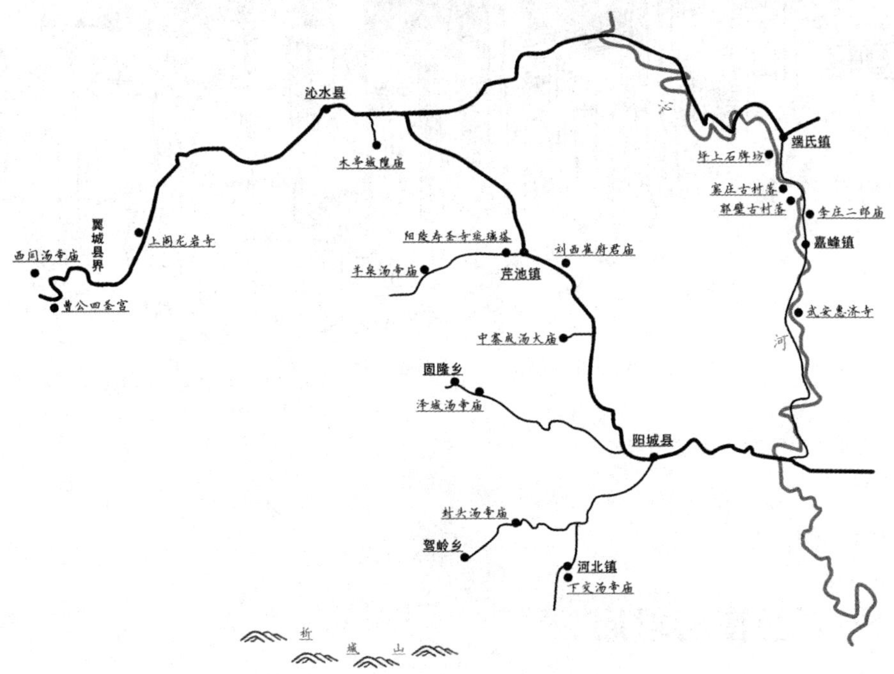

沁河古名洎水，发源于晋中地区，一路浩荡南下，滋养着晋东南大地，最后劈开太行天险，至豫省境内汇入黄河。这是一条风景壮美、文化积淀丰厚的黄金水道，虽然它流经两省十个县市，却将最美好的段落留在了晋东南，把厚重的底蕴播撒在了阳城和沁水两县。

自古以来，沁河就是晋东南重要的水运动脉。明清两代是沁河沿线最辉煌和富庶的时期，水运的繁荣带动了经济和文化的发展，也为今天留下了数量众多的古村镇、寺庙和民居等建筑文化遗产。徜徉在沁河流域，迷醉在无穷无尽的庙堂和老屋之中，真是一种让我无法自拔的美好享受，是一种不断认识和发现那些在史书之外、却和历史息息相关的文明碎片的过程。

先说阳城，在这个县西部的广大农村和山野间有不可胜数的荒芜却保留了沧桑原貌和古朴气质的寺庙，就从刘西崔府君庙说起吧。

山西省阳城县芹池镇刘西村崔府君庙

01 刘西崔府君庙

阳城县芹池镇东边的刘西村，东西向狭长，背山面河，风景秀美，村中部现存一座大庙，叫作崔府君庙。紧靠在庙前是村委会的二层老楼，庙的主体建筑则是在楼后高地顶上面南而建，正面墙外有面阔七间的歇山顶抱厦，抱厦西侧现存庙门一座。院中杂草有一人高，庙宇面积不小，可惜完全荒废了，但整体布局尚且完整，在院子中央有面阔和进深各三间的一个很大的献亭，后面是面阔五间悬山顶的正殿，两侧有垛殿，东西有配殿和两层楼阁式廊房。献亭正面原本应该是戏楼，现存的是新中国成立后修建的巨大水泥舞台，仍与两旁旧有的二层楼阁厢房连接在一起。

这里的献亭与之前所见过的那些小巧紧凑的风格不同，给人感觉高大宽敞，

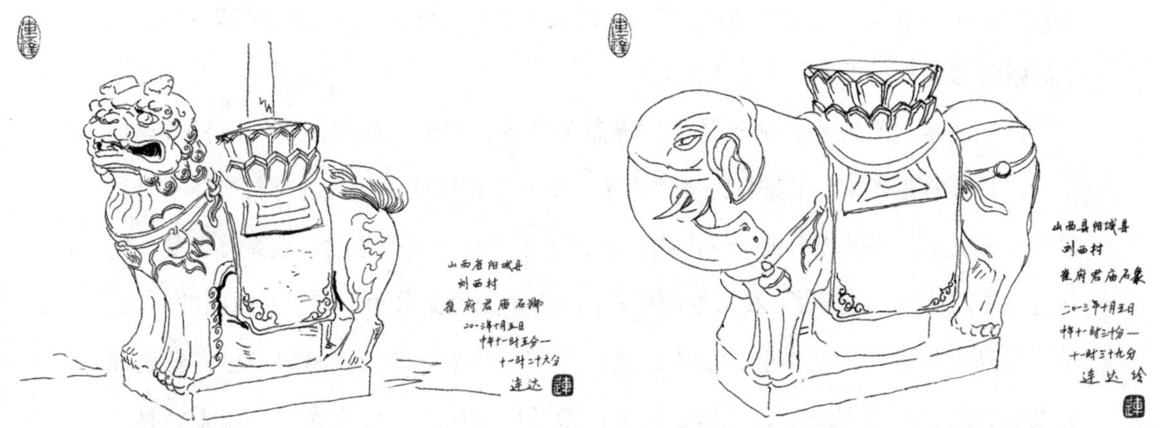

山西省阳城县芹池镇刘西村崔府君庙石狮　　　　山西省阳城县芹池镇刘西村崔府君庙石象

气势完全压过了正殿，成为庙中的主体，其前檐下左右两角是粗壮的圆木柱，中央两根却是铁杆子支撑。这四柱之下的柱础也很奇特，左右是两只石象，中间为两尊石狮，都背负莲台，承托立柱，而献亭其余三面都只是方形抹角石柱和普通的石雕方桌形柱础了。

看梁架结构，献亭和正殿应该是明代时期的作品，曾闻金代崇拜狮象，常以之为神庙柱础。此庙内这四尊石雕虽为明清所制，也应当算是一种风俗的保留和延续吧。

这些殿宇现在多已颓败不堪，梁架变形，屋顶塌漏，墙体开裂倾圮岌岌可危。在此院中行走，犹如在野外生存，杂草灌木几乎封死了通往各殿的道路，还需奋力撕扯才可前进。

各殿宇的门窗都被改换过，看正殿东墙一块黑板上仍清晰的粉笔字“借阅制度”可知，此庙也曾经做过学校使用。如果崔府君庙是在20世纪五六十年代就被改造为学校，那么当年在这里读书的第一批孩子们也年逾花甲了。不知道此学校废弃了多久，根据乡镇并校的普遍情况，十几年时间应该是有了，那么最后一批在这里读书的孩子们至少也上大学了。不知当年的孩子们今在何方，还能不能记得起儿时的校园，是否也曾怀念过那骑在石狮和石象上的欢乐时光。

庙内尚存几通石碑，都是明清遗物，根据碑文可大体知晓此庙的来历。一块大明成化五年（1469）岁在乙丑季春三月二十五日的碑刻记载，此地原名刘村镇，村前有河，河南有山曰虎峰，为卧虎之形。山下有两眼深泉，后唐明宗同光四年（926）

改元天成元年岁在……因泉敕建此寺。名曰灵泉。此后村中不安，于是建府君庙宇、三清殿堂与寺对冲相压，本镇人民方息。

这则故事很有意思，估计是因虎峰意为猛虎，建寺之后得了灵气。村子与虎相对，总有凶兆恶事，于是村民修建庙宇，供奉了可以降龙伏虎的府君崔珏来对抗猛虎，又供奉三清以制衡灵泉寺内的佛祖，这才重获安宁的生活，这算得上是一场佛道斗争的历史小故事了。我来刘西村的路上，确是看见村西南有一座秀丽的小山，虽不甚高，却也有陡崖绝壁，水潭相映。山顶上一座寺庙正在修缮，也许就是碑文里提到的灵泉寺旧址吧，此碑名叫《创塑圣像之碣》。交代完了修建崔府君庙的原因和年代，又说到了时至大明成化年间，庙宇早已倒塌朽坏，村民在社首的倡议下轮流出工修缮，使府君庙焕然一新，并重塑神仙塑像的经过。

故事至此似乎一切都明朗了，可我又在正殿廊下看到一块保存完好的清碑，发现故事还在继续。时间是清道光十一年（1831）秋，说的是崔府君庙景色虽好，却因地方狭窄，算不得是名胜，配不上神仙居住。因此全村出资在辛巳岁兴工，并推举四位长者督工，把崔府君庙整体搬迁到了现在的地方。“革故鼎新首移建正大殿五楹，次移建左右二殿六楹，创建两耳房上下十二间，又移建东郊禖殿三楹，创建西汤王殿三楹，又移建拜殿三楹”，工程历时十年，四位督工老者也亡故其三，终成今日崔府君庙之格局。可以想见在当时迁建工程之浩大和艰难。那时的乡民信仰深厚，对待神灵之事格外认真，历代都能发自内心地修缮庙宇神邸，使得这种文化和这些建筑不断传承下来。而今看着这荒败的院子，我知道很难再有信仰虔诚的乡民来整修和维护了，而且由于传统建筑技艺的缺失，即使盲目维修也有可能会演变成对这些古建筑的一场新伤害，这就是文化衰落消亡后的一种尴尬状况。更可怕的是，许多人认为这些个古建筑只是破房子，没必要去维修，省得白搭钱，塌了拉倒。忽然想到碑中所载那三位为迁建府君庙而操劳故去的老者若泉下有知，见到他们为之付出生命的神庙今朝之惨状，会做何感想？当成此文之时，惊闻献亭下的两尊石狮柱础悉数被盗，想不到我随手的一幅画竟然成了这尊石狮最后的留影，让我在对文物盗窃无比痛恨之余，对广大乡村古迹的生存状况也充满了更深的忧虑。

02 阳陵寿圣寺琉璃塔

芹池镇西边的阳陵村北有一座寿圣寺，在公路上远远就可望见寺内漂亮的琉璃宝塔。塔身算不上魁梧高大，造型倒很纤细清秀，其上遍布琉璃装饰，在阳光映照之下颇为绚丽夺目。

寿圣寺始建于五代后唐年间，原名为福庆院，宋初更名为泗州院，但后来被毁弃了。有个名叫法澄的和尚在宋真宗天禧年间（1017—1021）进行了重建，宋英宗治平四年（1067）朝廷赐额为“寿圣禅寺”，并且流传至今。

寿圣寺现存两进院子，外院明显是后世增建，院门为新中国成立前后的仿西式砖门脸，里面现在是大杂院，有人居住。我在秋收的时节来到这里，但见大门外的空地上堆满了金灿灿的玉米砘子，如果不是看见了屹立着夺目的琉璃宝塔，这里与乡间寻常的旧院落几乎没什么不同。内院寺庙明显在近年修缮过，大部分建筑显得很整齐，有天王殿、大雄宝殿和垛殿、廊房等建筑，这些都是清代遗留，但天王殿内侧的檐廊已经近乎垮塌，房顶腐朽，椽子东倒西歪地垂挂下来。

院子正中便是八角十级的琉璃宝塔了，这座塔通高二十七米，下面为砂岩台基，腰部刻有走狮、游龙、花卉等浮雕装饰图案。每个转角部位都有一个金刚力士做努力扛举状，个个眉头紧锁，二目圆睁，好像真的被这座宝塔压得快支撑不住了一般。塔内中空可以攀登，当然现在塔门早已封闭，我并无缘得见内景。塔身上下收分很小，基本是笔直到顶的，塔刹已经无存。塔上每层的琉璃装饰并不重复，檐下以琉璃烧制出不同色彩和样式的仿木结构斗栱，檐上边承托平座或者莲台，各层窗拱两旁都有仙人、菩萨或神将守护。除了每层的窗户之外，各龛中都有佛像端坐，越往上层佛像越多，乃至整面墙都是佛像密布。这些人物均为浮雕写实造型，或铠甲鲜明，或肌肉遒劲，或衣襟披帛做随风飘举状，如在云端，可惜许多人物的头部已经被破坏了。

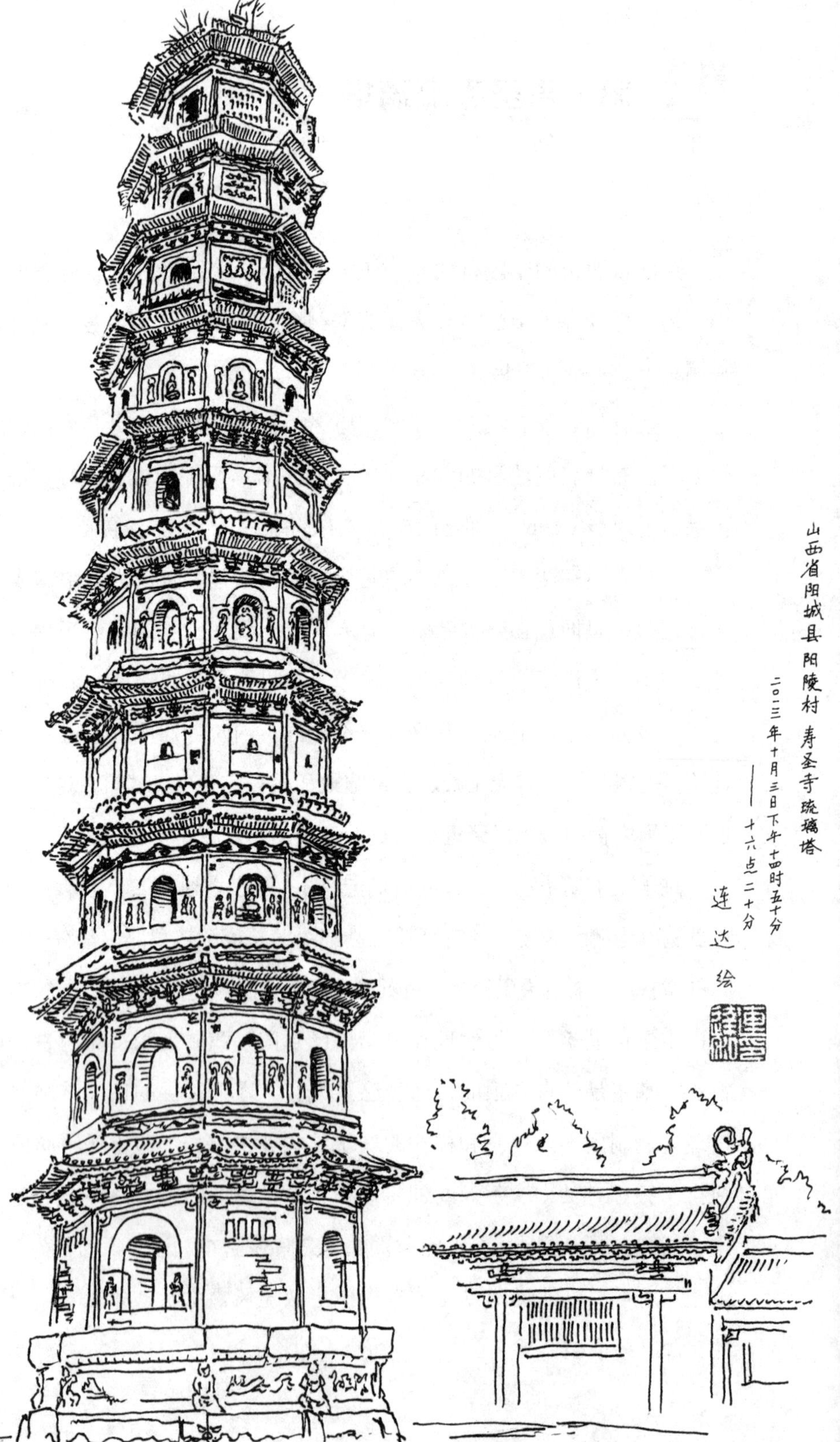
山西省阳城县阳陵村 寿圣寺琉璃塔
二〇二三年十月三日下午十四时五十分
——十六点二十分
连达 绘

琉璃塔是明万历三十六年（1608）开始建造，在塔一层后门左边存有琉璃题记一块，“大明万历三十七年五月二十二日阳城琉璃匠人乔永丰，男乔常飞乔常远”，说明了宝塔竣工的具体时间和烧制琉璃构件的主要匠人姓名，相当珍贵。匠人乔永丰（1573—1620）出身于阳城县著名的琉璃世家，这座琉璃塔上的作品就是他带领两个儿子制作完成的。这批琉璃作品色泽纯正，用料考究，样式复杂，从纹样设计到人物造型、雕刻和烧制工艺等都属佳作精品，所用色彩主要有孔雀蓝、墨绿、黑、黄、紫等，其中孔雀蓝最为夺目，使整体格调显得分外典雅清新，超凡脱俗。

阳城乔家的琉璃烧造技艺在明万历时期已经具有极高的声望，除了上面提到的乔永丰父子三人，还出过世福、世虎、永忠、永珠、永光、永迁、永党，以及良明等在历史上留下名字的杰出匠人。琉璃乔家除了享誉阳城、泽州地区外，甚至还曾经为明代宫廷烧造琉璃制品，可见那时候乔家在全国范围内也是具有重要影响力的。至今在寿圣寺琉璃塔的第四层墙壁上，还镶嵌着本县生员李少白赞乔氏父子功德的七言诗琉璃碑，落款是万历丙辰岁（1616），“琉璃宝塔创阳陵，天赐乔公来赞成；白手涂形由性慧，红炉点色拟天生；神谋不爽愧三晋，巧制无双冠析城；巨业落成垂千古，君名高与碧云邻”。

精美的琉璃宝塔历经四百余年的风霜雨雪，依旧显得辉煌绚烂，光彩照人，使我们今人犹可领略到琉璃乔家精湛的技艺和辉煌的历史。

03 羊泉汤帝庙

阳陵村西南方向的羊泉村里有一座废弃的古庙，修建在村北的高地上，当地老乡都称为羊泉大庙，其实原本是一座汤帝庙。

羊泉汤帝庙废弃已久，一条古老的毛石小路从坡下延伸到了庙前，几株瘦弱的树木歪歪斜斜地傍依在山门两旁，戏台背后的墙上“毛主席万岁”的巨大标语

山西省阳城县芹池镇羊泉村汤帝庙

依然清晰，庙院之中杂草丛生，瓦砾遍地。到处破败坍塌，时钟在这里似乎已经停止了转动，一切都凝固在了20世纪的模样。

此庙坐北朝南，现存一个大四合院的形式，南端有修建在毛石台基上的三间倒座戏台，庙门开在戏台西边，已经坍塌，东西两路有二层的廊房和配殿，即画中的样子。最北是面阔五间、进深六椽的悬山顶正殿，两侧配有垛殿，在院子中央的位置原来应该有献亭一座，现在已经无存。根据在院中找到的残存琉璃构件上的题记可知此庙为元代所建，大约在明代正德年间重修过，但从正殿的结构看，依然保存了大量元代特点。草丛中还有从庙门上拆卸下的门枕石，清晰地镌刻着“至元元年（1264）八月一日”的时间，这是山门的修建时间，应当也就是这座汤帝庙的大体创建时间。

汤帝庙的正殿修筑在一米多高的砖石台基上，虽然破烂不堪，但仍有威严之气势。经过新中国成立后的改造使用，正面门窗已不复旧观，外表看上去更像是头戴中国传统冠帽的老道士身上穿了一套抽抽巴巴的土制西装的感觉。但是正殿木构架基本完整，并没有被更多改动。有趣的是，这一带的古庙廊柱多用砂岩抹角方柱，这里用的却是木制抹角方柱。殿内近代的吊棚应该也在很大程度上对梁架起到了保

山西省阳城县芹池镇羊泉村汤帝庙正殿

护作用，这些天棚现在破烂不堪，露出了许多窟窿。听说梁上还有元代的墨书题记，我从黑窟窿向里张望，殿内光线幽暗，也没有看清楚。倒是檐下巨大的斗栱之间描金的游龙彩绘还依稀可见，那粗犷豪放的造型，果然有元代风范。

前檐中部已经朽烂垮塌了一大块，正脊上的琉璃构件也快丢光了，两旁的垛殿、配殿更是东倒西歪，岌岌可危。走进里面，好像走进了错位的时空之中，在已经剥蚀不堪的墙面上还能看到“文革”时期的旧报纸、20 世纪 70 年代末 80 年代初颁发给某模范工人的奖状，以及那个时代的美女明星画报，厚厚的灰尘覆盖了已经发黄褪色的秀丽脸庞，戏台旁边的墙壁上“不要忘记阶级斗争”的标语也仍然清晰。

这两幅画我几乎画了一个下午，刚到的时候尚是艳阳高照，画到后来已近黄昏，院子里越发灰暗。冷飕飕的北风阵阵掠过，穿行在墙上和屋里的各个窟窿之中，发出呜咽的呻吟，枯枝衰草也不时哗啦啦地作响，甚至那歪斜的木门也颤抖着咯吱咯吱地叫个不停，营造出一种诡异的氛围。

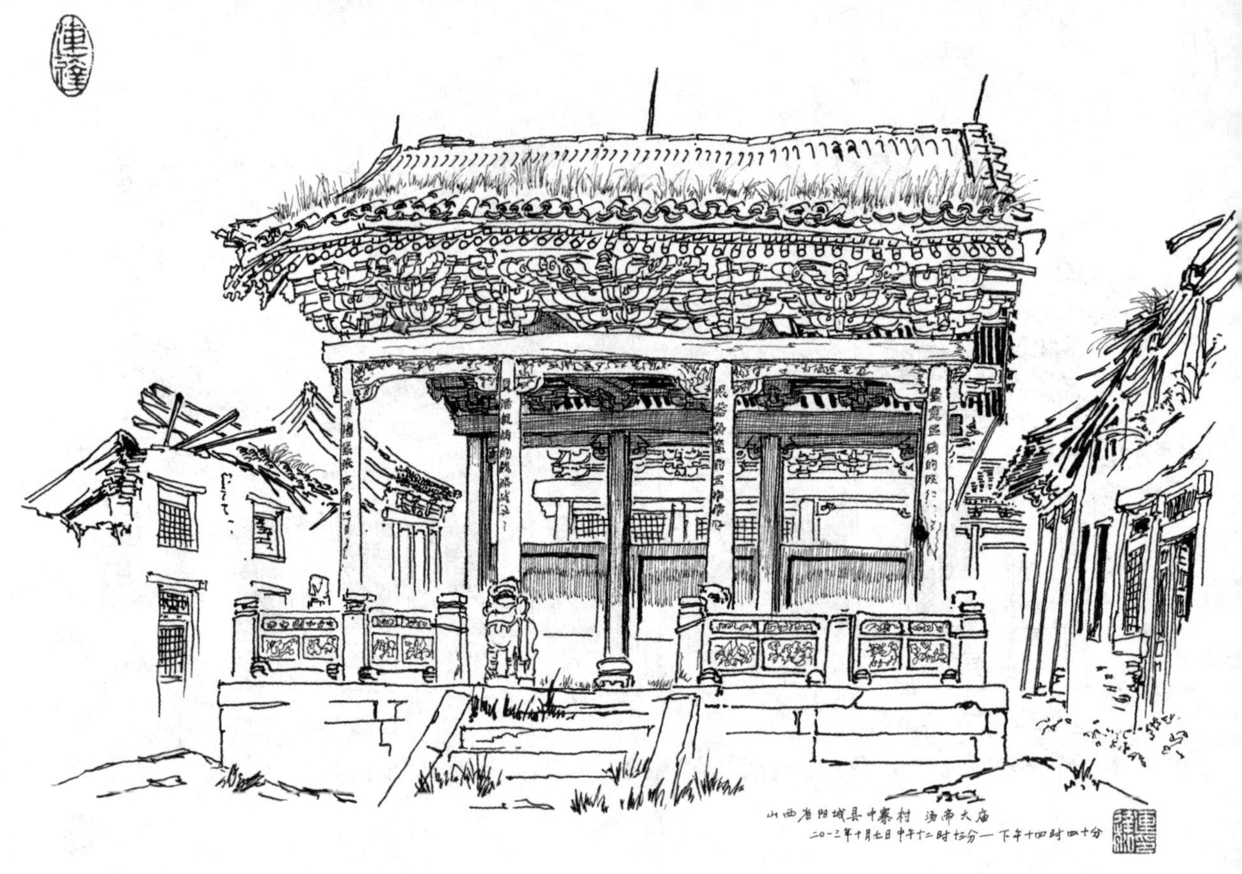

山西省阳城县中寨村成汤大庙

04 中寨成汤大庙

芹池镇东南有个中寨村，村中高地上气势巍峨地耸立着一座面南而建的大庙，是所严整的四合院，南墙上一座正门和左右两个掖门一字排开。虽然正门匾额上的字被铲掉并糊上了泥巴，但仍可辨认出是“成汤大庙”。晋东南的汤帝崇拜历史悠久，遗存的汤帝庙宇众多，尤其在阳城周边有种“村村都有汤帝庙”的感觉。这座庙规模小于羊泉村的汤帝庙，现在已经废弃了。由于庙门紧锁，我向老乡打听管钥匙者，其人却又不在村中，看到掖门下部距地面缝隙较高，急中生智，干脆俯身于地，做狗爬状钻了进去。

成汤大庙现存山门及三间倒座戏台，院子中央是三间悬山顶献亭，后面为三间悬山顶的正殿，两旁有垛殿，东西有配殿和楼阁式厢房。画面上就是献亭，修建在一米高的毛石台基上，大体保存得还算完整。四周设有雕刻精美的石栏板，上边都是瑞兽、花卉等吉祥图案，正面柱头上已经没有雕刻装饰了，左右两列柱头上残存一些半截的人物石雕，头部都被砸去，感觉应该是财神天官之类的仙人。献亭面阔三间，进深四椽，前檐下是四根圆形石柱，柱础与之前见过的刘西村崔府君庙类似，也是中间两尊石狮，两侧两只石象，背部以莲台承托柱子。但其雕刻之技艺更胜于前者，只可惜狮头和象鼻都已经被砸坏，面目全非了。四根圆柱的正面还残存着新中国成立后的标语，诸如“坚定正确的政治方向，艰苦朴素的政治作风”等，背面上隐约可见捐修人的名字和所捐钱数，如最东边一根柱子背后刻有“卫福施钱一千二百五十文”。后檐则是四根方形抹角石柱，此庙看来也是被村里当作学校使用过，后檐四柱之间都砌上水泥墙刷做黑板，上面粉笔写的多行英文单词还很清晰。这座献亭梁架用材很不规范，粗大的木料略加砍削便架设在斗栱之上，前檐下的斗栱倒是做得壮硕严整，华丽美观。献亭顶上五条脊的琉璃构件全部丢失，只余下正脊上三根穿装鸱吻的铁钎孤零零地兀自站立。

整座庙宇荒败太久，许多房屋都已倾圮，画上可见西侧厢房房顶彻底垮塌，粗大的木梁斜靠在残墙上。东侧厢房的屋檐也大面积塌落，几根朽坏的椽子无精打采地垂落下来。总体来说正殿和两侧的东西配殿保存得还算完好，甚至正殿梁架上的彩画还很艳丽，但风格肯定不是今人之作，只能说明这座正殿最后一次修缮屋顶，质量绝对过硬。我在庙中看到的时间最近的修缮碑刻是清咸丰十一年（1861）的，也就是说正殿的屋顶至少一百五十年了，没有漏水。

在庙内遍寻碑刻，还真找到了一些有用的记载，一通落款明万历三十九年（1611）的《重修成汤庙碑记》上说“成汤圣帝庙耆老相传得知建于大元中统年间，大殿三楹，东耳佛殿三楹，西耳广禅侯店三楹……”，记述了庙宇的始建年代和明代重修时的规模，格局与现存的基本一致。之后又看到一块落款清道光二十八年（1848）的《创修拜殿碑记》，大意说中寨村成汤庙庄严神圣，但每当祭祀神明之时，殿内既上供品，又要在神明降临的地方行礼叩拜，空间局促，实在不合适，有失神仙尊严。于是村人于道光二十二年（1842）开始商议并“推举宰社者十余人”，“于神殿之前创修轩庭（献亭）三楹，又于是庭之西增以社房楼上下十间，又于舞楼内加以字屏……”，“建造于道光二十三年三月初九日辰时，落成于二十八年”，这就是我画面上这座献亭的出生证明了。

坐在戏台下画献亭，风轻云淡，百鸟争鸣，天气不错，心情也很爽朗。有一只鸟儿鸣叫不止，声音且长而尖锐，我寻声望去。原来是在东配殿檐角上蹲坐着一只松鼠向我这边大叫，头一次听见松鼠的叫声，甚是新奇。小小的精灵已经成为古庙里新的主人，不知是在欢迎我还是在驱赶我。

05 泽城汤帝庙

阳城县西边的固隆乡有个泽城村，是濩泽河的源头之一，也是古阳城县治所在地，历史极其悠久。古老到什么程度呢，《墨子》一书中有“古者舜耕历山，陶河滨，渔濩泽”的记载，说舜帝曾在此捕鱼。当然这可能只是传说，却是濩泽地名最早的记载。相传周穆王曾“四日休于濩泽”，而根据《竹书纪年》载，周威烈王十七年（前409）“晋取玄氏、濩泽”，说明至少在晋文公时代，濩泽就已经是一座城池了，今天泽城村的古城址应当就是始于那时。秦汉时期，置濩泽县，东汉光武帝刘秀于建武元年（25）封邓鲤为濩泽侯，将濩泽县改为濩泽侯国。至北魏兴安二年（453），濩泽县治迁到了今天的阳城县所在地，这才结束了此地的置县史。也许因为这里是濩泽河的源头，也曾经是县城所在地，后世就改名为泽城了。

现在泽城村东北有一座规模庞大的汤帝庙，据庙碑记载，始创于金皇统九年（1149），金泰和八年（1208）、明万历四十年（1612）和清末先后三次大规模重修，现存多为明清遗构，由山门、三间倒座戏楼、献殿、东西厢房和面阔三间歇山顶的正殿以及两边的耳殿组成。

这座汤帝庙中的献殿十分独特，为单檐歇山顶，面阔一间，进深三间。山面向前，以八根收分明显的方形抹角石柱和四根巨硕的横梁承托斗栱，共同支撑起如棚的殿顶。梁架粗壮，飞檐高挑，气势宏伟，体量庞大。据传始建于金代，现存的石柱及

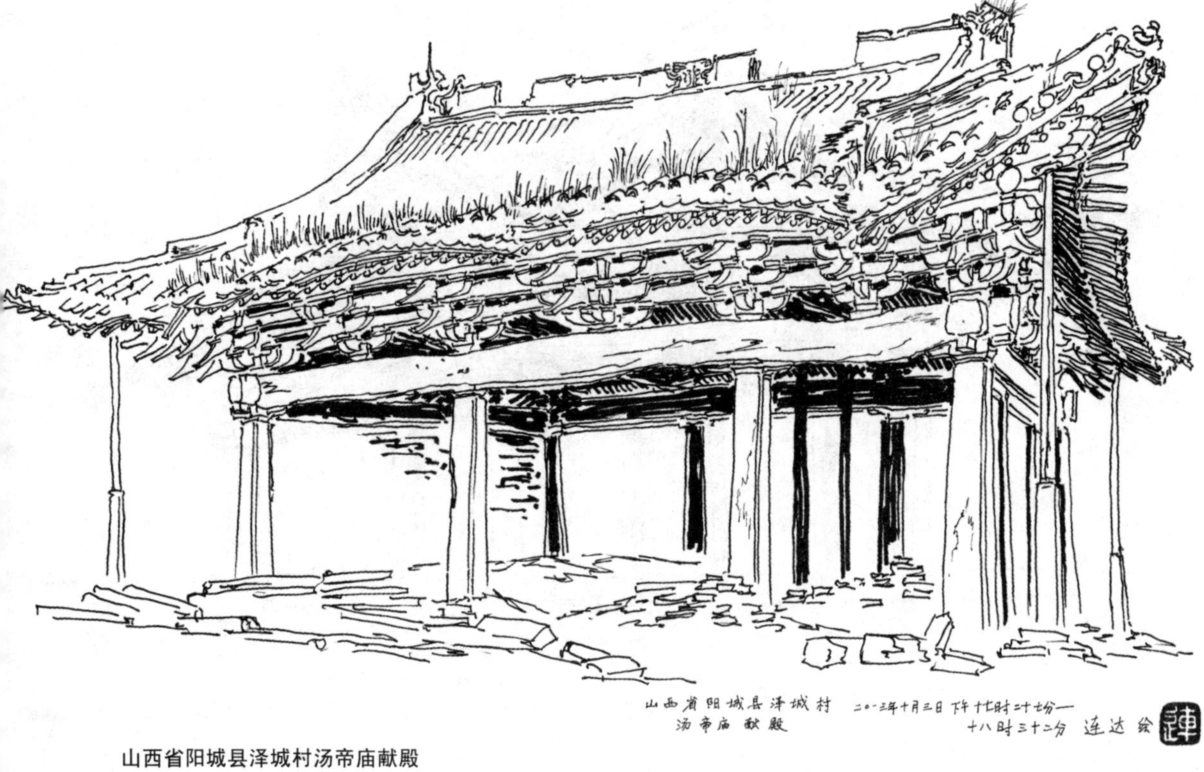

山西省阳城县泽城村汤帝庙献殿

柱础大部分都是金代原物，梁架在明代修缮时有所更换，但很大程度上保存了原貌，四角和殿内的那些木柱都是后人维修时为防止梁架下沉而加上去的。此殿是阳城县境内现存最大的献殿建筑，与平顺县北社乡的九天圣母庙献殿有几分类似，但后者是庑殿顶，体量也要小许多。这里金代时本是庙中的舞亭，清代时在山门内另建戏楼一座，才将这里改为献殿使用。

我风尘仆仆来到泽城汤帝庙，发现这里已经变成巨大的工地。从山门到正殿，都在揭瓦重修，东西厢房甚至是拆除后完全重盖的。幸而这座献殿尚未开工，除了里外堆满了大量的砖瓦木料和施工工具外，仍是一副沧桑质朴的老样子，还能够见到献殿的原貌，奔波得再辛苦也值得了。我坐在正在施工的西厢房檐下，在轰鸣的电锯声和飞扬的尘土锯末陪伴下，利用傍晚天黑前的一个小时飞快地画了一幅献殿，直画到光线几乎看不见了，才匆匆收尾。正在干活的工人兄弟们十分友善，为了不影响我，一度停下了在我附近刨木头的工作。

我在阳城县境内从北到西再向南的扇形搜索寻访中，不断地收获各具特色的汤帝庙。有的庙实在值得多画几幅，但为了赶车，不使自己流落荒郊，大多也只能画一幅就走了，总感觉充满了遗憾。

山西省阳城县封头村汤帝庙献亭

06 封头汤帝庙

在阳城县西的驾岭乡封头村也有一座汤帝庙，不过说是庙已经不准确了，因为全庙的建筑只剩下一座献亭尚存。

封头村的汤帝庙即今天村委会的位置，庙早已经被拆除，正殿和东西配殿变成了两层的水泥办公楼，南面的戏台被一个巨大的水泥舞台取代。这座硕果仅存的献亭孤独地立于院子中央，与周围的楼房风格迥异，格格不入，好似时空错位。

献亭平面呈方形，面阔进深各三间，单檐歇山顶，以四根方形抹角石柱承托起粗硕的额枋，各面中部均以两根不太规则的木柱支撑。在石柱的顶端依稀可见到“大安岁次庚午六月中旬施石柱一条”的题记，大安是金代年号，庚午年即大安二年（1210）。此亭体量高大，挑檐深远，内部空间宽敞，虽为金代创建，但看那粗硕而不规则的额枋又似乎有点元代韵味。我站在它面前立即感到一种震撼的气势，有如此巨大的献亭，不难想象当初的汤帝庙建筑群是何等壮观，竟至彻底拆毁，实在是可惜啊！

在秋收时节里，献亭下堆放了大量刚刚剥去皮的玉米，金灿灿的煞是耀眼。整个院子就像一个丰收的粮仓，明快的金黄色透着收获的喜悦，这是苍老的献亭所经历的第八百多个秋收了吧。岁月的变迁，朝代的更迭，它是无声的见证者，有多少丰收富足的好年景，又有几多饥寒交迫流离失所的战乱和荒年，都深深铭刻进了献亭那衰老又有些弯曲下垂的脊梁之中了。

无论如何，在水泥楼房的包围里，献亭还是幸运地保存下来了，希望它能够继续长久地被保存下去，愿它安好。

07 下交汤帝庙

在阳城县西南的河北镇下交村北山坡上有一座宏伟的汤帝庙，坐北朝南，现存两进院落。主要建筑有山门、东西厢房、马王殿、戏台、献殿、正殿（广渊殿），左右有垛殿，东西有配殿。院子巨大，空间宽敞，飞檐层叠，仪态雍容。

据庙内清嘉庆二十二年（1817）碑刻记载，“析城之麓有下交，其脉由析城蝉联而下，故曰下，两水合流，故曰交，山峰秀丽，河水回环，真文人锦绣之区”，说明了下交村名字的由来。其所在山坡乃是析城山余脉，下交汤帝庙号称析城山汤帝庙的下庙，与析城山顶的汤帝庙遥相呼应。析城山汤帝庙被尊为汤帝神位之所居，堪称晋东南所有汤帝庙的主庙，宋神宗曾派员前往求雨并成功，自此大建汤帝庙，四方广为效仿。我在泽州和阳城地区所见到的诸多汤帝庙都是以析城山为核心散布开来的。作为主庙，析城山汤帝庙历史极其悠久，规模也曾相当宏大，可惜屡经战乱和破坏，时至今日已经坍塌殆尽了。

山西省阳城县河北镇下交村汤帝庙

下交汤帝庙始建于北宋哲宗元祐元年（1086），历代多次重修，现在大部分建筑都是明清作品，唯画面中的献殿是金代遗构。

献殿为单檐歇山顶，面阔进深各三间，四角是四根方形抹角青石柱支撑，各面中部则是以方形抹角木柱承托，石柱直接立于台基之上，木柱下部则有方桌式柱础。石柱顶端有“大安三年（1211）岁次辛未”的题记，说明这座献殿的修造时间比前面到过的封头村汤帝庙献亭仅晚了一年，四根石柱上有精美的线刻花卉蟠龙图案，至今清晰完整。在献殿东西两侧柱间陈列着明清碑刻十余通，都是历次修缮庙宇的翔实记录。

正殿为面阔、进深各三间的单檐歇山顶建筑，檐下出廊，施以一排四根青石抹角方柱，也有精美的云龙、花卉、文官以及花生童子等吉祥图案线刻，技艺精湛，与献殿石柱上的雕刻神似。本以为是宋金遗留，但柱头上方的题记明确地写着“大明嘉靖六年（1527）四月初七日立”，说明这是明朝工匠的好手艺。

我为了画这座下交汤帝庙，头天晚上专程来住在了河北镇上，清早就跑到庙中，时逢天气阴冷。我所选角度又是个不见阳光的角落，至画完时已经全身发抖了，仅画了这一幅便实在难以继续，只得离去。

山西省沁水县嘉峰镇武安村惠济寺

08 武安惠济寺

沿着沁河北上，从阳城县进入沁水县的第一站就是嘉峰镇武安村。相传战国末期的长平之战时，秦军统帅白起曾率兵在此驻扎过，因其被封为武安君，此地后来就得名武安了。这座村庄面积不小，近些年依靠矿业发展得相当红火，成片的新房子拔地而起，但真正吸引我的却是村东北一座叫作惠济寺的破庙。

惠济寺年代久远，创建于何时已经无法考证，全寺坐北朝南，现存两进院落。山门为面阔三间的悬山顶建筑，院内有东西配殿，然后是建在高台之上的前殿，也是三间的悬山顶殿宇，东西两侧各建有一座巨大的二层砖楼，似乎是原来的钟鼓楼，但都被后世严重改建过了。

后院的正殿是面阔五间、进深六椽的悬山顶大殿，为惠济寺的主体建筑，即画中的这一座，前檐下出廊，门窗全部无存，整座大殿内空空荡荡，据说因为“文革”时期做过翻砂厂，对庙宇改建破坏相当严重，仅在东、西山墙上还残存部分明代的壁画。描绘的是众多位于云端之上的神君仙子形象，他们列队整齐，似乎要去参加仙家法会，是上乘之作。正殿两旁还有配殿，但大部分房舍都被改建成仓库。整座寺庙荒废已久，院中苔藓湿滑，杂草丛生。据庙内残存的碑刻记载，金代时官府曾给惠济寺赐牒，明嘉靖年间主持僧洪净募化重修，如今这几座殿宇应该就是那次重修后留下的。

我在村中打听到代管惠济寺钥匙的大娘，说明了来意，大娘挺爽快地帮我打开门。她还没进院就被别人叫走了。我坐在后院的角落里开始画起来，便静悄悄再无声响。估计是大娘回来找不到我，以为我走了，就又锁上了大门。好久之后我画完要离开时才发现被锁在院子里了，只好爬上墙头想跳出去。院外几个老乡立即警惕地盯着我，恐怕是把我当成小偷了，看那意思只要我跳出来就会立即把我生擒活捉不可。我只好央求他们去帮我找管钥匙的大娘来开门以证明清白，否则就真说不清楚了。

09 嘉峰古镇

沁水县嘉峰镇相传创于唐朝，当地大姓贾氏受到朝廷封赏之后将此地命名为贾封村，以昭示荣耀。至清代嘉庆、道光年间，本村贾姓早已没落，后迁来的李姓大户日渐繁盛，于是取“嘉庆之时兴起，占全村之峰”的意思，将村名改为嘉峰，今天的嘉峰已经发展成沁水县东南部一座规模很大的镇子了。

嘉峰镇及下辖的乡村保存着众多的古建筑和古民居，我以嘉峰镇为中心，寻访了大量的老街巷和宅院，但其数量实在太过庞大分散。尽管我盘桓多日，仍只能做管中窥豹之游，徜徉于其中，如痴如醉，流连忘返。在岁月洗礼下仍然精美并充满了沧桑气质的门楼和雕刻，那些依旧高悬于门额上方、昭示着昔日荣光的数百年古匾，被风雨磨蚀得已经圆滑无棱的抱鼓和石狮，还有画面上这样富贵雍容的大户豪宅，处处都凝聚着悠远岁月的积淀，散发着传统文化独有的魅力，时时会给予我意外发现的惊喜，也让我感受到我们的民族文化传承之艰难乃至保全都是问题的现实困境。

老街区主要集中在嘉峰镇的东北部，我几乎是逐门探访。当地老乡对于我这种有点冒失的突然闯入并不以为意，都显得很和善。画面上这户老宅子里现在居住着好几户人家，他们对我花费两个小时来画这些破旧的老房子虽不理解，但也不反对，还给我倒了热水喝。我问起这宅子的历史，大家都摇头不知，居民们都并非老宅原来的主人，这房子的来历也就无从知晓了。

这边的四合院式民居都是由两层砖木楼房四面合围而成，这一户的东、西厢房分别在檐下设有木梯，二层与正房的回廊是连通的。正房下设木廊柱，厢房下则没有。同样形式的民居我也曾在阳城一带看到过，但许多二层回廊是互不连通的，这些当年气派的豪宅现在多半沦为杂物堆砌的大杂院。

嘉峰镇汤帝庙东坡下有南北向的一片大宅子，看目前的状况，也是被分割成几段，由多户人家共同居住使用。我从西北面的侧门走了进去，这里似乎是原来的内宅部分，有一座通往后院的小巧门楼，门旁墙上涂写的“（毛）主席万岁”口号虽然已经严重褪色，但仍可辨认，是那个时代的独特印迹。檐下的匾额还保存得十分完好，字迹清晰可辨“钦命提督山东全省学政都察院左副都御史加五级记录六次刘权之为贡元乾隆乙酉科运学选拔李初华立”。在科举时代，各地府、州、县的生员（秀才）有成绩优异者升入京城的国子监读书，称为贡生，寓意为君主贡献的人才，贡元即是对贡生的尊称。门内的原有题额已经被涂掉，“文革”时期写的“破旧立新”口号还相当醒目，里面的宅子也是楼阁环绕、破败不堪了。这所院子里现在的主人家十分热情好客，欢迎我来参观，见我要画画，还为我搬来了凳子。

这片老宅子前后院现在已经不能走通，我又从另一个侧门转到了前院去。这些古宅院设计都是环环相扣，通过一些小巧的角门相连通，原本有森严的等级划分，也更利于管理和防御。因为后世的分割和改造，封堵了一些门，又新开辟一些门，使我在其间真有走迷宫的感觉。刚看着这边檐下精致的木雕雀替赞叹不已，转身又被那边更为巧夺天工的石柱础所吸引，仰头又发现了书法苍劲的古老匾额，有种

山西省沁水县嘉峰镇新沃底古宅院

山西省沁水县嘉峰镇古宅一景

山西省沁水县嘉峰镇李氏大宅

刘姥姥进大观园的新鲜感，真是痴痴呆呆跌跌撞撞，甚至都辨不清东南西北了——沉浸在这种有点兴奋有点晕的感觉中，真是一种美好的享受啊。

这片宅院的前部也保存得较为完整，尤其有一座牌坊式院门，檐下设华丽的斗栱，门正面有匾额“见大宾”，背面写的是“修身慎行”。门前立一对相视而戏的石狮子，两旁是斑驳的八字影壁，不知从何处拆卸下来的石板和碾子就扔在墙边。我看这座漂亮的牌坊门楼绝对不是宅院的正门，于是向这院里一位大娘打听，她指了指前面一墙之隔的那户人家，说原来那边还有一进院子，是高大的厅堂，后来都拆了，就是现在盖红砖瓦房的地方，这里只是第二层院子。然后又自豪地告诉我，《赵树理》（电影）就在她们家的院子里拍过，至今她都记得很清楚。话匣子打开后，大娘还给我介绍起来她家院子的一些情况，也是好几户人家共同居住在这里，有本事的人都搬到城里去住了，或者是盖了新房。这老房子又破烂又陈旧，采光也不好，年轻人早就不想住了，许多人家都拆掉了传统的木隔扇门窗，换成了铝合金的大玻璃窗。像她们这样仍然住在老房子里的大部分都是老年人。其实这也是古民居普遍面临的尴尬境地，许多房子在老人们的照看下勉强得以保全。

山西省沁水县嘉峰镇　李氏大宅二门

二〇一三年十月九日　下午十五时二十分—十七时

连达　绘

老人们故去后，年轻人或是拆除了旧居重新盖房，或是迁到别处，老房子无人维护，很快也就塌了。我问及这户宅子的历史，大娘也说不清楚，只知道原来是个姓李的大户人家。这就与我在后院看到的“贡元”匾额上的李初华可以相互印证了，看来的确是李氏的宅院，有如此雄厚财力建造这么大一片宅院的，应该就是将“贾封”改为“嘉峰”的那个李家吧。

10 李庄二郎庙

离开嘉峰镇，沿着沁河一路北行不远，在河东岸有一座李庄，老村的西南角上现存一处二郎神庙，应当就是供奉《西游记》和《封神演义》里二郎神杨戬的庙宇了。

李庄也属沁水县嘉峰镇管辖，二郎神庙位于老村西门之内，坐北朝南，是一个独立的小院子。院门开在东墙南端，是个两层砖楼，下边设通行的门洞，上边

山西省沁水县嘉峰镇李庄村二郎庙

封闭并建垛口，像个头重脚轻的堡垒。院内正南原是戏台，已经被改造成了民居。东墙内即是原来的东配殿，现在也残破不堪，坍塌了一半，西配殿则早就无存了。

院北中央是面阔三间进深四椽的悬山顶式正殿，檐下斗栱雄壮硕大，以四根方形抹角石柱支撑，相传为金代创建，下边的覆莲式柱础保存很完好。两侧原有东、西垛殿各三间，西垛殿只余残垣断壁，东垛殿尚存，比正殿略矮，也是三开间的悬山顶，前檐下出廊，以木柱支撑，是明代风格。这两座殿宇现作为仓库使用，堆满了杂物，殿顶杂草丛生，透水变形，已经开始塌陷。这院子被一个石料厂占用，码放着大量切割好的石材。

对于我坐在冷风之中画这座破庙，几位围观者很是不理解，觉得为了这么一座破房子浪费工夫的城里人真是有些莫名其妙。无论我跟他们如何解释古建筑的历史价值，都完全没法沟通；说到对于古迹的热爱，更是引来了嘲笑之声。倒是这院里的主人并不感觉稀奇，经常有古建筑爱好者来访，已经让他习以为常、见怪不怪了。

11 郭壁古村落

从李庄北去不远，跨过沁河上的大桥，便来到了河西岸的郭南村。这里与其北边的郭北村原来本是连在一起的，统称为郭壁村。据说这个“壁”字，指的是战国末期长平之战时秦军曾在此驻扎并修建的营垒。这里宋代以来就是沁河上重要的码头，明清时期发展成了著名的贸易集散地，商贾云集，富甲一方，与北面的窦庄一起享有“金郭壁、银窦庄”的美誉。郭壁与窦庄都修建在沁河西岸的台地上，西靠群山东屏大河，有易守难攻的地形优势。明末时都曾经修筑城堡以抵御流寇劫掠，至今仍有遗址残存。现在一条南北向的长街将郭南和郭北两村串联起来，大量的明清古民居老宅子依然保存完好，砖雕精致华丽，院落鳞次栉比，重重相接，枕河而建，又有一丝水乡情韵。明清时期这里在经济发展的同时，文化也繁荣起来。据记载，郭壁村在历史上曾出过二十位进士，古街旁至今尚存许多镌刻着诸如“进

山西省沁水县嘉峰镇郭南村崔府君庙舞楼

士第”“耕读院”“中宪第”的古宅大院，向人们讲述着昔日的辉煌荣耀。

郭南和郭北两村的东头现在各有一座崭新的水泥大桥横跨在宽阔的沁河上，行人车辆来往自如。而郭南大桥旁边那座倾斜破烂的吊桥，却是古时过河的唯一通道。吊桥早已废弃，上面还残存着几块朽烂的桥板，桥西岸高耸如悬崖峭壁一般的堤坝顶上，就是郭壁保存最完好的古建筑群——崔府君庙。

关于崔府君庙，我们前面已经介绍过，祭祀的是唐朝人崔珏。郭壁的这座崔府君创建于北宋元丰八年（1085），后世多次重修，现存主要有山门、钟鼓楼、关帝殿、正殿、配殿和舞楼。据碑刻记载，在明末天启三年（1623）时，沁河洪水泛滥，冲掉了郭壁村南部临河的堤岸和房屋，造成现在郭南村地形窄于郭北村的局面。两村自此也就拉开了一段距离，而崔府君庙所在的郭壁东南角却神奇地幸存下来了。不知是凭借此段堤坝坚固，还是仰仗神明护持，总之这座近千年的古庙至今仍完好地傲然矗立于沁水崖畔。

画中舞楼是庙里最为独特和重要的建筑物，相传是元代木构，平面呈方形，单檐歇山顶，下部由四根粗壮的大柱支撑，柱头穿替木，承托起粗犷的额枋。斗栱也用材健硕，出昂凌厉，内置精巧的八卦藻井。虽然后世多有修缮，依然保存

山西省沁水县嘉峰镇郭北村三槐里王氏宗祠

了元代的面貌，是我国现存为数不多的元代舞楼之一，在高平市王报村二郎庙的金代戏台被发现之前，还曾经享有过“中国现存最早戏台”的美誉。

从郭南村向北走不多远，就来到了郭北村里的古街上。街两边原有众多商铺，十分繁华，现在仍有些老铺面依稀尚存。沿街游览时，在老街中部西侧看到一个叫“三槐里”的建筑群。郭北村旧日有韩、王两大望族，三槐里即是王氏族人居住的地方。在城池中可单独封闭管理的里坊制度起始于先秦时期，在宋代后因为城市工商业的日渐繁盛而开始被打破。这种里坊类似于大城中分划出的若干小城，既方便管理，又可以增强城池的防御性。这也许正是郭壁一带在明清之际仍有里坊建筑的一个原因吧，现在村中除了“三槐里”，还保存着一座“青缃里”。

相传宋太祖时的兵部侍郎王佑在院中种植了三株槐树，对人言“吾今植槐于庭中，后世子孙必有为三公者”，后来其子文正公王旦果然辅佐宋真宗为相。后世便有了三槐必姓王的说法，三槐也就成为王氏的代称。

今天的三槐里之内尚存多座古院，但这座已经废弃的“王氏宗祠”牢牢地吸引了我的注意力。从画中可见，这里已经是破败不堪，围墙也马上就要倾倒，正门

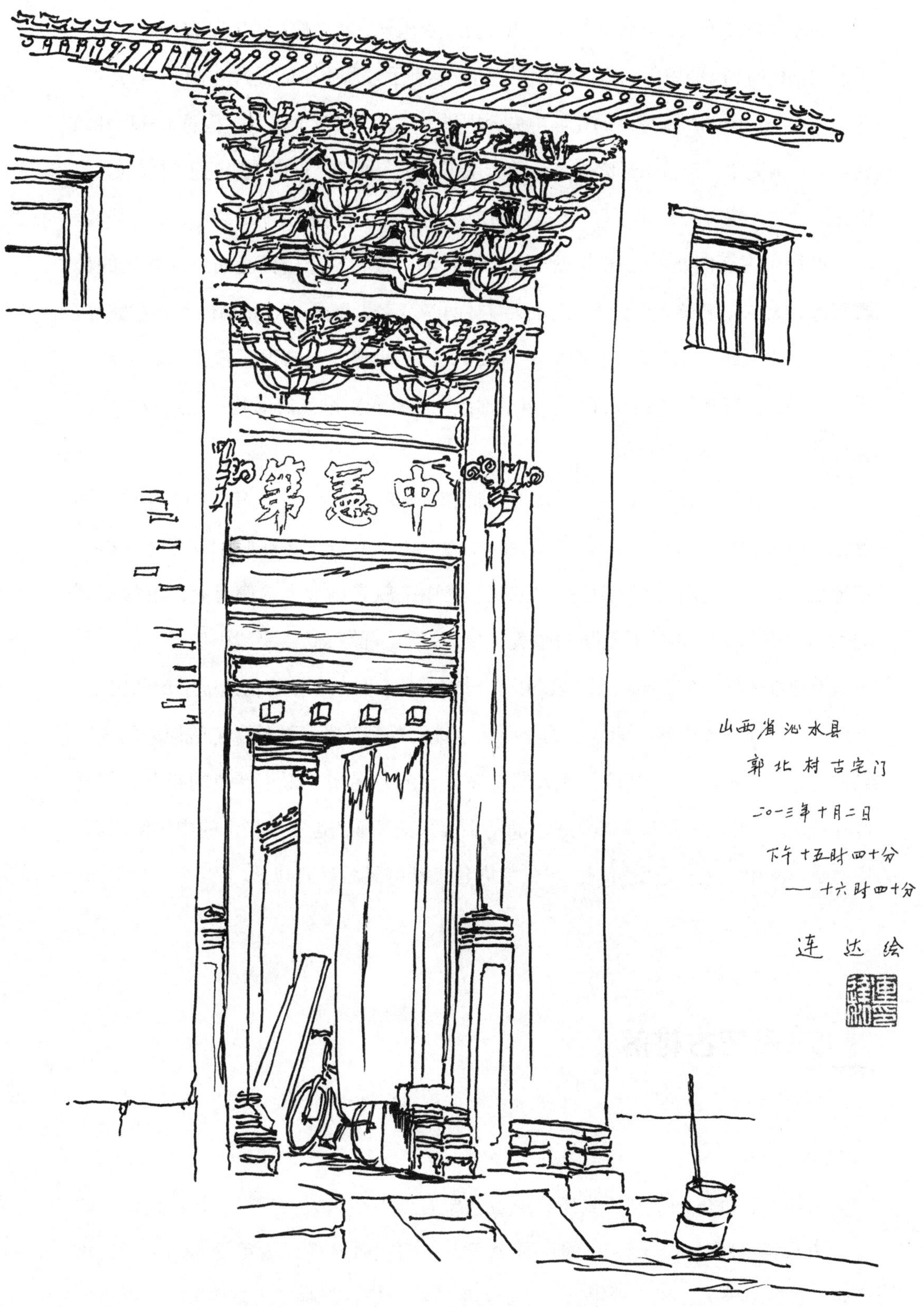
中憲第
山西省沁水县
郭北村古宅门
二〇一三年十月二日
下午十五时四十分
— 十六时四十分
连达绘

上方的屋顶也塌掉了，只余下几组斗栱任凭风吹雨淋，糟朽腐烂，随时有可能垮塌。因为怕出危险，已经用砖头把门封死了，门前堆满了塌落下来的瓦片、木料和石构件。仔细看去，门两侧用瓦片砌的花墙中央分别拼有“忠”“孝”二字，构思十分巧妙，保存得也很完整，但看来最终难免会随着宗祠一起毁掉了。这座荒废的王氏宗祠如此惨状很是叫人惋惜，既说明了一个家族的衰落，又表明了一种文明的衰亡，令人痛心。

沿这条古街向北不远还有一处高大的老宅门楼，整个门面上布满了精美的砖雕装饰，正中央镶嵌“进士第”三个大字，两旁八字影壁下一对石狮仍然保存完好。这座老宅旧日的主人叫韩范（1556—1624），字思谦，号振西，曾任明朝工部都水司主事、南京兵部武选司郎中、南京通政司右参议、顺天府通政司右通政等职，主持修建了万历皇帝的定陵工程。

在古街北口有破败的村门，门洞上方仍然镶嵌着万历二十七年（1599）的“郭壁镇”匾额，村门内有一片小广场般的空地，上面铺满了正在晾晒的花生。这片空地西侧，坐西朝东有一处高大的宅院，正中央就是画面上这座足有两层楼房高的大门。檐下是上九踩下五踩的精美斗栱，斗栱下面镶嵌横匾“中宪第”，字原本是浮雕在木板上的，虽然在“破四旧”时被铲掉，但原有轮廓依然能够辨认出来。下面还有两块写着受封官职人名的小匾，字迹已不甚清晰。这处老宅院原来的主人名叫韩崑，字蕴玉，号璞源，为人简朴宽厚，颇有名望，正是韩范的祖父。朝廷因韩范之功，诰封其祖父韩崑为文林郎、中宪大夫等职，这座门楼上的中宪第匾额，应当是诰封中宪大夫之后所刻，可惜院内建筑都已经不复旧观了。

12 窦庄古村落

从郭壁北行里许就到了窦庄，这也是座有近千年历史的古村，相传创建于北宋元祐八年（1093），因沁河水运而繁荣，至明代时已经成为重要的码头和货物中转站，贸易繁荣，流金淌银，与“金郭壁”相呼应，号称“银窦庄”。

至明末时，朝廷政治腐败，阉宦专权，天灾人祸，民不聊生。曾担任大理寺卿、兵部尚书的张五典（1555—1626）告老还乡之后，预感到日后必将天下大乱，遂主持修筑了窦庄城堡以保护乡里安危，但三年后城堡尚未竣工便病故了。他的后人继续营造，历时九载，至崇祯年间最终完工。张五典之子张铨（1577—1621）于天启元年（1621）巡按辽东，正逢后金军攻克辽阳，与经略袁应泰忠贞不屈，殉国而死，继续修筑城堡的工程就是由张铨的夫人霍氏领导完成的。后来流寇果然进犯沁河流域，所过之处抢掠杀戮一空，窦庄的父老乡亲在霍氏夫人率领下依托坚固的城堡拼死据守，数次将流寇击退，成功地保全了家园、财产和生命，因此窦庄城堡也被尊为“夫人堡”。

窦庄城堡全盛时期周长两公里，有四条主街和四条小巷，平面呈“卍”字形布局，号称有九门九关，当地人自豪地称之为小北京。历经三百余年沧桑至今，城堡墙体已所剩无几，但正南的堡门尚在，仍然有一些牌坊、寺庙、商铺和古民居老宅院幸存。现在新建的民房把古老的村堡围在了一个角落里，走到南门前仍觉得这只是一座十分普通的古村。但深入街巷仔细去品味，则会深深地被这里丰厚的文化遗存所吸引。

下页画面上这座院门就是南街上佛堂的大门。这座佛堂实际上是一所坐北朝南的四合院，有三开间悬山顶的正殿和已经被改造过的东西配殿，此门面朝东开在院子东墙的南端。在密布的斗栱下边，镶嵌着记录了清雍正八年（1730）对佛堂的一次修缮和扩建状况的木匾。正殿的门枕石上有元至正六年（1346）的题记，院中《沁水县窦庄村新修佛堂记》的石碑上落款年号是“至元二十五季（1288）戊子岁四月朔日”，这应当是此佛堂的创建时间。不过看现存的这些建筑，基本上都是清代作品了。古堡内原有各种庙宇十余处，可惜早已毁坏殆尽，佛堂是目前保存最为完整的，其中重要原因是在“文革”时被改建为小学而得以保全。

我在窦庄发现了个有趣的现象，除了村委会的大招牌上工整地写着“窦庄”的名字外，诸如小商店和一些村民自写的广告牌上大部分都写着“豆庄”。我问一位老乡，他们的村名到底是哪个字。老乡坚持说是“豆”字正确，村里有很多人都姓这个豆，这可真把我弄糊涂了。再比如南面的嘉峰镇，许多公交车牌上都写着“加丰”。如果不是在古代碑刻和匾额上看到了历史上的记载，一时间都不知哪个是正确的了，看来乡亲们是觉着只要读音对，最好能少写两笔。

山西省沁水县窦庄村
佛堂院门
二〇一三年十月二日 下午十三时二十分
—十四时五十分
连达

在东、西街两侧有许多高大的院门，都修成牌楼式模样，应该是昔日的显赫门第，其建筑形式相近。有的被修缮过了，油漆刷得光鲜艳丽；也有的已经倾圮垮塌，甚至只剩下两根砂岩柱子孤零零地兀自站立着。无情的岁月把柱子和抱鼓石上曾经精美的雕刻都打磨得圆滑模糊，只余一个依稀的轮廓。

下页画上这座旧宅门位于东街东段的路南，牌楼门顶上的木作朽坏已久，在某一场大雨之后，终于再也承托不住那昔日的辉煌，轰然崩塌下来，今后它总有一天也会只剩下两根石柱的。我用画笔把这个景象留存下来，算是对逝去的老宅门的一种纪念吧，也只能这样了。

北街的尽头处有一户老民居，是清代的贾氏宅院。这里有座特别精美的砖门楼，檐下密布着砖雕仿木结构斗栱，正中央镶嵌一块匾额“怡善”，门两旁墙面上浮雕两个近一米见方的楷书大字“忠”“孝”。整座门楼显得十分华丽精致，又不失威严庄重，是窦庄村中一座相当有代表性的古宅门。虽然窦庄早已不复往昔“小北京”的繁华旧貌，各处宅院和古迹也已经是劫后余生，寥落衰败，但其所保有的古朴风貌仍是相当触动我的心灵。我在沁河沿岸奔走寻古的时候，曾专门抽了近两日时间来这里写生，这座贾氏宅院的大门是无论如何不能错过的。

说起这座贾氏宅院的主人，还有一段故事。相传清朝的一个穷秀才贾四爷满腹经纶，学富五车。怎奈家中一贫如洗，想要上京赶考求取功名，却连盘缠都凑不上，只得四处求借，遭受了数不清的冷遇。正当他感叹世态炎凉之际，本庄的常家慧眼识英才，认定贾四爷日后必有出息，于是大力给予资助。后来贾四爷果然金榜题名，一路飞黄腾达。为报答大恩，贾四爷将女儿嫁与常家，并在庄中花巨资修建宅院为女陪嫁，成为一段佳话。

这幅画里的老院子位于东街尽头，外面也是门户高大，院内保存完整，建筑结构几乎没有什么改动，门边墙上“文革”时期书写的“忠”字还清晰可辨，一切都是沧桑的老样子，我于是坐下来画了一幅。窦庄这种老宅虽然也多是四合院结构，正房厢房皆为二层楼，但与前面看过的嘉峰镇老宅子不同，只在二层中央部分修出一间宽的小阳台，十分别致。可惜这些老宅子基本上都处在自行消亡之中，只有废弃和改建，几乎没有专业的保留原貌的修缮，已经越来越凋零了。

山西省沁水县嘉峰镇窦庄村一处坍塌的古宅门

二〇一三年十月二日中午十一时五十分—十二时五十分

连达绘

山西省沁水县嘉峰镇窦庄村古宅门

山西省沁水县嘉峰镇窦庄村古民居

天恩世錫
山西省沁水县嘉峰镇窦庄古宅门
二〇一三年十月八日中午十一时四十分
——下午十四时二十分
连达

窦庄古堡西街上有一座高大的牌坊门楼，为四柱三楼式，以四根粗壮的砂岩抹角方柱支撑。正中央明楼为巨大的单檐歇山顶，檐下斗栱华丽复杂，上面为十一踩，下边五踩。斗栱下镶嵌横匾，里外内容相同，都是“天恩世锡”。再下面原来还有一道匾额，现在已经缺失，应为“兵部尚书张五典张铨”九个字。另在牌坊外侧上部原有“圣旨”“旌表”四字，现也失去。两侧次间呈“八”字向外排布，为单檐悬山顶，檐下斗栱上九踩下三踩，下部砌成影壁。这座牌坊门楼雄伟华丽，既彰显了主人家尊贵的身份地位，又是一件建筑艺术品，正是窦庄古堡的创建者张五典和其子张铨的故宅正门。张五典在世时曾任兵部尚书，其子张铨在辽东殉国后，明朝也追赠其为兵部尚书。可惜这座牌坊门如今已经残破不堪，摇摇欲坠，檐顶有多处糟朽脱落，巨大的歇山顶似乎随时都有塌落下来的危险。由于牌坊门所临小街十分狭窄，在门外极力仰观角度别扭，于是我选择了在门内巷道旁画了一幅。

13 坪上石牌坊

从窦庄向西北去不多远，有一座叫坪上的小山村，此处已经是沁水县端氏镇地界。这里也曾建有村堡，而且尚有一些土垣断续残存，唯有四层楼高的巨大砖石堡门至今保存完整。古堡内小巷幽深，屋舍俨然，如果不是那些杂乱的电线和新架设的燃气管道，真有一种时光停止的错觉。这里就是明朝后期名臣刘东星的家乡。

刘东星（1538—1601），字子明，号晋川，明隆庆二年（1568）中进士，历任刑部主事员外郎、浙江提学副使、湖广右布政使、右佥都御史、左副都御史、吏部右侍郎、工部尚书等职，后因积劳成疾，卒于治河任上。《明史》云：“东星性俭约。历官三十年，敝衣蔬食如一日。天启初，谥庄靖。”坪上村里原有刘家的宅院，实地探访却难觅踪迹，老乡说刘家大宅早在明末时就被在沁河地区劫掠的流寇所焚毁。现在村西北路边的农田旁有一块孤零零的县级文保碑，上写“刘东星墓”，可田里除了浓密如林并已经开始凋零的玉米，并没看见曾经的坟丘封土或者石翁

山西省沁水县
坪上村西

晋阶中議大夫
王公孺人張氏坊
万历壬寅季冬立
長孫王尔相書

二〇一三年十月二日
晨七时五十分一
八时五分

连达

仲，哪怕一块残缺的碑碣也没有。虽是晨光明艳的早上，心中不免掠过一丝怀古的苍凉之感，遂向一位路过的老乡打探可有何遗迹。得知向南不远的民房后尚余石牌坊一座，我赶紧跑了过去。

在两侧杂乱房舍和围墙的包夹之中，有一座朝东而建的残缺石牌坊。本应四柱三间，如今南侧一间已经无存，余下的部分则大体还算完整，以石料仿木结构雕出了檐椽斗栱，十分简洁大气。下部残存的几个石抱鼓和造型顽皮的小狮子又不失精巧，只可惜半埋在垃圾之中，真是糟蹋了这好东西。在牌坊下仔细看去，因为石面风化严重，本就刻痕较浅的字已经不太容易辨认了。东侧匾额上五十年前涂写的“加强战备”口号倒是挺清楚的，最后综合两侧内容辨得西侧正中的匾额为“紫诰荣封”，下边横排写的是“晋阶中议大夫王公孺人韩氏”，东侧同一位置写的似乎是“张氏”，题款时间为“万历壬寅季（1602）冬立，长孙王尔相书”，北侧的横匾有“裕后”二字，看来这牌坊从内容到朝向都完全与刘东星墓无关。经向乡亲们打听，还真问出了些结果。老乡说刘东星墓在“文革”时就已经被摧毁了，原有两排石人石马，墓前还有牌楼和拱门。后来砸的砸，丢的丢，现在啥也没剩下，就那一块文保碑也是前几年才立上的。刘东星是当地的骄傲，乃至四百余年后乡亲们说起他仍是娓娓道来，我遇到的几个老乡对刘家的事情都或多或少知道一些。他们告诉我，这个石牌坊是刘东星的老师王之洲墓前的，墓是刘东星为他老师修建的。但根据牌坊题款上的时间可知修建此牌坊时刘东星已经去世了。这应当是朝廷追赠给王之洲家女眷的牌坊，类似于节孝坊的性质。在寡居多年未曾失节的女人们终于追随先夫而去之后，由其后人申请朝廷旌表所建。除此之外，王家的墓葬也已是片瓦无存了。但我还是坐在了已经收割过的玉米地里画下了这座残缺的石牌坊。十月初的清晨已经有了寒意，坐久了就全身发紧。东边的太阳还没有爬上山梁，冷飕飕的北风吹得我几乎要和牌坊下那几株干枯的玉米一起颤抖了，与夏季来山西被暴晒到几乎皮肉焦烂的惨状相比简直是冰火两重天。一位路过这里的大婶看了我的画，自豪地说：“这是我家的玉米呀。”

山西省沁水县木亭村城隍庙献亭

14 木亭城隍庙

在沁水县城东南的龙港镇木亭村有一座城隍庙，在地图上看距离县城并不算远，可实际上却是山峦起伏，翻岭越涧，路途艰辛，殊为不易。小小的木亭村隐藏于大山深处，衰败的城隍庙修建在村中央的高地上，有坐北朝南好大一片院落，也不知创建于何年何月，现在已经完全荒废。但主体结构倒还基本完整，自南向北依次有戏台、献亭、正殿及两侧垛殿，两厢有二层楼阁式厢房和带前廊的配殿。在院子前端东西墙上开着两座相对的门，因久无人来，门口都已经被荆棘封死了，我只好忍着疼奋力撕开扎人的荆条，才能闯进院内。

进院后是满眼的树木杂草，几乎快无法落脚了。不知何时自行长出的小树也快有碗口粗了，来到庙里倒好像走进了树林，不是林中看庙，变成庙中钻林了。现在庙内所有的房子都曾经被改建过，早已不见原貌，也都残破倾颓，岌岌可危了。披荆斩棘仔细搜寻，看到了几通清代的维修碑，还有两块民国初年的碑记，多为当地乡民捐钱修缮的记录，并没有太多有价值的信息。在一块20世纪60年代的碑刻上，记述着村里曾经将此庙改造成村委会使用的情况，可见这些殿宇现在的模样就是源于那次改造工程。那时候庙宇已经从神圣所在变成了腐朽迷信的化身，没有被拆毁已经是运气不错了。

在周围破烂不堪的房舍环绕之下，院子正中央的献亭显得格外突出，看粗硕的额枋颇有元代气质，原本是由四根砂岩抹角方柱支撑的单开间歇山顶大亭子，封闭起来加上门窗就变成了一座小屋子。现在这座献亭檐椽朽烂不堪，屋顶多处漏洞，整体倾斜扭曲，已经是惨不忍睹。其实这座隐居于深山里的城隍庙，大部分建筑都和献亭的惨状差不多，全都东倒西歪，随时会轰然崩塌，真是令人忧虑。我坐在潮湿的院子里，边画边有点忐忑，感觉草丛里随时会有毒蛇突然袭来。

15 上阁龙岩寺

在沁水县西部的中村镇有个上阁村，位于沁水县的西南边界，靠近翼城县西闫镇。这里四野群山环绕，苍翠欲滴，景色壮美，清新湿润的空气让我大感神清气爽。在新农村建设的热潮中，上阁村的新村舍也越建越多，村里的房屋新旧参半，旧宅子多位于村西部，虽有一些看起来还不错的老屋残存，但也是日渐凋零的状态。

这里古时候叫作“姚家寨”，相传是舜帝后裔的聚居之所，历史悠久可见一斑。在清代以前，上阁村所在位置一直是连通平阳（临汾）、西安和济源、洛阳等地的枢纽要道，因商而富自不必说。富裕之后大兴建设也是不二之选，所以上

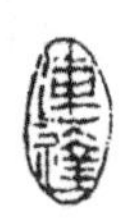

山西省沁水县中村镇上阁村
龙岩寺 金代山门 二〇一四年六月八日上午八时十分—九时三十分 连达 绘

山西省沁水县中村镇上阁村龙岩寺山门

阁村的老宅院水准也还不低。走在街巷之内，不时有让人眼前一亮的新发现。但这并不是最主要的，因为我是来寻找一座叫龙岩寺的千年古刹。这种寻找正是山西的魅力之所在，庙宇寺观，动辄千年，直追宋金，是许多地方所望尘莫及的绝对优势，在山西却又显得那样寻常，乃至被人们忽视了。比如这座我想要寻找的龙岩寺，实际上只是隐藏在村西南角台地上的一座其貌不扬的荒败老院子而已。老乡说上阁村当年相当繁华，有四大庙九座阁，如今只有这个龙岩寺还没拆。村中广场位置原来还有个舜帝庙，现在仅剩下了一座孤零零的大殿而已。

龙岩寺是所坐北朝南的长方形院子，最南端有山门和钟、鼓楼，东西两厢是配殿，最北端为正殿，两边还连建垛殿。庙宇原有的建筑倒也大体仍在，但由于荒废太久，已经异常破败了。山门兼天王殿创建于宋，现存为金朝遗构，面阔和进深均为三间，平面呈正方形，单檐歇山顶，整体造型玲珑秀气。因为曾经被改建为村中的小学，墙面外观早已经失去旧貌，但梁架和斗栱并未受到大的扰动。我在画这座山门的时候发现屋脊上的琉璃构件既不是宋、金或者明、清遗物，看

山西省沁水县中村镇上阁村龙岩寺正殿

陈旧程度也绝非近几十年所换。但手艺粗劣，造型滑稽，尤其鸱吻那张本应咬牙切齿的威猛大嘴，被弄得好像动画片里咧嘴傻笑的卡通造型了，这到底是怎么回事呢？直到后来在山门内的脊檩上看见了“民国二十四年（1935）三月重修”的字样，我才终于明白了。但民国时期的民间工艺水准就已经退化到如此惊人的地步，实在太出乎意料了，也许这正从一个侧面反映了那时候上阁村已经开始没落的事实。山门两旁连建卷棚顶的二层钟、鼓楼，全都是衣衫褴褛、蓬头垢面，屋顶和院中一样到处都长满了丰茂的野草，潮乎乎湿漉漉地散发着木料霉烂的气息。但很显然也有勤劳的人并没有彻底放弃这座破庙，在院子中部开垦出了一小片土地，还种上了些大葱。

院子东西两厢是面阔五间的两层楼式配殿，也都被改建成了几十年前流行的那种仿西洋的式样。其实原来的山门早已封堵废弃，当年改建为小学时，就在东配殿和正殿之间的院墙上重新开辟了大门。

正殿面阔三间，进深四椽，悬山顶，檐下那根壮硕不羁的巨大额枋一看就是粗犷的元代建筑风格，虽然破败倾颓，但那种刚硬的气质并不因此而磨灭。看起来正殿被荒草包围，门窗也被封堵得乱七八糟，屋檐都变形塌陷了。可里面的主体构架还基本保存完好，只是已经空空荡荡，既看不出往昔佛坛的端倪，也没有学校曾经的影子。倒是渗漏的雨水在灰白的后墙上留下的一道道浊痕，不断地刺激着我的眼睛。湮没在草丛后边的正脊的中央位置再次出现了那种滑稽可笑的琉璃鸱吻，那咧开大嘴如同在笑场的表情，简直就是狗尾续貂。我进而联想到了我们这个时代的许多民间古建筑，其修缮的质量在若干年后的后人眼中难道不是也这般滑稽可笑吗？

第六章

千年尧都有遗韵：如醉如痴游临汾

从沁水县走进翼城县境内也就进入了临汾地界，来到了晋南地区。临汾即古之平阳，是山西中南部的交通枢纽之地，北连晋中和吕梁地区，南接可通豫陕的运城地区，西隔黄河天堑与陕西省为邻，东凭太岳山脉同长治和晋城接壤，自古就是文明的发祥之地。尧帝以此为都而治天下，唐叔虞封此而开辉煌晋国之始。这里又是兵家必争的战略要冲，南下可进取中原西出秦川，北上能够掌控幽并割据一方，刘渊据此以成霸业，李唐得此而取长安。这里还是古往今来南北商贸和文化交流的大通道，临汾地区在各个历史时期都留下了大量的人文遗迹和精美建筑。我凭一己之力，走访了临汾所辖的大部分县市，如醉如痴地奔波寻觅不能停歇，管中窥豹式的涉足和记录虽然肤浅，却也得来不易。

山西省翼城县西闫镇曹公村四圣宫舞台

01 曹公四圣宫

我在沁水县上阁村画罢龙岩寺，好歹等来一班开往中村镇的班车。但走到张马村便要向东南拐，于是在这里下了车。虽然张马村看起来还不小，竟然找不到肯出租的车，时值中午，许多人宁愿在家歇着也不愿出门。我只好打起精神，顶着正午烫人的骄阳，背着数十斤重的背包徒步走了近十华里，杀入翼城县界内，直奔西闫镇曹公村而来。曹公村位于西闫镇南边五六里的样子，村北头高地上面南背北坐落着一片规模宏大的庙宇，便是四圣宫了。

四圣指的是庙里曾经供奉的尧、舜、禹、汤四帝，祭祀他们的庙宇在晋南乃至山西简直多得不可胜数。比如我之前到过的那些大小汤帝庙，也不过是冰山一角，却足以说明对于这几位始祖圣贤的信仰崇拜有多么深厚的群众基础了。但把这四圣共祀于一庙之内的情况实在是罕有，也正因此四圣宫的名声相当响亮。可是为什么这个地处中条山脉东段的山村古庙内会将四圣一并供奉呢？我想大约因为曹公村东南方的历山之巅舜王坪上曾经是舜帝的耕种之所，再向东沁水县境内同属中条山余脉的析城山为汤帝神邸，临汾地区又曾经是尧帝之都，但若要一起祭祀又怎能独独遗漏下疏浚江河的大禹王呢，于是才有了这四帝并祀之庙吧。

据庙内明嘉靖三十八年（1559）《西闫曹公里重修尧舜禹汤庙记》碑文所载，四圣宫创建于元朝至正年间（1341—1368），现存的是一座由西、中、东三部分院子并列组成的庞大建筑群。西院不大，曾经是禅堂和客舍所在。中院最为宽阔敞朗，坐落着四圣宫的主体建筑，有倒座戏台和两边的耳房，东西配殿和二层楼阁式廊房，最北端是正殿和左右垛殿。东院也相对较小，为清嘉庆十五年（1810）附建进来的关帝庙，有自己独立的戏台，正殿和两侧配殿等亦完备。三座院子与南墙之间共有一条长长的东西向巷道和一排廊房，将庙门开在巷道的最西端。来到四圣宫之外，即有壁垒森严、殿脊高耸、宫阙重重的肃穆之感。

四圣宫的修缮工程也是近两年才完成的，但这里和许多修缮过的古建筑都有一个实际情况，就是大门一锁，谢绝参观。其实是被猖獗的文物盗窃现象弄得大家草木皆兵，即使找到村里的文保员，也不见得愿意开门。我在泽州许多村子都遭遇了这种窘境，大老远跑去，却无论如何也进不了庙门，留下了太多的遗憾。当我汗流浃背地走到了四圣宫，同样面临这个问题，在村中打听文保员家，村民直接告诉我“你回去吧，这里不给看”。正在窝火之际，来了一群人打开庙门，我赶紧凑过去，原来是给庙内铺设排水管道的施工队午休后来干活了，我这才得以跟着他们走进了四圣宫。

四圣宫的正殿面阔五间，进深四椽，悬山顶，巨大的额枋昭示出其元代的尊崇身份，殿前有宽阔的月台，据说曾经还建有献亭，所以现在院子中央显得宽敞而空荡。庙中最著名的建筑则非正殿对面的倒座戏台莫属了，此台与正殿为同时期所建，体量极为巨大，在现存的元代戏台中也是名列前茅的。下部修建在近两米高的砖石台基上，平面近乎于正方形，单檐歇山顶，是一座跨度夸张的四柱式大亭子，仅后部和两侧的后三分之一部分筑墙。其余空间开敞，内悬八角藻井，从梁架到斗栱全都用材硕大，气势惊人，充满了硬朗和狂放的感觉。不过木料的致命弱点是容易受潮腐朽，现在戏台上扔着的那根巨木就是原来的旧额枋。当初因为糟朽已经向下弯曲，眼看要承托不住殿顶的重压，这才不得已将其撤换。

细算起来，临汾地区元代戏台的保有量可真不少，除了四圣宫戏台，翼城还有武池村乔泽庙戏台，临汾北边有魏村镇牛王庙戏台、东羊村后土庙戏台、王曲村东岳庙戏台等，无愧于临汾地区在元代戏剧史上的重要地位。

02 西闫汤帝庙

我从曹公村向西北继续徒步跋涉，来到了西闫镇上。镇子面积不小，在东南部有一座坐北朝南的两进院大庙。我正在老街巷里东张西望时，忽然就看见了这座庙里高高隆起的歇山顶，于是赶紧跑过去，经向路旁老乡打听，原来是一座已经废弃的汤帝庙。

此庙原来做过小学，现在校舍早已搬迁，这里大铁门一锁就弃置了。看铁锁上的黄锈，估计已经好些年没被打开过，弄得我一时间深感忐忑，恐怕又要吃闭门羹了。忽然我看到大门旁边的学校旧门卫房里现在开着一家小卖店，于是走进去买了瓶饮料，跟老乡拉起话来。当这家的大妈听我说到对古建筑感兴趣，想进去看看，很爽快地直接从后门把我带进庙里，让我随意参观，并嘱咐我把门关好，别叫院里散养的鸡跑出来就行。

我仔细审视了一下此庙，是一座占地很大的清代庙宇，由最南端的戏台和两边耳房、献殿、正殿和两侧垛殿以及东西配殿和长长的两层楼式廊房组成。庙内并无特殊之处，但院子南北相当狭长，尤其献殿和戏台之间距离很大，与陵川县附城镇的陵邑会馆布局有些类似，建筑也都是清代中晚期的样式。献殿和正殿紧靠在一起，均为三间悬山顶，但正殿体量更大。这些殿堂的柱间都被砌墙加门窗改建成教室模样，仅能从房顶上看出些许古意，现在也都极其残破。尤其正殿已经塌了一半，

山西省翼城县西闫镇汤帝庙戏台

巨大的房梁颓然坠落和碎砖瓦淤积在屋子里，上面已经长出了青草，真是凄凉至极。院中野草丰茂好像一块麦田，草下瓦砾、碎碑随处可见。老乡养的一群鸡见到陌生人进来，远远地跑到角落里去了。

我在正殿廊下还真发现了几块石碑，虽然已经被雨水侵蚀得漫漶不清，幸而名称和年号还能够辨认。康熙十二年（1673）十二月的《创建汤圣明君庙宇碑文》说明了这座庙的修建时间，还有道光六年（1826）和民国五年（1917）的重修碑记。

远远把我吸引过来的歇山顶是这座庙里的倒座戏台，是全庙之内最高大宏伟并且保存相对完整的建筑。乍一看上去有似曾相识之感，忽地恍然大悟——这座戏台简直就是刚刚参观过的四圣宫元代戏台的微缩改造版，两地相距仅五六里。很明显，清代的工匠按照四圣宫戏台进行了仿建，这本身就是对四圣宫戏台成就的一种跨越时空的认同和致敬。但也许当时已经难以筹集到那么巨大的木料，戏台整体的规模只好相应缩小。可额枋和斗栱的尺寸还是明显超过了许多同时期的清代建筑，内部梁架和八角藻井不但仿得认真细致，而且并不机械地照搬，还有一些地方按照清代流行的式样进行了改动，但那股硬朗的劲头还是大部分清代建筑所缺少的——

可以说，这份作业完成得很出色。

现在年久失修的戏台屋檐已经朽烂脱落，一侧的檐角也显得越发无力地开始下沉了，但主体结构尚且完好。不过我觉得对于这座偏远山区小镇里的不知名的清代戏台来说，能够得到正规文物部门专业修缮的机会真是太小了。这就是无法回避的残酷现实，也许只能眼睁睁地看着这座戏台和这座破烂的汤帝庙就这样继续衰败塌毁下去，如同已经垮塌的正殿那样终至无存。每次当我画这种残破古建筑的时候，都是既欣赏这种沧桑的感觉又为其将来而忧虑，真是一种很矛盾的心态，往往使情绪也变得格外沉重压抑。

经过了长途的颠簸，当我离开中条山区来到繁华的翼城县时，忽然发觉自己将一盒画笔都遗忘在了西闫镇的汤帝庙里，唉，就让我的画笔帮我见证这座庙宇的未来吧。

03 翼城双牌楼

翼城县地处临汾、运城和晋城三地的交界处，位于太岳山脉和中条山脉之间，古来即有“晋南咽喉，平阳（今临汾）门户”之称。周成王桐叶封其弟叔虞于唐国，其子燮父迁都晋水畔，改国号为晋，开创了后世雄霸的晋国基业。后来晋孝侯改都城名为“翼”，就是今天的翼城县所在地。晋献公时迁都于聚，改名为绛，翼遂被称为故绛。北魏以后改称北绛，唐代称浍川，元代以后才确定翼城县之名，至今未变，今天的翼城县很大也很繁华，但能够吸引我的还是这里的历史积淀。

我总是想在繁华的地方溯本追源地寻找其往昔岁月的印迹，常被视为怪癖。比如我租车前往武池村，想去看那里的乔泽庙元代戏台，可惜最终吃了闭门羹，白跑一趟。出租司机就劝我别去武池了，不如去找个舞厅快活一下，很难理解我大老远从东北来到这里，竟然是为了看一些老旧的破庙。

言归正传，翼城县还是有些古迹的，虽然年代晚点，但可看性还不错，比如石四牌楼和木四牌楼。这两座牌楼位于翼城县旧城内的十字街上。随着现在城市规模的扩张，昔日的旧城已经被挤压到了东南一隅，沦为城内村，但两座牌楼还是响当当的，是翼城的标志。

石四牌楼位于北街之上，平面呈正方形，是一座单檐十字歇山顶的四面式牌楼，相当于由四座单面牌楼和围而成，四根立柱又各向外斜刺里延伸出一个小间，使牌楼的每个立面看起来仍是传统的四柱三间样式。这样既增加了美观性，又加强了整体的稳定性。石四牌楼跨建在老街北段的十字路口上，至今下部仍可通行车辆行人，相当于一种过街楼的形式。除了顶部的木结构十字歇山顶之外，整个牌楼都是以坚硬的青石雕凿而成，下部有坚厚的条石基座。牌坊表面都浮雕精美烦琐的人物、花卉和瑞兽等图案，八仙过海、群贤毕至之类的传统故事和吉祥寓意都被古人精雕细琢地装饰在了牌坊的各处。各柱脚下的抱鼓石尤其精美。除了祥瑞纹饰的装点，两只上下呼应动感十足的狮子更使冰冷的牌坊生动鲜活起来。这种四面一体的过街式牌楼的在北方并不多见，我也是第一次见到这种现存至今的实例，觉得很新颖。不过牌楼的十字歇山顶是前些年复建的，也就是说这座牌楼曾经在很长的时期之内都是如同圆明园遗址般仅余石雕部分孤独矗立。再看看现在的样子，我总感觉四面伸出的四个小间的顶上似乎也应该曾经有木结构歇山顶存在过，只不过没有被修复而已。

这座石四牌楼创建于明万历三十九年（1611），由时任监察御史的本县人史学迁修建。这个史学迁曾经做过知县。做到监察御史后，曾奉命巡视湖广屯田和川陕鲁豫各省的军民政务，为官清廉公正，能够秉公执法、惩恶扬善，受到了百姓爱戴。史学迁还善于发现和举荐人才，以死弹劾大阉魏忠贤的杨涟和在辽东抗击后金而殉国的张铨，都是经他推荐而被朝廷重用的。他还有《四礼图》《四书心言》《麟经三易草》等著作，在乡时修桥筑路，民众广为称颂。牌楼的四个面上都镶嵌匾额，字迹虽然已经漫漶不清，但仔细辨识仍可认出，分别为“衡文金吴”“澄清江汉”“持斧畿甸”“观风西土”，正是史学迁为官时期督学江南、巡视屯垦、执法惩恶和体察民情的写照。

从石四牌楼向南走百余米，在老城的十字大街中心位置还建有一座木结构的四面牌楼，因此也称木四牌楼。这座木牌楼比石牌楼更为高大华丽、宏伟壮观。最

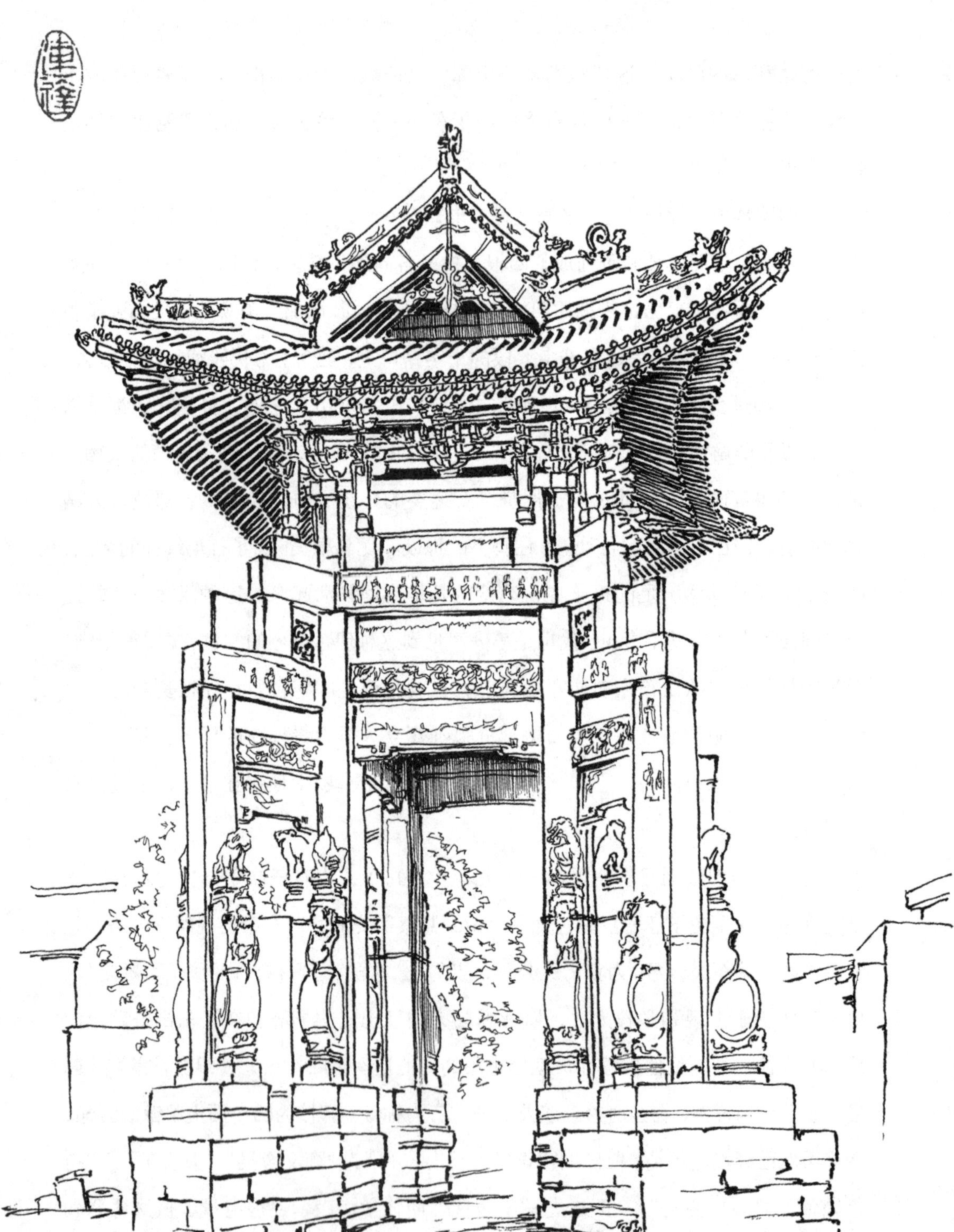

山西省翼城县石牌楼　二〇一四年六月九日 晨六时二十分—八时十分

连达 绘

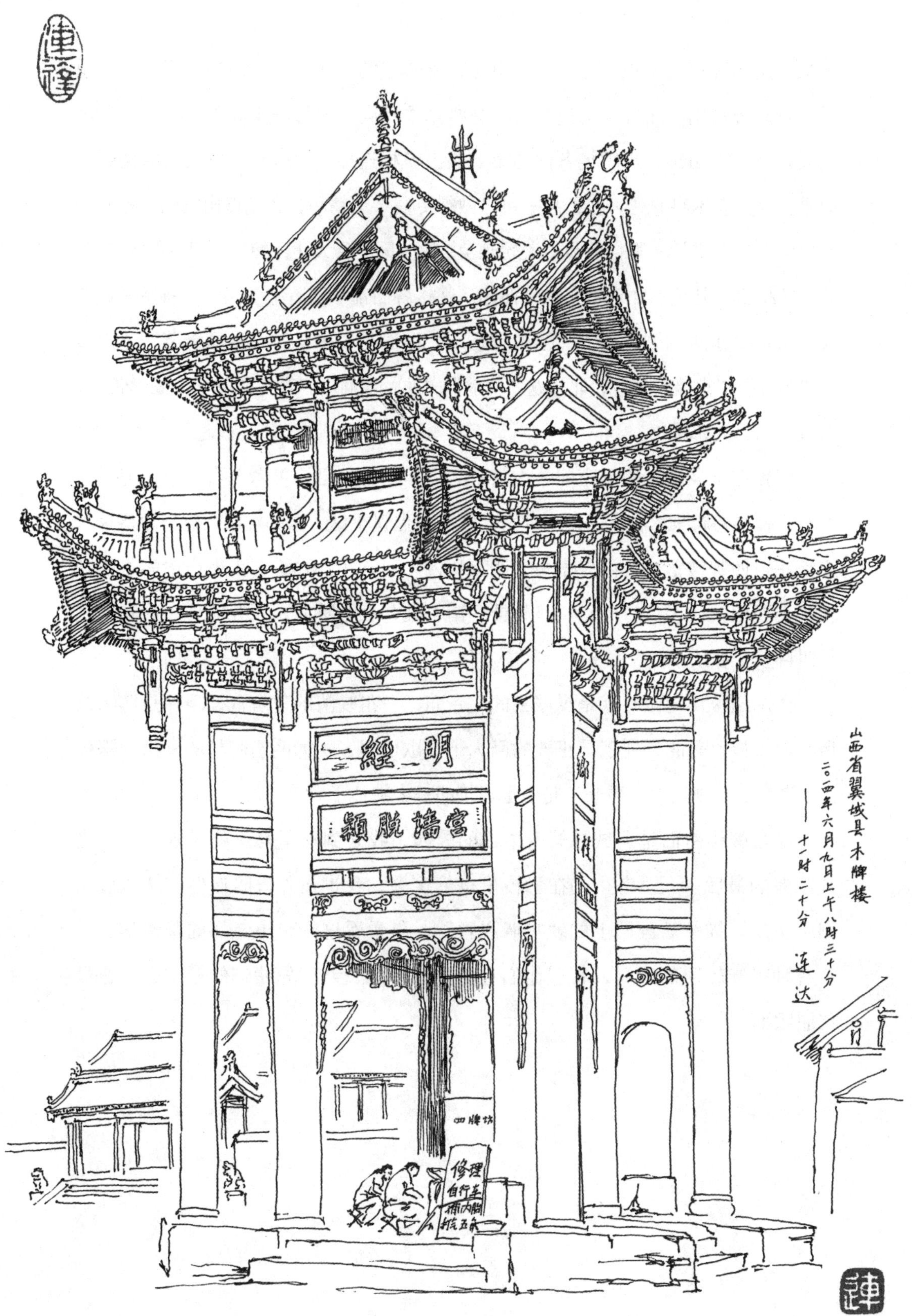
明經
宮牆脫穎
四牌坊
修理
自行车
补内胎
打气五角
山西省翼城县木牌楼
二〇一四年六月九日上午八时三十分
——十一时二十分
连达

上层仍是由四根用材粗壮惊人的承重金柱支撑起的巨大十字歇山顶，四根金柱也是各自向外斜出一小间，构造与石四牌楼基本相同。但每一小间顶上都建有一个山面朝外的歇山顶，与牌楼各面的第二层出檐相连接，使牌楼具有了重檐楼阁的效果。因其以木料修建，在结构上可以做得更复杂更精巧，各角度出挑的飞檐和一组组精妙的斗栱把木牌楼装点得美轮美奂。其体量之巨大让人惊叹不已，身临其下，更感牌楼挺拔壮美，如琼楼之拔地而起。牌楼各面都镶嵌着上下两块与科举考试有关的匾额，东边为“乡科”“桂殿分香”，西面是“甲科”“澹墨传芳”，南边为“明经”“宫墙脱颖”，北面题“封翁”“龙章宠赫”，意在激励学子勤学苦读，考取功名，光宗耀祖。

相传在十字街心的这座牌楼古来有之，始建年代已不可考。当史学迁把北边的石四牌楼建起来后，又联络当地官员乡绅，倡议重修木四牌楼以恢复当地盛景。于是在石四牌楼落成的两年之后，明万历四十一年（1613），大街当中的木四牌楼终于涅槃重生了。自此，两座牌楼一南一北，相互呼应，相互守望，共同走过了四百多个春秋。

在木四牌楼的西北就是翼城县的关帝庙，一组晚清的建筑群，现在是博物馆所在地。最显著的特征就是正殿的巨大十字歇山顶，一如两座牌楼的歇山顶那样比例夸张，形如巨伞，看来这是当地建筑的一大特征了。

现在牌楼南面是翼城县第四中学的校园，我来到这里写生的时候，正值当地高考的最后一天。考生们在学校里奋笔疾书，我也在外边陪伴他们从清晨画到了正午。描绘着画面上的“宫墙脱颖”，再看看这些走出考场的莘莘学子，真有种时光轮回的感觉，希望他们也能如父母师长乃至先辈们的期望那样，最终脱颖而出。

04 中卫玉皇楼

在翼城县东南的中卫乡中卫村十字街心，也有一座四面式过街牌楼，叫作玉皇楼。这座楼的结构与县城内的木四牌楼十分相似，只是体量偏小，又未经修缮，仍然保持了沧桑古朴的风貌。

这座四面牌楼之所以叫作玉皇楼，是因为在上层曾经供奉有玉皇大帝的神位。但看此楼的结构，并无楼梯等设施，想来平时是无法登临顶层的。玉皇大帝被置于十字街心的高阁之中，寓意端坐天宫，保佑四方乡里之平安。但这只是一座寻常村中的过街牌楼，修造等级自然不可与县城内的木四牌楼相比。用材比较随意，造型也更显粗犷，无论当心的四根金柱还是四角的四根边柱，尺寸都区别不大，甚至柱子还未修直就直接使用了。因为下部柱子的低矮，更反衬了十字歇山顶的巨大，好似在街心顶上撑开了一张遮阳伞盖。

根据牌楼下面、柱间现存的清道光二十二年（1842）《重修玉皇楼记》碑文所载，“本镇中心旧有玉皇楼，创建不知何时，厥后遭回禄之灾，仅存四柱，其重建则在康熙五十四年（1715）”，我判断玉皇楼至少应在明代就有了。如果建于清代之初，到康熙五十四年重建时不至于连创建时间也弄不清了，很可能是明末清初的战乱使当地人口离散，建筑焚毁，碑刻散佚，导致后人看见火焚之后仅余四柱的过街牌楼时，难以追本溯源了。

玉皇楼四面内外都镶嵌木匾，上面密密麻麻地镌刻着文字，但因人为铲挖和风化水浸导致十之八九难以辨认了。我站在石台基上，抱着木柱抻着脖子圆瞪双眼看了好半天，认出上边写的都是牌楼的修建历史和捐资人员姓名，但竟然意外地看到了疑似“天启”的字样。虽然前后字迹已经无从认清，但如果是康熙五十四年重建之时留下的匾额，提到了前明天启之事也不奇怪，毕竟仅相距不足百年，很可能这只言片语中便是玉皇楼的始建信息。

山西省翼城县中卫乡中卫村玉皇楼

二〇一五年四月二十九日 下午十五时四十分—十七时三十分

连达 绘

05 曲沃四牌楼

曲沃县位于翼城县西南方。曲沃一名，始见于《尔雅·释水》之“沃泉悬出”。《诗经·唐风·扬之水》中“扬之水……从子于沃”，此处沃，便指曲沃。清乾隆二十三年（1758）《曲沃县志》中称，“悬而为沃泉，九曲而北入于浍，西流入汾……皆此沃水之所萦回盘旋也，是为曲沃命名之由”。说明早在西周时期就已经有曲沃之名了。后来这里曾经做过晋国的早期国都，“武公据之以兴晋，文公依之而称霸”。至今，在曲沃和翼城交界处的曲村镇和天马村等地还保存着大量包括晋国贵族墓葬和生活遗迹在内的西周时代遗址。但晋国的辉煌散去之后，在余下来的两千多年历史里，曲沃似乎变得有些平淡无奇，逐渐被世人所遗忘。可在我眼中，曲沃是一个了不起的地方，因为那里保存着一座美轮美奂、堪比天宫楼阁的牌楼。

在曲沃县旧城东南的十字街中央现存有一座巍峨华美的四面木牌楼，虽然是四面合围的形式，结构也与翼城的四面牌楼类似，但外观的差异相当巨大，精巧和华丽程度则远远胜之。

曲沃的四牌楼平面呈正方形，中央由四根金柱作为支撑，每根金柱又向外斜刺里跨出一个小间，增加一根辅柱，使牌楼的平面形成一个“回”字。从上至下共有三重檐顶，最顶上为十字歇山顶。中间层除四角挑出飞檐外，各面中心均出山面向前的歇山式抱厦，下层则是在每根金柱和辅柱之间加筑庑殿顶式抱厦，在牌楼各柱腰部以围栏相串连。整座牌楼飞檐层叠而出，呈花朵般怒放之势，再加之檐下那些精致密集到让人有些眼花缭乱的斗栱，使整座牌楼华丽到令人窒息的地步。当我远远望见它的时候就好像看到了一座矗立于仙岛上的琼楼玉宇，我感觉这几乎是中国传统建筑所能创造出的最极致的美好形态，瞬间让我倾倒，再也找不出合适词汇能够准确表述这座牌楼的精妙之美，只能呆呆地进行注目礼般的凝视，徒劳地想记住每一个细节。

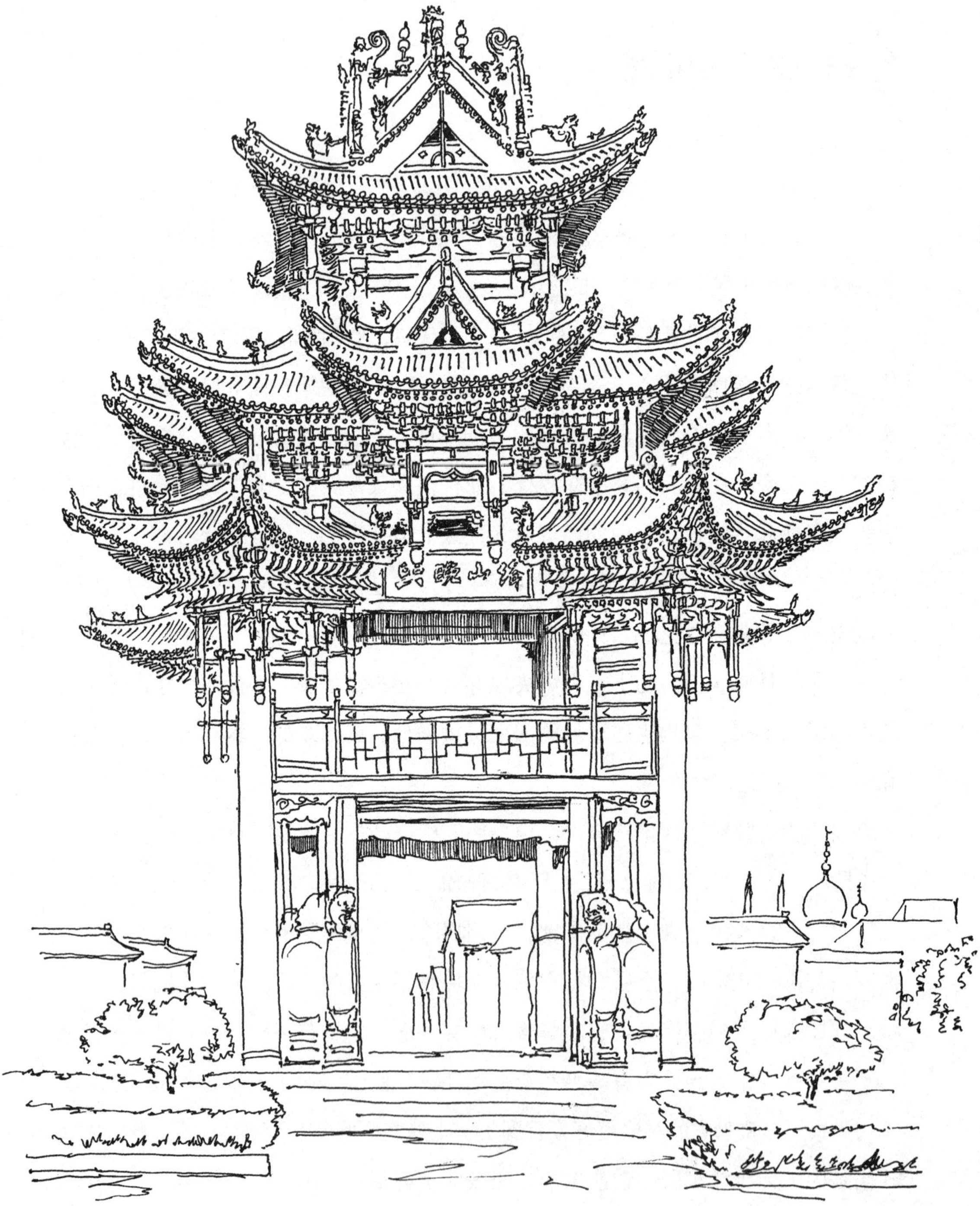

山西省曲沃县四牌楼

二〇一四年六月九日 下午十三时三十分—十六时

连达

这座曲沃四牌楼创建于明万历四十三年（1615），是本县人李齐沆为纪念继母所修建，因此又被称作孝母楼或望母楼。据清代乾隆版的《曲沃县志》记载“李齐沆，字觉泫，此人风骨棱棱，无脂韦习气”。他一岁丧母，三岁丧父，由继母抚养成人，并于万历三十一年（1603）中举，后来悉心经营，成为一方巨贾。可惜其继母已经谢世多年，李齐沆觉得无以报答继母的厚恩，便在街心修建四牌楼以示纪念。每当思念母亲，便登上楼去，遥望母亲坟茔方向寄托哀思。可惜李齐沆于明末时落于流寇之手，史载其面对严刑拷打，不屈而死。

关于修建四牌楼的原因当地还有一个民间传说，认为是后人为了镇压晋献公的妃子骊姬所建。众所周知，晋献公相信骊姬的诬陷杀害了忠厚耿直的太子申生，而改立骊姬所生的儿子为太子，两千多年来曲沃人一直以骊姬为耻。相传骊姬的坟墓旧址即大体位于几经变迁的曲沃城现在的位置上，民众附会说四牌楼正好镇压在骊姬墓穴上方，不过是为了表达对她的愤恨之情。可四牌楼本是为了纪念李齐沆的继母，一位深明大义的贤德母亲。如果和这个恶贯千年的妇人联系在一起，我觉得变成了一种贬低，很不合适。

我来到四牌楼下正值六月骄阳似火的时节，正午的地面上烫得快要把我的鞋子融化了。空气又热又闷，几乎蒸得人喘不上气来。我不得不一瓶接一瓶地给自己灌水，这些水又迅速从浑身上下的毛孔中流淌出来。街上已经到了“万径人踪灭”的地步，但我不能允许自己懒惰懈怠，在牌楼南面路口处的房檐下找了一小条阴影坐下来，强自凝神开始写生，汗水不住地从脸上脖子上流淌下来，最后变成细密的结晶。

06 感应寺塔

在曲沃县老城西关外的中学门前，现存一座残破的砖塔，叫作感应寺塔。此塔实际上只剩半截，而且上部开裂成左右两半，以这种岌岌可危的残缺之态为人们所熟悉，成了古老曲沃的一个象征，当地人因而称为西寺塔或裂破塔。

山西省曲沃县感应寺塔

二〇一五年四月二十九日 晨七时五十分—上午九时二十分　连达　绘

曲沃西关外的感应寺创建于北宋嘉祐五年（1060），即西寺，金大定五年（1165）增建砖塔，是为感应寺塔。此塔原本是一座巍峨高耸的十二级密檐空心砖塔，平面为八角形，每层南北向相对辟有拱形门窗。一层最高，檐下以砖雕仿木结构做出了华丽的斗栱，向上则逐渐收分，使整体造型挺拔稳固。在元代大德七年（1303）的大地震中，感应寺塔轰然崩裂，顶上四层塌落下来，余下的塔身从二层以上自拱形门窗部位开裂成两半。清代顺治十年（1653），曾对残塔进行清理和加固，最终使感应寺塔余高七层，就这样开裂着一直耸立到今天。说起元大德七年的地震，有必要提一下，这是一场今天估计为烈度八级以上的地震，史称“河东大地震”。震中位置是今天临汾地区洪洞县赵城镇，波及范围达晋、陕、豫等数省，《元史》载“村堡移徙，地裂成渠，人民压死不可胜计……”，当时造成沿汾河地区地堑长达四百多公里，《临汾县志》也记载“于时死者二十余万人，祸甚惨毒”，最终造成临汾地区人口减半。这次地震对地表建筑物的摧毁可以说是犁庭扫穴式的，致使晋南乃至晋中等地遗留至今的元大德以前建筑物极其稀有，远不及晋东南等地。曲沃县距洪洞县的震中地区不远，在这场大地震中感应寺塔能够剩余半截，已经是相当难得了。在晋南尤其是临汾地区的寻古之旅中，经常能够感受到这场地震的影响，这是一道绕不开迈不过的坎，大量的早期建筑精华自此毁灭殆尽了。

不过除此之外，感应寺塔还经历过明嘉靖三十四年（1556）陕西华县大地震和清康熙三十四年（1695）的另一次平阳大地震的考验。那次震中也在临汾地区，两次地震均在八级以上，死亡人口都达数万至数十万，但以残缺之躯孑然相抗的砖塔，奇迹般地没有倒塌。

塔下的感应寺本是宋代古刹，八百年来一直香火旺盛，塔寺相依，成为一方名胜，也见证了曲沃的兴衰与变迁。可惜在1941年侵华日军占领曲沃县城期间，鬼子为了清扫城墙外围建筑以利于防守，纵火烧掉了感应寺建筑群，并且埋设炸药，试图炸毁感应寺塔。幸而几次八级大地震都不能摧毁的、开裂了几百年的老塔，再一次展现出过硬的筋骨，爆炸的硝烟过后，塔身依然立而不倒，大咧咧的裂缝倒好像在嘲笑小鬼子的无能。因此感应寺砖塔不但幻化成为一段近乎于传奇的故事，也成了一种不屈精神的象征，与东关的四牌楼遥相呼应，成为曲沃的形象代表。

近年当地对感应寺塔进行了整修和加固，恢复了斗栱密布的一层塔檐和二层的拱形窗，对有裂缝脱落的地方进行了固定，但仍保留了古塔开裂的姿态和沧桑的旧貌。这样的修缮既保证了安全性，又最大限度地保存了古塔作为文物所承载的历史信息和为人们所熟悉的独特形象。

反观与感应寺塔情况类似的运城市安邑镇宋代太平兴国寺塔，是在明嘉靖三十四年（1556）的大地震中从上至下裂开了大口子，四百多年来一直保持着这种危而不倒的形态。既充满了沧桑美感和神秘气息，又说明了其工程质量的坚固。但在新近的修缮中将这个巨大的裂缝完全弥合，最后将塔的外观修整得光滑如新，失去了千年古塔的历史感，使其宛若新建一般，其与感应寺塔的修缮理念高下立判。

我在清晨来到塔下，但见成群的燕子在塔周围上下飞舞愉快地鸣唱，这些小精灵以塔为家，与塔共存，使得苍老的古塔在承载着厚重历史的同时也充满了勃勃生机。这又使我想到了辽宁锦州的辽代大广济寺塔，其残破之状也持续了五百余年，有成群的乌鸦居住在塔上，被称作“古塔昏鸦”，明清的史书都将其列为锦州古八景之一，待修缮一新之后，这种和谐的景象也消失了。我们的古建筑到底怎样修缮，才能在不危及安全和牢固的同时，又尽可能多地保留其自身的历史信息和独特气质，这真是个值得深思的问题。

07 曲村大悲院

在曲沃县东北的曲村镇正街路北，现存一座大悲院。这是一组已经残缺不全的古建筑群，共分东西两院，东院年代久远，相传始建于唐朝，在北宋治平四年（1067）和金大定二十年（1180）都有重修，之后历代屡有修缮。可惜时至今日仅存一座临街的献殿，其他殿宇唯有遗址尚存。西院为清乾隆二十三年（1758）所增建，格局相对完整，除最前端的戏台已毁外，院子中央的过殿、最北端的天王殿以及东西配殿都保存下来了。

山西省曲沃县曲村镇大悲院

按理说庙宇最前端应该有山门或兼具山门功能的天王殿（许多庙宇都是这种布局），可大悲院的最前端建筑为什么是献殿呢？我推测只能是最初的前部殿宇早已毁掉了，而且毁掉的年代应该相当久远，致使献殿沦为实际上的山门。所以后世改造村中道路都直接从献殿前面通过，乃至乾隆年间增建的戏台也与献殿拉齐，并专门为庙里增补了偏居一隅的天王殿。

虽然西院的清代建筑群相对完整，檐下的木雕和柱础的石雕都精美华丽，堪称一绝，但献殿仍然是大悲院里无可替代的最有价值的建筑。这是一座面阔三间、进深六椽、单檐歇山顶的宽大殿宇，是宋代创建金代改建，兼具了宋金两朝建筑风格的珍贵遗存，也是曲沃现存年代最早的一座大木构建筑了。前面说过元代大德七年（1303）的河东大地震致使临汾地区的地面建筑遭到了毁灭性破坏，而大悲院献殿能够屹立不倒，也反映了其结构的合理性和建筑质量的可靠。在满眼拥挤着方盒子般丑陋的水泥楼房的街道上，大悲院卓尔不群的歇山顶和宽大出挑的飞檐让我有点激动。无论历史的车轮如何碾轧，都有些宝贵的文化遗存得以穿透时空，在不被人们注意的角落里顽强地生存下来，这也许就是我们传统文化绵延不绝的坚韧精神的一种体现吧。

献殿这种建筑原本并不设门窗，但大悲院在“文革”以后被作为曲村镇政府使用，里边的正殿和配殿都被拆毁，修建起了水泥的楼房和平房，献殿也被砌墙安门上窗成了镇政府的大门兼门卫室和计生办。前几年镇政府迁出后，当地对大悲院进行了改造，给献殿的正面重装了隔扇门窗，将院内叠压在建筑遗址上的水泥房子拆除，把诸多当地收集起来的石刻文物陈列在这里，变成了一所石雕艺术博物馆。可惜这里距东边的天马遗址晋国博物馆太近了，经常被人们所忽视。

08 东羊后土庙

在临汾市区西北部的土门镇东面有个东羊村，村里现存一座面积不小的后土庙，此庙坐北朝南，雄踞于老村中央位置，原本规模宏大，但幸存至今的建筑已经不多了。

说起后土庙的来历还有点曲折，这里原本是始建于元朝至元二十年（1283）的一座东岳庙，建成仅仅二十年就遭遇了大德七年（1303）的地震，殿宇房舍坍塌殆尽，直到至正五年（1345），村人才再次筹资重修。当时由最前端的山门、第一进院当中的戏台、第二进院的仪门及钟鼓楼、正殿东岳天齐殿和东西两路的配殿、最后一进的后土圣母殿等众多建筑组成。自庙宇落成以来，历代香火不断，每逢节日或者东岳大帝和后土圣母的生日，都会举办大型庙会。有戏班登台为神灵表演，四方民众云集于此，焚香叩拜，祈求风调雨顺，合家安宁。这种风俗延续了六百余年，直到新中国成立后将庙宇改作小学使用才被迫中断。最先遭殃的是正殿里的东岳大帝，老乡回忆说原来的神像足有三米多高，大伙一起用力给拉倒了，当时就摔得粉碎。接下来是东配殿里的十殿阎王和西配殿里的十八罗汉，都被无情地推倒砸碎了。

到 20 世纪 70 年代，为了扩建教室，东西配殿被拆除了。后来日渐陈旧的正殿墙体开裂倾斜，村里怕危及学生安全，也拆除了，最终庙内的殿堂只剩下最后

山西省临汾市土门镇东羊村元代舞台

面的后土圣母殿硕果仅存了。待到腾退学校、重整庙宇的年代，没有了东岳神位的东岳庙就只好改叫后土庙了。

庙内现存最精彩的建筑是前院中央的元代倒座戏台，此台平面呈正方形，深广各一间，十字歇山顶，修筑在高度近两米的巨大砖石台基上。三面筑墙封闭，只有正面开敞，前檐下以两根抹角石柱支撑，柱上浮雕着莲花生童子等吉祥图案，下托覆莲式柱础。柱子顶端的普柏枋一如既往地粗硕硬朗，密密层层的斗栱和内部逐次攀升华丽炫目的八卦藻井托举起了高大的殿顶，将张扬的檐角远远地伸向了空中，就好像撑开了一柄遮天的华盖。雄大霸气的殿顶和紧致内敛的台身达到了一种极其恰当的美好比例，使戏台展现出了既遗有宋代雅致气息，又兼具元代粗犷狂放个性的不同寻常的美感，是我所见到的诸多元代戏台中造型最为优美别致的。后墙上所绘的《钟馗降贪图》相传也是元代遗留。

每年农历三月十二是后土娘娘的生日，东羊村照例举办大型的庙会。这一日，我背着沉重的背包，顶着下午火热的太阳，从土门镇走到了东羊村。街上人头攒动，热闹非凡。我已经热得汗流浃背，就在路边买了两瓶水，还没等走到后土庙就全喝光了。来到庙前，只见正门大开，里面的乡亲们纷纷往外走，原来一场大戏刚刚唱罢。我遗憾地没能赶上，于是坐在角落里认真地画下了戏台。

09 东涧北魁星楼

紧靠临汾市土门镇北侧有个东涧北村，村东南矗立着一座清瘦苗条的魁星楼，在公路上远远即可望见。我一贯奉行“有古建筑尽量不错过”的原则，哪能放过这撞到眼前的漂亮楼阁，于是赶紧跑过去。

这座魁星楼修建在高大的毛石基座上，东西开拱形门洞，平面大体呈方形，为十字歇山顶的两层砖木结构楼阁，一层面阔进深各三间，外侧出回廊，檐上设平座，但栏杆早已毁坏无存。二层的门窗全都不知去向，只剩下四根纤细的木柱支撑着沉重的十字歇山顶，顶上置有宝瓶式脊刹。

这座魁星楼陷于杂乱民房的包夹之内，周边自然是少不了衰败荒草和垃圾杂物的围困。台基的西北角设有石阶。我小心翼翼地登上平台，生怕一个震动会使这座看起来已经岌岌可危的楼阁轰然崩塌。在满地粪便的空隙里看准站稳，我才仰起头，打量这座充满了凄凉之美的建筑，却有点意外地看到楼阁的木构架还算比较硬朗坚固，斗栱和梁架互相契合得相当严密，除了一些木料干燥开裂，并未发生朽烂塌陷等危及建筑安全的严重问题。倒是外观残破的砖瓦构件，给人以危楼将倾的视觉效果。

通常的魁星楼多是为了祈求本地学子能够金榜题名而修建，但我观察东涧北村地势西高东低，在这里建一座魁星楼，应当也有弥补风水的考虑。看建筑形式是典型的清代风格，这种不知名的小楼阁在广大乡村中应该遗存不少，虽然破败失修，在我看来却充满了沧桑古朴的美感，比那些油饰一新的著名寺庙殿堂更有味道，也更具历史真实感。

山西省临汾市土门镇东涧北村

魁 星 楼

二〇一五年四月三十日 中午十二时二十分—十三时三十六分

连 达 绘

山西省临汾市魏村镇牛王庙舞台

10 魏村牛王庙

土门镇北面是魏村镇，镇子中央高地上坐北朝南建有一座牛王庙。此庙始建于元代至元二十年（1283），与东羊后土庙同时期诞生，也在大德七年（1303）的地震中毁于一旦。但魏村人恢复得比较迅速，在至治元年（1321）的重建中使牛王庙得到新生，比东羊后土庙的重建时间早了二十四年。时至今日，牛王庙建筑已所剩不多，仅有最南端的倒座戏台、北面的献亭、正殿及垛殿而已。

牛王庙中最著名的建筑就是元代的倒座戏台了。这座戏台修筑在近一米高的砖石台基上，平面为正方形，深广各一间，单檐歇山顶，除了后面和左右两面的后三分之一部分筑墙，其余空间全部开敞。这也是早期戏台的一个重要特征，与翼城曹公村四圣宫戏台一致。前檐下的两根粗壮石柱上浮雕着《莲花生童子》等吉祥图

山西省临汾市魏村镇牛王庙献亭

案，并且明确地镌刻下了始建和重建的时间。左边角柱上刻“蒙大元国至元二十年次癸未季春石泉南施石人杜秀”，右边角柱上刻“维大元国至治元年岁次辛酉孟秋月下旬九日立石”，这是现存所有早期戏台里关于修建时间记载最为清晰明确的。在高平王报二郎庙金代戏台被发现之前，牛王庙戏台曾经被认为是国内现存最早的戏台。柱头栌枓仅穿插了两根替木就架设起了粗大的原木额枋，狂放之风毕现，几组双下昂斗栱敦厚稳健，向内托举起梁架和八卦藻井，向外将宽阔的飞檐潇洒挑出。整个戏台简洁大方，带有宋金时期舞台的特点，充满了素雅大气的美感。

戏台对面就是献亭和正殿，这两座建筑都修建在同一组石台基上，并且以一段短廊相连接。献亭为明代所建，是四柱式单檐十字歇山顶结构，粗硕的额枋简洁地架设在柱头之上，斗栱和内部的八卦藻井都相当精美华丽。正殿名曰“广禅侯殿”，与戏台同为元代重修时所建，面阔三间，进深六椽，悬山顶，前出廊，内部供奉着牛王、马王和药王。

关于牛王庙的来历还有两个不同版本的传说，一则为北宋时，宋真宗赵恒出巡路过此地，心爱的御马生病无法行走，四方求医时，得乡民指点，祭祀了牛王和马王，坐骑即病愈，遂下旨将三王，即牛王爷、马王爷、药王爷（孙思邈），建庙供奉，却是将牛王排在首位，叫作牛王庙。

另一则比较具体，见诸于明永乐十六年（1418）的碑刻记载，说北宋政和四年（1114）时金兵南侵，与宋军在这一带发生大战。恰逢阴雨连绵，宋军千余匹军马染病，时有山西阳城常伴村的兽医常顺行医来到汾河边，由他为军马治疗，使马匹迅速痊愈，在之后的战斗中发挥了重要作用。宋徽宗赵佶在宣和二年（1120）加封常顺为广禅侯，使之成为有史以来获得爵位最高的兽医，堪称空前绝后。不过这倒也符合宋徽宗的一贯作风，我从晋东南一路走来，已经拜访了诸如“护国灵贶王”的三嵕庙、“冲惠、冲淑真人”的二仙庙和“清源忠护王”的济渎庙等众多由他加封的神仙府邸，但这些都是加封给仅存在于传说中的神的封号。广禅侯常顺作为唯一一个普通人骤获殊荣，迅速被民间神话和膜拜，至元代时已经将其附会成牛王爷转世，成为专司民间兽医的神。所以修建牛王庙加以供奉，正殿之内，牛王爷的塑像至今犹存。

11 洪洞关爷楼

洪洞县位于临汾市北部，因境内有“洪崖”和“古洞”两处自然风景名胜而得名，是中国古老文明的发祥地之一，可上溯到夏商时代，在西周时为杨侯国，后改为杨县，隋朝义宁二年（618）始称洪洞县。

我是通过两句家喻户晓的话而知道洪洞县的，一是“问我祖先在何处，山西洪洞大槐树”。因元末惨烈的战争破坏，全国许多地方人口锐减一派萧条。明初数度由未遭战火摧残、相对富庶的山西向外移民，帮助各地恢复元气。移民集结出发地就在洪洞大槐树下，六百多年来，散布在全国乃至海外的移民后裔一直不忘故乡，把大槐树作为共同的根来追寻纪念。二是家喻户晓的《玉堂春》故事就发生在洪洞县，著名的京剧唱词“苏三离了洪洞县”更是把洪洞的名字唱响到了全国。虽然是个冤案，但毕竟让更多的人知道了洪洞县，当然还有句词叫“洪洞县里无好人”，

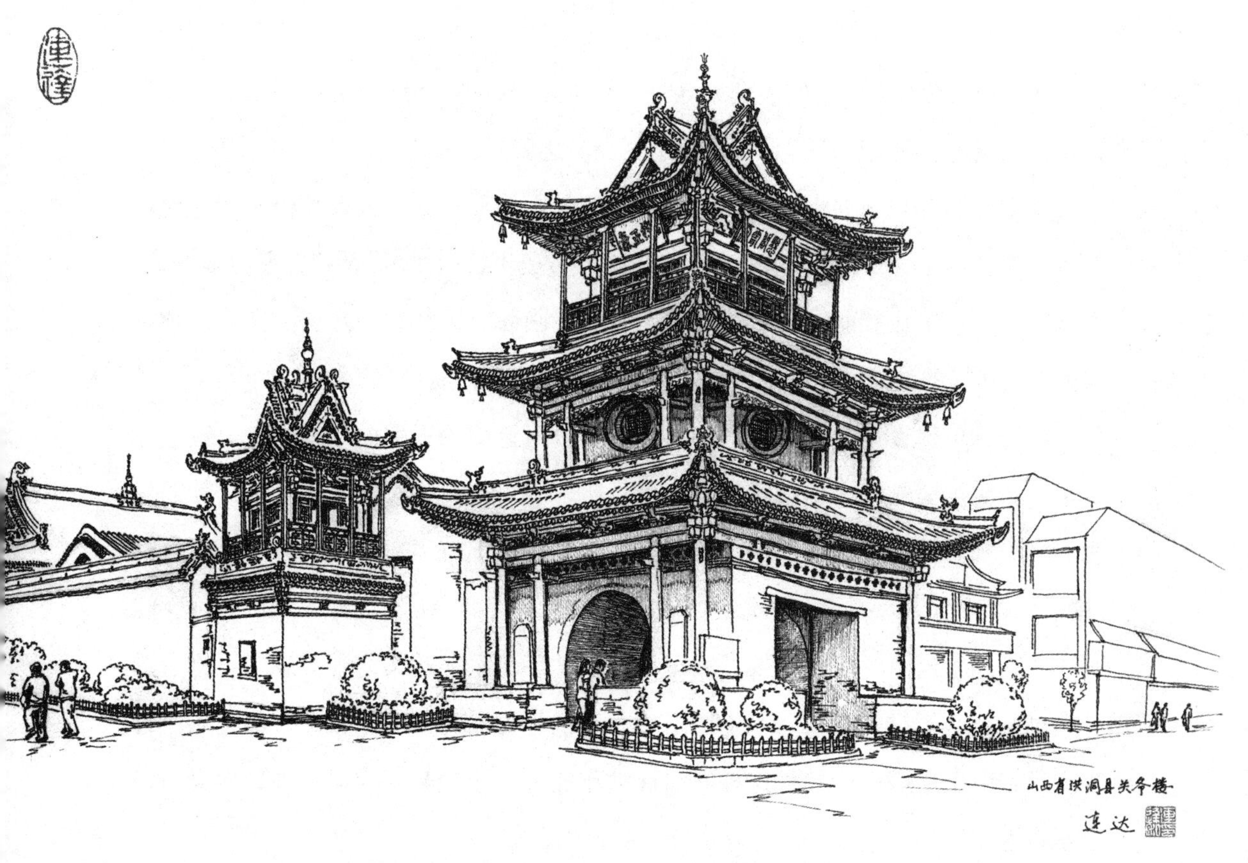

山西省洪洞县关爷楼

打击面太大，不常被提起。实际上苏三说的是洪洞县衙里无好人，上下贪赃枉法将她诬陷为杀人凶手并定成死罪，有人还专门论述过，这只是唱词押韵需要而已。明代时关押故事里女主角苏三的监狱至今犹存，许多人来到洪洞都要专程去凭吊一番。

我来到洪洞，自然以寻访古建筑为主，首先被老县城里的关帝庙所吸引。这座关帝庙占地面积其实并不大，但可贵在身居闹市却基本保存完整。相传始建于元代大德十年（1306），后来屡次修缮，现存的多为清代遗物。此庙坐北朝南，依次有春秋楼、山门及倒座戏台、献殿和正殿，两厢有钟鼓楼和东西配殿。画面上的就是春秋楼，俗称关爷楼，始建于明代嘉靖十年（1531），由邑人郭钺等筹资创建，是一座平面呈正方形的十字歇山顶三层砖木楼阁，最初同时供奉真武大帝、二郎神、关帝，因而又称三真阁。此楼通高二十余米，据说原来曾是县城中最高的建筑，有八根金柱贯通到顶，最下层是十字穿心门洞，可通车马行人，实际上就是紧靠在关帝庙山门前的过街楼，其二、三层均出回廊，现在三层内供奉着关羽读春秋塑像，因此被称作春秋楼，但百姓还是觉得叫关爷楼更亲切些。相传关帝老爷法力无边，当年苏三也曾经在关帝庙许愿冤情昭雪，灵验之后又特来还愿。

关帝庙的五开间歇山顶正殿和三间卷棚献殿的风头完全被春秋楼抢了。现在关帝庙后身被开辟成文化广场，春秋楼前面改造成步行商业街，两边都变得很宽敞，更显得春秋楼挺拔壮丽，我自然要画上一幅。画面左边纤细的两层十字歇山顶小楼就是关帝庙的鼓楼，与春秋楼相互对比，相映成趣，成为春秋楼忠实的陪衬。

洪洞县里建设得不错，干净整洁，主打汾河之滨的大槐树寻根之旅。我走在路边，看见了公厕的指示牌写作“解手场”，明白这也是对当年那场大迁徙的一种追忆。那时的民众当然不愿意背井离乡到陌生的地方去，官府只得派兵强行押解扭送，将移民双手反剪，用绳子拴成一串串上路，跟抓壮丁、掳人口没什么两样。被绑的人遇上内急时，自然要高喊军卒来给“解个手”，久之则变成了上厕所的代名词，而且据说长时间背手走路之后，竟然也习以为常了。自那时起，始有许多人习惯背着手散步，并且这种习惯性动作流传至今，甚至成了一种彰显身份的走路姿态。

12 洪洞钟楼寺

在洪洞县东关的老街上有个叫小关庙的巷子，狭窄曲折。在巷子东口路北有一座老院子，院里民房拥挤不堪，到处都搭建着杂乱的小仓房。在这些房子的簇拥下，正中央面朝南建有一座小巧而残破的二层歇山顶木楼阁，下部修在高约一米的砖石台基上，已经被垃圾杂物所包围。

虽然屋顶破烂不堪，野草浓密，檐椽也糟朽变形，走进楼内查看，感觉主体的构架还算完好。一层内被杂物填塞，并封闭了楼梯口，已经无法登上楼去，但从楼外可见二层上悬挂着一口铁钟，造型古朴厚重，明显年代久远。

看来这是一座钟楼，但为什么既不见与之相对的鼓楼，也不见其余寺庙殿堂？

山西省洪洞县东城 小关庙南巷
有一座破败的钟楼寺
此时牛毛细雨下个不停，只得持伞画之
二〇一二年八月十九日 下午十四时三十分—十五时五十分
连达 绘

而且这座钟楼还修建在院子的核心位置，真让人一头雾水。后来在一层东侧回廊下发现石碑一通，字迹基本清晰，名曰《重修钟楼寺记》。说的大意是此地原有钟楼寺，相传创建于北宋，内悬铁钟为元祐八年（1093）所铸。而现存钟楼寺为清同治六年（1867）所建，又在光绪二十一年（1895）重修。原来竟然是以一座钟楼为主体的小小寺庙，这种形式的寺庙我还是第一次遇到，虽然沦落到如此境地，楼与钟都还在，就有希望。

我举着伞在毛毛细雨中画这座钟楼的时候，背靠在大杂院厕所的墙上，伴着那摧残身心的气味坚持了一个多小时。院内的居民真是心情复杂啊，一度把我当成了文物局来测绘的，如果这里要清理重修的话，就意味着他们要被搬迁。一时间议论纷纷，却不肯相信我真的只是个旅行作画的游人，不相信我仅仅是为了喜欢这些破烂的老建筑而从东北大老远跑到这里受罪，一致认为我准是拿了高工资给公家做事的人，否则谁扯这个啊。

13 辛南娲皇庙

在洪洞县西北的辛村乡辛南村中有座娲皇庙，是一处还算严整的大四合院，创建年代已经无从考证了，现存有庙门、梳妆楼、东西配殿和正殿。但走进院内仔细一看，除了院中央这座梳妆楼以外，其余所有建筑都是近年新建的。梳妆楼也同时经过了整修，虽然效果欠佳，但毕竟是保存了原构。

娲皇庙即女娲庙，也就是祭祀女娲的庙宇。民间有女娲造人和女娲补天的传说，将她尊为人类的始祖。女娲形象实际上也是人类早期母系氏族社会的化身，称为娲皇是无限尊崇的意思，历代都广修庙堂祭祀，但至今所存已经不多了。作为供奉女神的庙宇，建有梳妆楼也在情理之中，在平顺县的九天圣母庙和陵川县的西溪二仙庙里，我都见过精美的梳妆楼，只是把梳妆楼建在庙宇的核心位置倒是不多见。

这座梳妆楼高两层，下有砖石台基，一层修建成四面贯通的十字穿心门洞，

辛南娲皇庙

周围有回廊环绕，檐顶宽大如伞，显得有点夸张。在东侧回廊内设楼梯。二层出平座围栏，用的是古建筑中等级最高的庑殿顶，整体上显得很纤秀小巧，别具一格。根据廊下陈列的几通石碑，可知这座梳妆楼为清道光二十六年（1846）重建，至于再早的信息就不得而知了。

而院中其余新建的殿宇只能用粗制滥造、比例失调来概述了，倒使这座硕果仅存的梳妆楼显得更加与众不同，鹤立鸡群。而距此不远的侯村，原本有一座规模庞大的女娲庙和女娲陵建筑群。据老乡回忆，那里的女娲庙修得好像一座大城堡，四面还有城门楼，有好多座殿宇，以前皇帝会专门派大臣来祭祀。可惜在 20 世纪 50 年代被拆毁了，现在就剩下两块石碑。

我来到娲皇庙时正好下起了牛毛细雨，于是坐在红砖修建的新庙门里画下这幅梳妆楼。边和老乡聊天边画，待到画完雨也停了。

山西省洪洞县广胜寺镇霍泉三

14 霍泉分水亭

在洪洞县东北方向约十七公里处的霍山脚下，有一股清泉涌出，汇成深潭，水质清澈，似玉如碧，因山而得名霍泉。北魏郦道元的《水经注》载：“霍水出自霍太山，积水成潭，数丈之深。”清代道光版《赵城县志》曰：“霍泉源出沁源县诸山，流经岳阳南渗水滩，伏流八十里，至县东南霍山下复出。”《水经注》中的霍太山即今太岳山脉，主峰霍山乃是古中岳，后又被封为道教五大镇山的中镇。霍泉水量很大，据记载在唐代初年就能够灌溉十余万亩良田，本该造福一方百姓，可惜相邻的洪洞和赵城两县因抢夺水源，数百年间争斗不息，死伤无算。据《山西通志》记载“洪赵争水，岁久，至二县不相婚嫁”，两县民众断绝了一切往来，真到了唯有动手殴斗时方才见面的程度，冲突之激烈甚至迫使官府出兵弹压。

两县争水互不相让，水火不容，历代官府都曾出面干预，也难以调停。相传后由平阳（今临汾市）知府会同洪洞、赵城的知县率领两县民众亲临霍泉水神庙前，设大油锅一口，滚油中扔进十枚铜钱，由两县各选勇士一名，伸手入油锅里捞取铜钱，捞得越多，分水份额越多。赵城县一位大汉冲过来，猛地将手插入滚沸的油锅中，一举捞起七枚铜钱，为赵城县赢得霍泉七分泉水，洪洞县也只好无奈地接受了剩余的三分。相传赵城好汉右臂彻底残废，被县民尊为恩泽一方的英雄，在水神庙旁建生祠供奉。但好景不长，两县在分水之后仍然时有纷争，分水之石也常被砸毁。清雍正三年（1725），平阳知府刘登庸主持在霍泉之前建分水亭，实为跨建在水渠上的一座桥亭式建筑，阔三间，卷棚歇山顶。桥下以铁栅分为十孔，按照赵城七分、洪洞三分的原则修分水坝，确定了分水份额，并派衙役严加把守。后又在分水亭两侧各建了一座同样的碑亭，均为歇山顶式，其下四面辟拱门，内置青石巨碑，碑身两面分别以文字和线刻图样记载了泉水的分配情况。

我所画的就是分水亭和其南侧的碑亭，在分水亭桥头两端各有一座西式风格的小门楼，按照碑上的线刻图样所载，分水亭两侧原本为三开间的木牌坊。看来现在的尖顶门洞造型应是民国之后所改建。

其实修建分水亭和碑亭只是从形式上明确了洪洞和赵城两县的分水份额，两县为了争夺水源的斗争仍然在持续，只不过由分水亭一带挪到了各自的渠口。新中国成立后将赵城县降格为镇，划归洪洞县管辖，水源由国家统一调配，古往今来一直困扰两县的泉水之争自然也就平息了。

坐在清晨寂静无人的霍泉旁画着分水亭，想到赵城好汉在滚油锅中捞取铜钱的搏命之举，真替他痛彻骨髓啊！而实际上我的滋味也不好受：正值酷暑季节，泉边潮湿，野草丰茂，蚊虫繁盛，我裸露于外的小腿在很短时间内便被叮咬得通红一片，叫我几乎坐不住凳子了。

15 广胜寺

霍泉周围至今仍保存着大量的古建筑群，分水亭路北有元代修建的水神庙，和水神庙一墙之隔的是广胜下寺，霍泉所在地的名字就叫广胜寺镇。镇因寺而得名，可见这座广胜寺多么不同寻常。

广胜寺分为上下两部分，上寺位于霍山南麓的山腰上，下寺坐北朝南，左有霍山余脉相护持，右与水神庙相毗邻，群山苍翠，绿意盎然。山门前方正是霍泉的一潭碧波，泉水奔涌倾泻之声，隆隆入耳，秀美之下，有一种凛然的威严声势。广胜下寺始建于元代，也曾因大德七年（1303）的大地震被毁，后逐步重建，现存建筑主要有山门兼天王殿、前佛殿、大佛殿以及两厢的垛殿、配殿和钟、鼓楼等建筑，值得一提的是，最后面的大佛殿为元至正二年（1309）重建，殿内墙壁上原有满堂的元代佛教壁画。其中有近两百平方米的画面在1928年时被盗卖到国外，如今殿内只余部分壁画残片而已。

寺内殿堂宏大，森严肃穆，庭院中又有应季花卉绽放，饱满的大石榴也压得枝条开始低垂，掖门小径旁有青翠的修竹掩映。抬头仰望，东边山梁上广胜上寺的十三级飞虹宝塔有如擎天一柱，景色美得令人心醉。

从广胜下寺门前沿石阶向山顶攀登，大约三四里路，就来到了上寺跟前。广胜上寺创建于东汉建和元年（147），最早名叫俱卢舍寺。那时佛教刚刚传入中国未久，正处于一个发展壮大的时期，遂据此地山水之灵，成一方名胜。唐代大历四年（769），汾阳王郭子仪将庙宇大规模扩建，并以佛教兴盛“广大于天，名胜于世”，奏请朝廷将这里改名为广胜寺。彼时殿宇层叠，连脊接云，辉煌宏丽，可谓盛极一时，可惜亦在元代大德七年（1303）的地震中殿宇尽毁，沦为一片瓦砾。这次地震对晋中至晋南一带古建筑的损坏是毁灭性的，之后我在这一地区继续游历，能见到现存最早的建筑多在元代地震之后了。广胜寺的建筑也是如此，多是元朝后期逐步恢复重建，后来明清两朝再补修和增建，才基本形成了今日现存之格局。

广胜上寺的建筑有山门、仪门、飞虹宝塔、弥陀殿、大雄宝殿、毗卢殿和两厢的地藏殿、观音殿等配殿，从整体布局到各殿内的塑像、壁画等文物，大多保存完整，不可思议地逃过数百年的历次劫难，真是个巨大奇迹。

全寺最前端是三开间悬山顶的山门，之后是仪门，然后是明代建造的飞虹塔，塔后有单檐歇山顶的弥陀殿五间。此殿内原来收藏着金代皇统九年（1149）至大定十三年（1173）期间刻版印制的汉文《大藏经》四千多卷，自1933年才被外界重新发现，为世上仅存且保存完整的一部大藏善本，无论在佛学传承还是考古研究方面都有着无可比拟的价值，是无上国宝，被誉为“天壤间的孤本秘籍”。因那时广胜寺属赵城县所辖，故称作“赵城金藏”。抗战期间这部国宝曾被日寇觊觎，幸得当时寺里的住持力空法师冒死通知附近的抗日武装，及时将经卷抢运出去，后又几经辗转，才将经卷保留了下来。现在赵城金藏被收藏在北京国家图书馆，与《永乐大典》《敦煌遗书》《四库全书》并称为镇馆之宝。而弥陀殿内当初曾存放经卷的黑漆大柜仍然静静地矗立在墙边，向今人述说着往昔的峥嵘岁月。

中轴线上几座大殿之内有许多元、明时期的壁画和塑像保存了下来，连雕刻精美、仍然金碧辉煌的神台和佛龛也一如原貌，似乎数百年来这里没有被时间所扰动，始终保持着最初建成时的样子。

后殿毗卢殿的西边是地藏殿，这是一排长长的配殿建筑，以中央的地藏王菩萨金身为核心，两侧列坐着十殿阎君塑像。这些阎王爷均着明代衣饰，各个峨冠博带，服色华丽，面皮暗红，或怒目而视，或凝神静思，或相貌狰狞，或面容俊朗，都塑造得栩栩如生。其神座前各有两尊清秀的侍从立像，或手捧印玺，或怀抱卷册，大多低眉顺眼，面目白皙，神态平和，与后面威严的阎王老爷形成了鲜明对比。

我来到殿内，被这一堂生动如常人的明代彩塑深深吸引，于是停驻于此，认真画起来。殿内的僧人大叔很热情，搬来蒲团给我坐，并聊起了广胜寺的历史和文物保护等话题，说起对面观音殿满堂彩塑被砸毁，相当惋惜。

山西省洪洞县广胜上寺地藏殿内十殿阎君之一

十殿阎君指的是一殿秦广王，二殿楚江王，三殿宋帝王，四殿五官王，五殿阎罗王，六殿卞城王，七殿泰山王，八殿都市王，九殿平等王，十殿转轮王。我在地藏殿内画了两尊阎王爷，分别是三殿宋帝王和四殿五官王。虽然经历了数百年的岁月沉积，塑像已经满身灰尘，但仍然显得色彩饱满艳丽，人物神韵丝毫不减，堪称佳作。这些塑像也是明代服饰和陈设形式直观的实例，使我不似大多游人那样对他们充满敬畏，反而是颇为喜爱。

山西省洪洞县广胜上寺地藏殿内十殿阎君之二

山西省洪洞县广胜上寺毗卢殿

广胜寺的后殿毗卢殿用的是古建筑里等级最高的庑殿顶，五条脊上均装饰着华美的琉璃构件，正脊格外短促，垂脊修长而飘逸，面阔五间，进深三间，只在正面明间设隔扇门，不设窗，门上方悬清顺治年间的竖匾“天中天”。外墙上镶嵌着很多元、明、清以来的碑刻，有维修碑和题诗碑，还有高僧墓塔的碑铭等。这座殿宇建造于元代，重修于明清，正中央三尊主佛的金身和两侧山墙上的壁画以及成排的小木作佛龛等亦保存完好，整座大殿就是一座文物和艺术的宝库。在画这座大殿时，我被蚊子咬得相当惨，佛前的蚊子估计是常年吃素，终于拿我开了荤，死命地叮咬。

再来说说广胜上寺最重要的建筑——飞虹塔。广胜寺创建于东汉，那时寺中即已经建造了供奉佛舍利的阿育王塔，唐代汾阳王郭子仪扩建广胜寺时曾重修了宝塔，而今现存的飞虹塔则是明代正德十一年（1516）至嘉靖六年（1527）由达连大师募资重建的八角十三级琉璃塔。现在塔底层可见的一圈出檐巨大的回廊以及两层歇山顶楼阁式塔门，是明天启元年（1621）由大慧禅师主持增建，至此飞虹塔才形成了今日之面貌。

飞虹塔通高 47.6 米，顶上有铁制宝瓶状塔刹，其形又似一座缩小的藏式佛塔，周围有四座小塔环绕。塔身自下向上逐渐收分，结构合理，比例匀称，内部中空，可以登到第十层。除了一层后加的木回廊之外，其余主体结构都是以砖石修造。外墙遍布精美的琉璃装饰构件，各层从塔檐到斗栱全部是琉璃烧制，其中以一至三层间的琉璃斗栱最为复杂多变，三层平座上端坐的佛像、菩萨和二层奋力扛托宝塔的天王、金刚以及团龙等作品最是雍容华贵，巧夺天工，每一尊都是具有极高艺术价值的精品。至于塔身上点缀的各种佛龛、券门、仙人、瑞兽、假山、楼阁、牌坊和装饰构件等更是多得数不胜数，叫人目不暇接，并为其庞大的数量和细致入微的塑造而震撼和惊叹。据说在三层的平座上侍立于佛像身旁的人物中，还有出资修塔的供养人的形象。塔上的琉璃以绿、黄、蓝三色为主，在阳光映照下则显得色彩饱满，无比绚烂，古人以其如长虹凌空而名之曰飞虹塔。虽然历经近五百年的岁月洗礼，塔身的琉璃至今仍璀璨夺目，熠熠生辉，甚至午后在山下抬头仰望，也能看到飞虹塔在日光之下闪耀着非比寻常的光芒，有如擎天神柱一般屹立于山巅。

宝塔自落成至今，经历了数次地震的考验，其中以清康熙三十四年（1695）的平阳大地震最为强烈。那次地震烈度达到八级以上，震中正在临汾地区，但飞虹塔泰然自若，毫发无伤。至于改朝换代，天下大乱，军阀混战，日寇侵华乃至十年浩劫，也许仰仗上苍保佑、神明法力抑或是信徒的虔诚和民众爱护，宝塔平安地躲过诸多劫难，仍保有挺拔壮美之雄姿。可见修造的坚固和无比的幸运是缺一不可的。1962 年在第九层塔檐下的莲瓣形构件上发现了“匠人尚延禄、张连文、王述章造”的题记，相信这只是修造宝塔的部分工匠所留下的名字，更多堪称艺术大师的工匠们的姓名永远消逝在历史的长河里，但他们伟大的作品将继续穿越时空，把他们杰出的智慧与技艺长久地流传下去。

我在寺院的东南角空地上画得此塔，傍晚清风习习，吹动塔铃叮咚作响，其音清脆悦耳，空灵悠远，似乎由千百年前飘来，又度化人去往遥远的未来，思绪随着山风、松涛和塔铃的鸣奏也越飞越远。不知不觉间画到霞光隐去，已经看不清楚了，这才收笔走出广胜上寺，沿着山路向下漫步，只见镇上灯火斑斓，繁华喧闹，我重又回到了尘世之中。

山西省 洪洞县 广胜寺飞虹塔
二〇一二年八月二十日 下午十六时——十九时
连 达 绘

16 霍州鼓楼

霍州市位于临汾地区最北部，南接洪洞，北连晋中，西傍汾河，东枕太岳，是晋南的咽喉之地，历史可以上溯到殷商时代，自西周起，就已经建城，始称霍国，因其东方有道教五大镇山之一的中镇霍山（太岳山脉主峰）而得名。这里自古就是兵家必争之地，唐太宗李世民曾在此击败隋朝大军，进而南下攻取长安，为建立唐朝奠定了基础。家喻户晓的神将尉迟敬德就曾经奉命镇守在霍州。

元大德七年（1303）的地震使霍州建筑尽毁，现存的古建筑多是地震之后所建。我画的这座霍州鼓楼始建于明万历十一年（1583），又名文昌阁，位于霍州古城十字大街中心。下部建有高大的十字穿心城台，上部是三重檐十字歇山顶两层木楼阁，面阔进深各五间，上下均有回廊，各层各面的中部均向外出歇山式抱厦，使楼阁的外立面产生了丰富的变化，层叠向上挑出的飞檐给楼阁以展翅欲飞般的动感，加之华丽的木雕和琉璃装饰，令整座鼓楼显得分外精美别致，似一座缩小版的飞云楼。

虽然霍州鼓楼并不如北京、西安等地的鼓楼体量巨大，但胜在造型精巧上，充分展现出了中国古建筑独到的神韵，让人不由得感叹只应天宫才有的琼楼玉宇降临到了人间。这也从一个侧面反映出明代霍州地区经济文化的繁荣和建筑技艺的高超，仅仅一座鼓楼就修造得这般奢华。而建筑学家梁思成先生对霍州地区古建筑进行考察时，竟然没有提到这座位于大街中央的漂亮楼阁，也说明那时整个霍州地区古建筑保存之好、修造水平之高使这样的佳作竟然并不显得格外突出，也让人对美轮美奂的古霍州产生了无尽的遐想。

画这座鼓楼前，我预料会是个耗时的大工程，特意早起到处找地方吃早饭，待填饱了肚子，才来到了鼓楼南面画起来。任凭大街上由早晨的冷清到白天车水马龙的繁华，一批批热情群众的围观询问，商场音响的纵声狂歌和汽车喇叭的嘶鸣也夹杂在一起时时向我袭来。我自屏气凝神，岿然不动，直至肚子再次感到饥饿，

山西省霍州市鼓楼
连达

太阳已经灼烤得我后背火辣辣发疼了。这样画了整整一上午，方才完成。

之后住在霍州几日，我一直转战在周边农村继续寻访古迹并绘画写生。一个傍晚，我再次来到鼓楼下，日已西斜，余晖将鼓楼映照得金灿灿，显得甚是华贵，我坐在路边的人行道旁再次画起来，这次是一幅西立面全身像。

在鼓楼一层檐下有匾额“览秀西河”，指的是站在鼓楼上向西眺望，可见西城墙外汾河两岸秀美的景致。如今城墙早已拆除，四周也已经是楼宇林立，把鼓楼团团围在当中，倒好像是个小巧的街心盆景。汾河虽然还顽强地流淌着，可惜这些年水量锐减，秀色也早已不再。门洞上嵌有小匾“镇汾”，似乎有镇压汾河水患之意，面对今朝涓涓细流的汾河，看来也已无用武之地了。其实鼓楼和汾河几乎是视野所及范围之内相伴时间最久的老友了，一个是纵贯三晋大地的长河，另一个穿越了时间的长河，共同守望了四百多年的岁月。

霍州城内还有几处古建筑，诸如文庙和祝圣寺，但都已经不完整了，或是境况窘迫，或被所谓修缮，弄得不伦不类，我也就没有动笔，还有一处便是著名的霍州署了。

17 霍州署大堂

霍州署就是古时候管理霍州地区事务的官衙旧址，相传始建于唐代，是唐初名将鄂国公尉迟敬德的行辕，原本规模宏大，分为左、中、右三组建筑。在元代大德七年（1303）的大地震中，这里的房屋基本被摧毁，但当时官府很快进行了震后重建。其中最重要的核心建筑州署大堂重建于大德八年（1304），其余厅堂陆续重修。不想至正十八年（1358）州署又惨遭火灾，除大堂外，绝大部分建筑化为灰烬。明朝建立后，于洪武四年（1371）又一次对州署进行大规模重建，之后明清两朝不断修缮增补，基本恢复了原有规模。虽然近几十年遭到较大损坏，但随着当地进行旅游开发，霍州署再次得到复原和重建，是霍州现存最大最完整的古建筑群了。

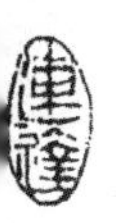

山西省霍州市州署大堂
二〇一二年八月二十四日 下午十四时—十六时二十分
连达 绘

山西省霍州市州署大堂

画中的建筑就是霍州署大堂，面阔三间，进深八椽，单檐悬山顶，体量相当庞大，内用减柱造，令空间大为拓展。前檐下开敞，用一根特别粗壮的额枋支撑，使明间跨度极大，后墙中部设板门，通向后堂，两侧山墙有便门连接两厢。在大堂前部连接面阔三间、进深四椽的悬山顶抱厦，乃是整座大堂最为著名和特别之处。建筑学家梁思成先生在《晋汾古建筑预查纪略》中说：“在霍县县政府的大堂的结构上，我们得见到滑稽绝伦的建筑独例。大堂前有抱厦，面阔三间。当心间阔而梢间稍狭，四柱之上，以极小的阑额相连，其上却托着一整根极大的普柏枋，将中国建筑传统的构材权衡完全颠倒。这还不足为奇；最荒谬的是这大普柏枋之上，承托斗栱七朵，朵与朵间都是等距离，而没有一朵是放在任何柱头之上。作者竟将斗栱在结构上之原意，完全忘却，随便位置。斗栱位置不随立柱安排，除此一例外，唯在以善于作中国式建筑自命的慕菲氏所设计的南京金陵女子大学得又见之。”

我早就想看看这座“滑稽绝伦”的大堂，因此在州署内粗略游览一番，把注意力都留给了大堂。可见因为开辟成旅游区，大堂内外也按照昔日公堂的陈设重新加以布置，抱厦里还停放着官轿，架上有堂鼓，堂边有肃静、回避牌和兵器等仪仗陈列，在抱厦檐下还按照旧制重新悬挂起了匾额“亲民堂”，是过去官府所自我标榜的勤政亲民的意思。整座州署在大门内还有谯楼、天下为公牌坊，大堂两厢有很长的廊房，后边有多进院落，陈列展示许多文物，是一座博物馆。

不过说这座元代霍州署大堂滑稽绝伦并不准确，其显现的特征不过是许多元代建筑所共有的。比如泽州县大阳镇汤帝庙，正殿额枋的粗硕和跨度的巨大以及斗栱不对应柱头的随意排布都远胜于霍州署大堂了，在晋东南还有许多类似的元代建筑，可以说并不罕见，也说不上荒谬。但梁先生当年于乱世之中远涉三晋考察古建，无论资讯还是交通都无法与今日相比，因此并未涉足晋东南地区，否则他一定不会对这些元代建筑的常见特征做出如此评价的。

当时正值酷暑，在庭院里站一会儿就会汗如雨下，灼热的阳光烫得皮肉都疼，衣服始终是黏糊糊粘在身上的，我只好远远躲在西路厢房的屋檐下，不住地擦拭额头和下巴上的汗水，画完这幅大堂，感觉自己像要被蒸熟了一样。

18 退沙文昌阁和钟楼

在霍州市区沿着汾河岸边向北走约十华里有一个退沙村，此地古时候叫作仁义村。这个名字应当也是当地人民的一种精神追求，一种民风体现，倒使我想起了陵川县的礼义镇。不过这已经是清代之前的名字了，那时的汾河可不似现在这般几乎退化成一条缺水的溪流了。作为哺育了三晋文明的母亲河，汾河在新中国成立前还拥有相当大的流量，公路铁路还没有大发展之前，汾河水路是一条重要的运输动脉。我也曾见过 20 世纪 50 年代众多木材从汾河漂流而下的老照片，那时的河面真是堪比南方水乡的任意一条大河。明末清初，汾河洪水泛滥，冲毁沿岸村庄良田。仁义村南是汾河由西向东的一段拐弯处，即使平常水流不算湍急，也常常漫上堤岸。

当地民众饱受其苦，为求水靖河清，遂将村名改为退沙，说心里话，我更喜欢仁义这个名字。

不过抛开肆虐的洪水，退沙村所处的位置还是很棒的。村的东、西两面还各有一条季节性小河，每到雨季就会丰沛起来。村北是厚重的黄土塬，如巨大的屏障，稳固的靠山，风水不错。明、清时期退沙村凭借着汾河水运创造过辉煌繁荣的历史，至今古村落格局尚存，部分老宅院仍在，村堡也还有些断壁残垣。遗憾的是，目前这里的煤炭工业把环境破坏得很严重，公路和铁路都从村旁经过，火车与载重汽车轰鸣之声不绝于耳，煤尘时时飘荡在空气中，三面临水的地方却没有湿润清澈的感觉，老村也被新村包围在当中，日渐蚕食。

退沙村里还有庙宇，但被民间修缮得不忍猝睹。我正在村巷里东张西望时，忽然就被高大的鼓楼牢牢抓住了眼球。这座鼓楼通高近二十米，平面呈正方形，下部有巨大的十字穿心城台，上部为面阔和进深各五间的三重檐十字歇山顶两层木楼阁，双层都有回廊。此楼规模很大，相当于一些县城级的鼓楼尺寸，修建在一个村中，足见当初村落的富庶，是经济实力的体现。鼓楼正东面第二层檐下有匾“东览霍秀”，西边是“西阅汾泽”，北为“北望慈云”，南侧匾额是“文昌阁”，说明楼内原曾供奉着文昌帝君。此楼为全村制高点，在兼具鼓楼功能的同时祈求文运昌盛，保佑本地学子能够金榜题名早日高中。这也是中国传统文化里一种根深蒂固的习俗，无论多么富足，终归将步入仕途当成光宗耀祖出人头地的唯一正确道路。在鼓楼一层有明碑清碑各一通，明碑碑首刊为《文昌阁记》，标题是《霍州仁义村建鼓楼碑记》，碑文曰：“我仁义村在州西北隅，霍山钟秀，汾水环清，且地辟民聚，人文称盛，诚古霍之名乡也。议者曰，门城即立，而中央尚阙，可乎？乡众会议，起建鼓楼一座，上塑文帝圣像，则仁义之形胜增丽，州城之翊翼倍光……”落款时间为“大明万历四十三年（1615）岁次乙卯仲秋吉旦”，很明了地说出了村庄所处位置，修建鼓楼兼文昌阁的原因和时间，另一块清碑是嘉庆六年（1801）岁次辛酉仲冬的维修碑。

我择一日专门来画退沙鼓楼，时间甚早，正好旭日东升，鼓楼在朝阳下显得颜色饱满厚重，于周围民房包夹紧逼之中却更加雄伟挺拔，有历久弥新之姿。于是我坐在楼的东侧开始画起来，楼体将成之时，忽然想起了西南角外登楼的石台

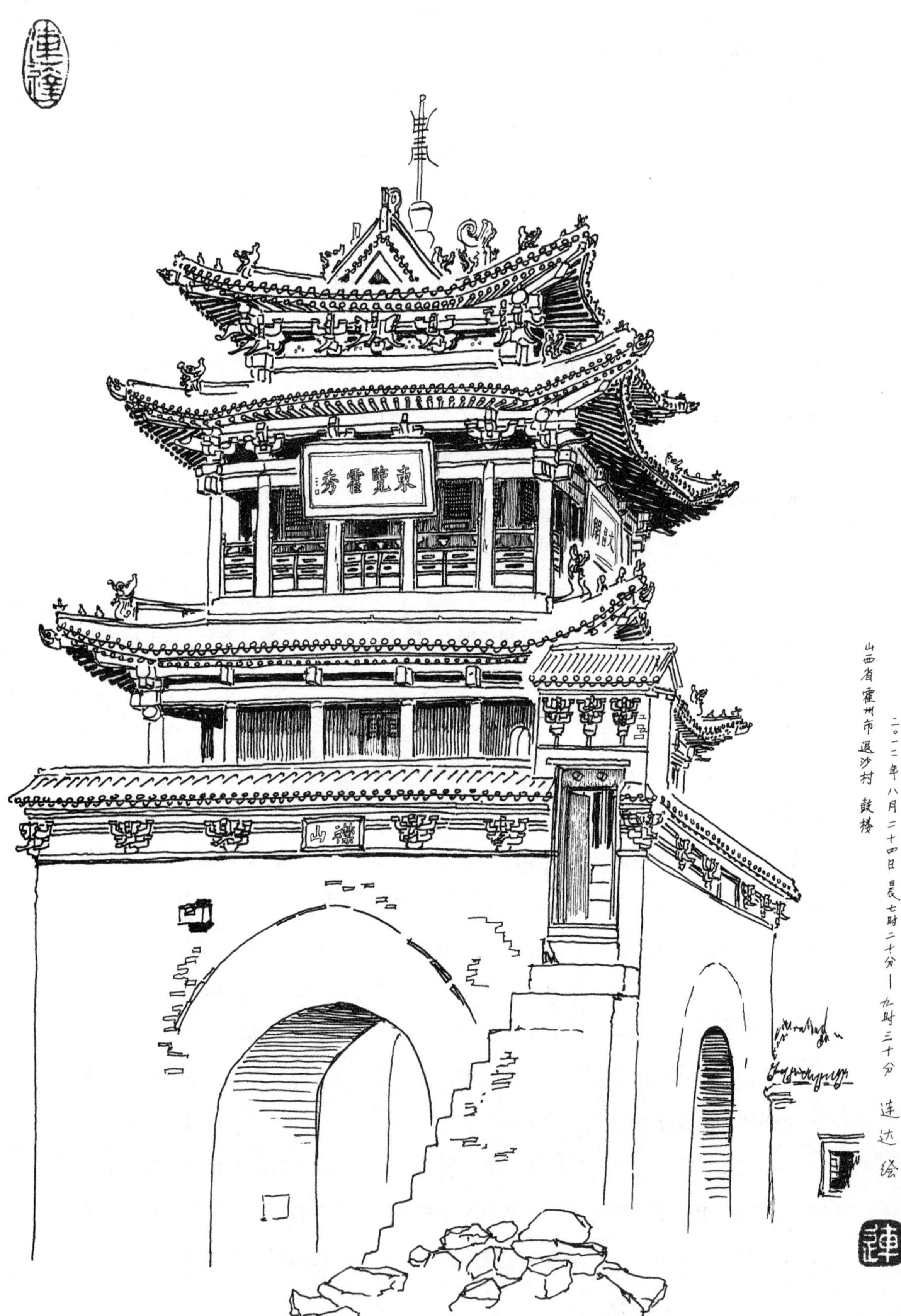
東覽霍秀
襟山
山西省霍州市退沙村 鼓楼
二〇一二年八月二十四日 晨七时二十分—九时三十分
连达绘

山西省霍州市退沙村钟楼

阶造型，正可打破城台两个立面显得过于雷同的构图问题。实际上画霍州鼓楼时，我也是有意把登楼石阶画了上去。既然楼阁四面的结构一模一样，我便中途转往楼西继续画完，这样最后就等于画了一幅鼓楼的西立面，但却悬挂着东侧的匾额“东览霍秀”，全当是对我两线作战的一种纪念吧。

在附近居住的许多老人和孩子围观良久，有的人恍然大悟般开始抬头仔细观察这座他们已经司空见惯的老邻居。孩子们更是喧闹地再一次争先恐后奔上楼去参观，朝我挥手欢呼，雀跃不已，一会儿又一阵风般跑过来继续看画。那种永不疲倦的欢乐劲儿很感染人，让已经画了很久、坐得浑身酸痛、有点萎靡的我又精神振奋起来。

在街上继续转悠，发现鼓楼东南边不远的一个院子里有座巨大的亭阁式古建筑，于是进院观瞧。这里是一座小学，有几排南向的平房教室，正值暑假，并没有学生。院中堆满了沙子和砖头，一些工人正在忙碌干活。院中央这座大亭子平面呈正方形，立柱粗壮，梁架魁梧，檐顶宽大，面阔进深各三间，重檐十字歇山顶，通高有七米多。看结构应是明代建筑，但四角立柱和额枋用材之粗大，仍有元代遗风。

看这座大亭子位于院中央的格局，很像通常庙宇里的献亭，那么也就有理由相信后边的一排教室曾是庙里的正殿。但现在院中已经寻不到任何碑刻了，问了几个人，都说这里不是庙，是钟楼。而且这大亭子正南面檐下的确悬着一块匾额，上写“钟楼”二字，我一直先入为主地觉得这是座献亭，跟钟楼似乎没有联系。但这造型雄壮、结构硬朗的大亭子要真的是献亭的话，原来的庙宇就会大得惊人了。那么为何没有留下一点痕迹，哪怕本地乡亲都没有丝毫印象，这让我很困惑，直到画完也没理出头绪。因为这个大亭子正南面堆满东西又有人往来运料，我选择了在西侧开始写生。西跨院的大婶看我打着小伞在大太阳下画了近两个小时，很受感动，热情地邀请我一起吃午饭。我站起身来伸了个懒腰，忽然茅塞顿开，这座大亭子不是庙里的献亭，而是这退沙村的钟楼，和旁边的鼓楼是一对兄弟，这就能解释为什么它的体量如此巨大了，否则便与鼓楼难以匹配。一座小村里竟然拥有这么巨大的钟鼓双楼，真是让人难以想象，俨然是大城池的气派，我不由得对这座仁义古村的敬意又增加了几分。

19 下乐坪关帝庙

位于霍州市东南部的大张镇下乐坪村是一座东西向狭长的大村子，村中部有一座破败的老庙。原本的庙宇建筑只剩下正殿和献殿，献殿两旁有后修建的大瓦房。东西两厢是两排各五孔的砖砌窑洞，门窗上还遗留着活动室、餐厅和公用电话之类的字样，据说曾经做过村委会，现在院中是一家老两口在居住。

正殿是悬山顶，面阔三间进深六椽，明间和东次间都被砌墙封堵，西次间里堆满了马料，前檐糟朽不堪，多处烂掉。紧挨着前檐建有献殿一座，修建在半米高的砖石台基上，平面呈正方形，单开间重檐十字歇山顶结构，由四根粗壮的立柱支撑起沉重的屋顶，东西两侧砌墙，前后通透，破败至极，摇摇欲坠。从画面可以看出，献殿顶部已经破烂到惨不忍睹的地步，屋顶上到处都是与茂盛的杂草纠缠在一起的

山西省霍州市下乐坪村关帝庙献殿

二〇二二年八月二十二日 下午十五时三十分—十七时二十分

连达绘

凌乱瓦片和琉璃构件，几个檐角都变成了光杆司令，颓然地伸向空中。献殿里面堆满了杂物，竟然还有一株碗口粗的大树歪斜地穿透了后檐的屋顶，已经长得比献殿还要高出好几米，巨大的树冠罩在献殿上面好像一把大伞，看来已经很有些年头了。

我向住在这里的大叔打听，他告诉我这是座关帝庙，年代可久远了。我从建筑结构上分析，感觉早不过明代，于是画了幅这座破烂的献殿。老两口本来以为我看看就会离开，没想到我又开始画画，便想打发我赶紧走。我发扬死皮赖脸的精神，说了不少好话。他们看实在轰不走，也就放弃了。好久之后，他们看到我真的画出了这颓败的献殿，对我态度也转变过来。大婶还把刚刚煮好的老玉米送给我吃，说其实是怕文物被盗窃，这我当然能够理解。

献殿前有一对精美的清代铸铁盘龙旗杆，相距大约六米，通高十米余。在近顶部装有铁斗，斗内四角各挂一面三角铁旗，斗的四面和旗面上都有镂空的铜钱图案，斗底四角悬有四只铁铃，清风吹过即发出悦耳的叮当之声。斗下伸出悬挂灯笼或者长幡用的支架，这一部分的旗杆以一节装饰莲瓣图案的铁箍与下部相连接，之下是一条铁龙盘绕，两杆上的盘龙皆头在上尾在下，相对伸出前爪势如欲斗。盘龙之下各有宝瓶形铁箍，其下是楹联一副，东侧的上联为“忠义不磨千古勳名垂铁券”，西侧的下联对“威峨有赫一方保障固金汤”。楹联之下是兽面宝瓶和一个如绣球般的铁箍，将旗杆与基座连接起来。基座铸成方桌形，围绕绣球状铁箍左右各有一只狮子伏在桌面上，首尾相抵，似在追逐，低眉垂耳，倒像是两只哈巴狗。

在基座上分别铸有几段铭文“神前旗杆一对，重六千余斤”，“山西平阳府霍州东乡下乐村上，关帝老爷、祖师老爷、二郎老爷、圣王老爷”，看来这庙内原本供奉的神仙不少，非关帝一人。铸造匠人也留下了名字“直隶绛州北关厢金火匠人陈启魁、张俊英铸造”，“嘉庆柒年（1802）五月吉日叩献”。旗杆铸铁基座下面还有一米余高的石座，铁杆插入石座，据说还深入地下，以保证牢固。这对旗杆至今已经两百多年了，周身上下仍然乌黑发亮，罕有锈蚀，除了铁铃为后来增补之外，几乎完好无缺，为本地区保存最为完整的一对旗杆。

现在文物盗窃猖獗至极，住在院中的老两口对来此参观的陌生人充满戒备是情理之中的，后来边画边交流，彼此了解了，就友好多了。看到我边画边驱赶蚊子后，大婶还帮我拿来了风油精，真是淳朴的好人。

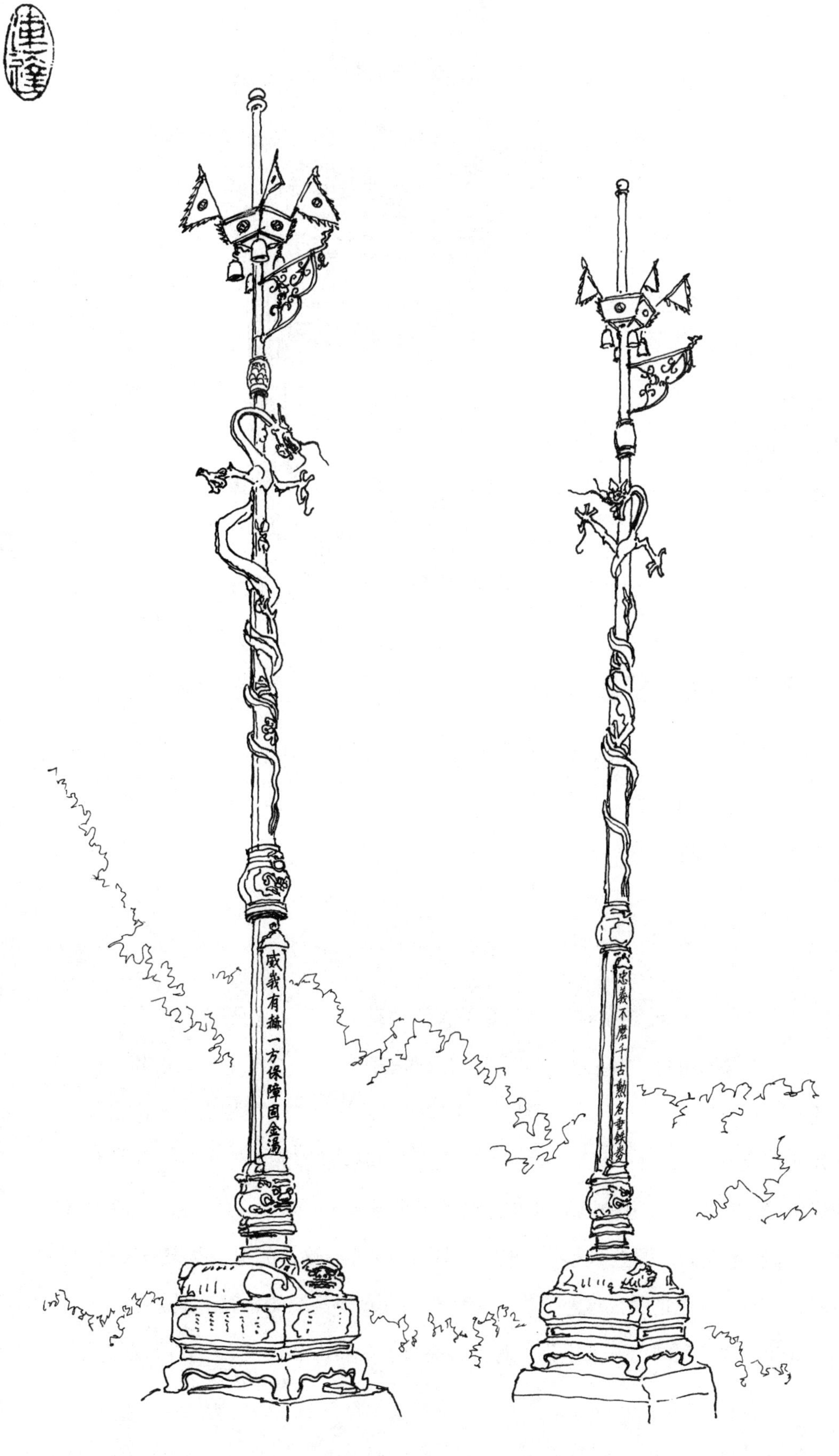

山西省霍州市下乐坪村关帝庙铸铁旗杆一对

铭文载：铸于嘉庆柒年五月 重六千余斤

二〇一二年八月二十二日 下午十七时三十分

—十八时十分 连达绘

山西省霍州市下老张湾村清代张氏墓地之一

20 下老张湾古墓

在霍州市北部与灵石县交界的黄土高原深处，有一个叫下老张湾的小山村。这是一座历史悠久的古村，原名大会头。从前自西安而来、去往北京城的古驿道在村中穿过，往来客商行人川流不息，因而这里曾经店铺林立，客栈相连，非常繁荣富庶。我从霍州来此，还能见到沿途山岭之上好几座残存的夯土烽火台，就是当年专为保护驿道所筑。大道一路向北越走越高，四野望去，是无边无际沟壑纵横的黄土台地。在远近的土塬上，星罗棋布着一些大小村落。这边的植被覆盖率较高，所以即使身在其间，也是满目绿意，少有晋北和陕北黄土高原的枯黄干涩之感。

碑刻有云："霍州城北五十里许，有大会头村者，其由来远矣。"古时候每逢正月十六，在下老张湾村都有庙会，因为是霍州地区开春后的第一个庙会，即新一年庙会之头，于是有了大会头村的名字。那时的庙会也是一个地区文化交往和物资流通的重要渠道，加之地处要冲，给下老张湾村带来的繁华是今人难以想象的。当然这一切都已经成为往昔回忆，随着近代公路和铁路的发展，古老驿道逐渐被废弃，丧失了昔年大动脉的地位，沿线的村庄也就逐渐归于沉寂了。我来到下老张湾村，早已寻不见传说里繁华的影子，村东头的菩萨庙已经垮塌，不远处台地上的明代关帝庙、土地祠以及旁边的魁星楼在新中国成立后曾经被改造成小学，“霍县老张湾小学校”的砖雕匾额仍然镶嵌在门楣上。但很显然，在西侧盖起水泥教学楼之后，这里就彻底废弃了。后来乡镇并校，这里的小学被迁走，连水泥教学楼也废弃了。村中目前已经没有多少人，安静得出奇。

在废弃的小学东侧荒草丛中，有一座残破的石牌坊，为三间四柱歇山顶式，拥有繁缛的雕刻装饰，老远一看便知是清代作品。走到近前细瞧，此坊明间两面图案文字基本一致，中部镌刻“节孝坊”三字，下面有一行小字“旌表已故贡生张逢泰之妻杨氏坊”，在画中可见。明间两根方柱的南立面上深深地镌刻着“惟孝德乃大品重霍岳，其贞正而固清溢汾流”的行书楹联，顶端以兽头吞口，下托莲台，把这位杨氏夫人的节孝德行比喻成了霍山和汾河，是极高的评价。次间立柱有楹联曰“芳名流百世，清节著千秋”，北立面亦有楹联两幅，明间为“露冷霜寒径荒松不老，冰清玉洁轩空兰自香”，次间为“人往清风在，代终大节留”。在次间镶嵌的小匾额上有题记，明确了此石坊的修造时间为光绪元年（1875）五月，还有许多各级官员的名字。明间两根立柱前后各有一尊石狮端坐，可惜已经有不同程度的损坏。次间立柱前后原本置抱鼓石，上面趴着一只顽皮嬉戏的小狮子。现在仅能从左前方的抱鼓上看出点痕迹，狮子腰部以上被砸掉了，剩下屁股和后腿，背后的狮子一样被毁，只余抱鼓石，最右侧立柱前后连抱鼓石都一并被偷走了。牌坊明间的歇山顶已经缺失一角，右侧次间的歇山顶前檐也断掉了，左侧次间的房顶则彻底消失了。整个牌坊大部分用料为坚硬的花岗岩，经过一百多年的时间，图案和字迹依然很清晰。其下还有分为左右两部分的高大台基，如同从野草丛中长出来的一样。原来紧靠牌坊下建有一个旱厕，现在连旱厕都被废弃了，我就蹲坐在旱厕旁的草丛里，画下了这座破败的节孝坊。

山西省霍州市下老张湾村 杨氏节孝坊
铭文载:立于光绪元年
二〇一二年八月二十三日 上午九时三十分—午十一时四十分
连达 绘

后来在《霍州志》里找到了这样一段记载：“杨氏，贡生张逢泰妻，家颇饶，不以婢侍。二十三岁夫亡，欲身殉，病不尝药。时子未周岁，家人劝以扶孤成人，乃止。嗣后勤理家什，积谷百十石。咸丰八年岁歉，散给贫民，里人颂之。今子已游痒矣。”

虽说村子里人少，但我刚来到牌坊前，就有个放牛的大叔向我走过来。我跟他打听牌坊的一些情况，他很警惕地打量着我，好像革命群众在审查进入根据地的特务。后来看到我真的在画画，的确不是来偷文物的，这才牵牛离去。

在村子北部的黄土台地上还有一片家族古墓，荒草丛中现存几座石坊和碑亭之类的建筑，但坟冢封土已经无存了，虽然是坟墓，却并未远离人烟。尤为神奇的是，墓地所在的黄土坎下边还开凿着几眼窑洞，住着人家。当我坐在草丛中开始画墓地牌坊的时候，身旁不远就是窑洞的烟囱。

实际上这个墓地里现存的建筑，只有一座牌坊和两个碑亭，其余的东西都已经毁掉了。我在草丛里搜寻了一遍，发现这里是南边不远处那座杨氏节孝坊上提到的杨氏丈夫——贡生张逢泰的家族墓地。

这些石刻从用料到图案，再到书法的笔体都与那座杨氏节孝坊明显类似。在墓地前部，有座单开间歇山顶石牌坊，实际应是墓道坊，檐角被砸缺了一块，柱脚前后趴在抱鼓石上的小狮子，应该与杨氏节孝坊次间立柱抱鼓上的狮子造型一模一样。这座牌坊立柱正面镌刻的楹联为“德功言绳其祖武，孝弟慈贻厥孙谋”，背面为“慎终常怀报本意，追远敢忘罔极恩”。中央的石匾上有题记“显考国学生员议叙贡生，字开三张府君，显妣例赠孺人成太君，显继妣例赠孺人陈太君，显继妣例赠孺人杨太君，显庶妣例赠孺人文太君之墓，男，长清奉祀，时大清光绪元年仲冬日吉立”。背面为“父讳逢泰，字开三，兄弟二人，父其次也，生子一，女一，享寿四十四岁，卒于道光二十六年（1846）八月□吉，祖茔癸山丁向于二十七年三月二十八日同母成太君、陈太君、庶母文太君合葬，生母杨太君矢志守节享寿四十六岁，卒于同治七年（1868）五月初七日，于二十日合葬，奉旨旌表建立节孝坊，不肖男长清谨志。”这就把事情记述得相当清晰了，张逢泰字开三，排行老二，有成、陈、杨、文四位妻妾，生有一子一女，只活了四十四岁就故去了。后面的坟墓是他和夫人们的合葬墓，也说明了杨氏从二十三岁开始守寡，到四十六岁而终，苦熬了二十多年，她和张逢泰的儿子叫张长清。

山西省霍州市下老张湾村清代张氏墓地之二

画面中牌坊和后面碑亭之间的荒草丛中其实还有两座被完全推到的碑亭，已无法找见墓碑，只有一些散乱构件而已。后面那座碑亭保存得相对完整，墓碑上的人是“登仕郎议叙九品职衔讳志学，字圣基张府君、刘太君之墓”，时间为“道光二十七年（1847）十月”，上悬匾额“僾见”，下配楹联“德同太上不朽，宠锡国恩常存”，碑的背面有很详细的墓主介绍，文字隽秀工整。其中有“孙四逢源、逢泰、逢年、逢辰”，说明此墓所葬的乃是张逢泰的祖父和祖母，那被推倒的两个碑亭就应该是张逢泰和其父的墓碑了，按礼制也该当如此排布。

在这两座建筑的西侧，还有一座十分残破的碑亭，显得孤零零的，格外苍凉。与这座张志学的碑亭形制相同，也是歇山顶的式样，但前檐被砸掉了，却更有一种迎风傲立的倔强意味。檐下的小匾已经丢失，立柱上的楹联为“祖功垂乎百世，宗德及于四门”。这里墓碑上的名字是张联孔和陈氏，落款时间为光绪元年九月吉日，应是张长清在奉旨立完节孝坊之后一并修缮了家族墓。落款处参与修缮祖坟的有张家六世孙六人，其中有“逢年、逢辰”的名字，说明张逢源、逢泰兄弟俩都已经故去了，七世孙有十三人，张长清排在第九，之下还有八世孙五人。

碑后面更是详细记录了张家的辈分传承次序，列出了前后辈子孙的名录，简直就是一部家谱，也彻底弄明白了个中脉络。这个墓的主人张联孔有兄师孔、弟法孔，他是老张湾张家的远祖，有子四人，传至张长清这一脉的为张荣名—张珺—张志学—张复昌—张逢泰—张长清。虽然我并没有别的证据，但仍然可以认为所谓老张湾就是以张逢泰、张长清这一家族的姓氏来命名的。四座石建筑，一部家族史，我在短暂的游历与绘画的同时，在荒草丛中窥见了一个百余年前家族的辉煌，不知张氏家族的后人今在何处，是否还在意祖先长眠之所的悲惨现状。

21 隰县小西天

临汾地区文物众多，但隰县小西天绝不能错过。尽管辗转奔波很久才到达那里，却绝对不虚此行。

隰县是座历史悠久的古城，最早可上溯到殷商时期。曾名蒲邑、蒲阳、蒲子、长寿、龙泉郡，至隋朝开皇五年（585）始称隰州。民国后改称隰县，是吕梁山脉深处的一座小县城，黄土山环抱之下倒似一个盆地。县城西边有昕水河流过，虽然水量不旺，倒也给这干涸的土塬山间带来了一缕湿润气息。河西有一片陡峻的土山，山崖壁立宛若天开，群山围绕当中有一座山峰名叫凤凰山，相传乃是凤凰栖身之处。此山周围林木茂盛，山下有深潭如璧，名曰天池，山顶随形就势建有一片亭台殿堂，这便是小西天了。

小西天本叫千佛庵，是建于明末崇祯七年（1634）的一座佛教寺庙，因为这里地势高峻，石阶漫长，行走如登天界，山门悬匾曰“道入西天”。殿堂内又塑造得似西方佛国仙境一般，原本县城内还有一座叫大西天的寺庙，为加区分，遂被称作小西天。

小西天建筑群分为上下两院，因为凤凰山顶地形所限，主殿都是面向东方而建，庙宇的规模并不甚大，但建筑紧凑，布局精巧，又有山林池水相映衬，颇具优雅别致的方外洞天意境。下院主殿名叫无梁殿，实际上就是在山体上开凿出的一列五孔窑洞，里面收藏着诸多铜铸佛像和木雕楼阁，前檐下出廊，陈列着很多历代的碑刻。民国时的碑首上镌刻有北洋军阀的五色条旗和国民政府的青天白日旗，时代特征鲜明。无梁殿对面是一组如影壁一样的建筑，分为上下两层，下层也是窑洞式殿堂，叫韦驮殿，两侧有石阶通往二层，在石阶尽头分别建有钟鼓楼。二层上有一座突出的高台，名曰孤桐峰，上面是一座小巧的悬山顶小殿——摩云阁，此阁一屋两用，内侧供奉观音菩萨，外侧供奉文曲星。

在下院无梁殿的北侧有台阶可登到二层，便来到了上院之内，这里建有面阔五间悬山顶的大雄宝殿和两侧的各三间悬山顶文殊殿、普贤殿。大雄宝殿外观质朴，是一座并不出众的明代建筑。但走进去，我立即就被满堂金碧辉煌的佛国景象给震惊了，顿感两眼不够用。只见从屋顶梁架到佛座神台一片金灿灿的梦幻世界，正中央有五座相连而建的佛龛，每龛之间建有一座四层方形宝塔。塔身飞檐斗栱，雕梁画栋，与真塔无异，却更加华丽精巧，各层各面皆有菩萨或金刚等塑像站立。佛龛之中分别端坐着“药师佛”“弥陀佛”“释迦牟尼佛”“毗卢遮那佛”“弥勒佛”的金身，诸佛端坐在莲台之上，神态雍容，双目微和，有的面带微笑，有的举手捻指似在说法，两旁有胁侍菩萨相对。佛祖身后更是霞光霭霭，楼阁重重，花团锦簇，有大小佛像仙人围绕四周。佛龛上方有多重垂花遮罩做成祥云升腾之状，再以密密层层的斗栱承托起神台平座，有众多神仙和菩萨的金身立于台上，姿态各异，都塑造得惟妙惟肖。他们背后再有三四重天宫楼阁直达殿顶，只见飞檐叠出，琼楼玉宇如接九重天外，各级神佛按品级列坐，殿顶屋梁上有诸佛法身降临，彩云盘桓，飞天仙子游弋，金甲神王与盘龙相护持，还有众多神鸟翱翔云间，一派佛国盛景，据说这就是人们心目中所向往的西天极乐世界的样子。殿内东西两侧与正面所塑造的天宫佛国相延续，天宫之下，分别有佛祖的十大弟子立像侍列两厢，都身着华丽的袈裟，脚踏莲台。有的怀抱宝扇、经书，还有的手持宝瓶或钵盂等法器，各个身材修长，举止相貌如同常人，身体朝着中央神台上的佛祖微微前倾。其身后是一排配殿造型，廊下竹帘卷起，有几个侍者和杂役或端茶盏或捧美食，塑造得已经极其生活化了。比如有个人头戴毡帽，身着皂袍，端着一只酒壶正从配殿门内走出来。他右手执壶柄，还用袖子包起左手托住壶底，让人感觉到了这是一壶热酒，简直就是明代人民日常生活的再现。

山西省隰县小西天大雄宝殿内明代悬塑

二〇一二年八月二十五日 下午十四时—十六时

连达 绘

这一堂彩塑是小西天里的精华，最大的塑像高达三米，最小的悬塑可以放在手心之上，作品多达上千件。虽然数量庞大，却井然有序，丝毫不乱，是明代彩塑艺术的精品，更是明代佛教研究方面的宝贵实物资料。我参观之后，真的被这艺术的圣殿彻底折服，深感明代匠人技艺巧妙精熟，汉文化与佛教艺术博大精深。

小西天创建于明崇祯七年（1634），这满堂的彩塑则是从崇祯十七年（1644）至清顺治十三年（1656）期间绘塑完成的。我实在无法想象，在明末那个动荡的年代里，天灾频仍，流寇横行，多少城邑化为焦土，多少人口死于非命，各路农民军和明朝官军在山西拉锯战多年。之后清军入关又在各地大肆屠城，进而强制推行剃发易服。在隰县城外的这一隅佛境之内，是什么样的精神支撑着供养人和僧侣、工匠坚持不懈地创作并最终完成了这满堂的旷世奇珍？是坚定的信仰，还是对现实社会的无奈乃至绝望的逃避呢？看他们的作品中分明都是无限美好的憧憬，是寄希望虔诚的心能够打动佛祖来拯救现实中的苦难，或者度化自身脱离苦海超生到西方极乐世界中去吧，总之在那个悲惨的时代，伟大的先辈们却创造出值得后人为之骄傲的不朽杰作。面对这样的艺术圣殿，我顿时觉得自己所谓的绘画是那样的苍白和浅薄，无从下笔，也无力把眼前的景象描绘出来，深感自身的渺小啊。

现在神台前加装了玻璃隔断，把神龛下部的佛像全部遮挡起来，只能贴近玻璃观看彩塑，距离略远则反光强烈、看不清楚了。我坐在大殿一角，只能仰头画一下佛龛顶部的天宫楼阁。看守大殿的老大爷跟我聊起这小西天的彩塑时很惋惜地说，当初城里的大西天塑造得更漂亮，“破四旧”都给毁掉了。原来小西天的彩塑比现在更显得金光闪闪，后来电视台来拍片，在神台上架了特别亮的大灯，灼热的灯光烤得佛像和神龛下部的贴金迅速发白褪色，造成了严重的损害。此外，游人的近距离观看甚至呼吸都会对这三百余年的文物造成危害，所以现在只好用玻璃围挡保护起来了。

22 隰县鼓楼

隰县老城的十字大街中央有一座高大雄伟的鼓楼，通高有二十余米，在很远的地方就可望见。此楼创建于明万历四十五年（1617），是一座平面呈正方形，三重檐十字歇山顶的两层木楼阁。每边五间，两层均有回廊，下部修建在坚实厚重的十字穿心城台上，台顶部围墙修葺成垛口状，东北角设有梯道可登楼。在鼓楼的顶檐之下四面均悬挂有巨大的匾额，正南面是“河东重镇”，北面为“三晋雄邦”，东面书“龙泉古郡”，西面写“长寿遗封”。在下部城台门洞上也各有小匾，南曰“南临古慈”，北曰“北拱晋阳”，东曰“东屏姑射”，西曰“西带黄河”，把古城隰州的悠久历史、重要地理位置和战略价值表述得明晰透彻。如果说之前见过的霍州鼓楼精巧秀美，退沙村鼓楼端庄古朴的话，隰县鼓楼则更显雄强阳刚，一派塞上重镇的硬朗气度。

只是现在鼓楼孤零零地矗立在街心，与四周粗劣的现代水泥楼宇建筑风格迥异，如同互不搭界的两个时空的东西。我坐在东南边商场门前杂乱的自行车和电动车丛中画这座鼓楼时，这种感觉尤其明显。鼓楼高耸于前却显得那么不真实了，好像在观赏镜花水月，我与鼓楼之间一条街道的距离更像是一条漫长的时空隧道。

在嘈杂喧闹的街市里写生，会有许多人热情地围观或者好奇地询问，有人甚至会蹲在我身边一直兴致盎然地陪着看着，如同查户口一般问这问那。加之街上车来车往的喧嚣，各种叫卖声和乐曲声交织在一起，就只能尽量调控自己集中注意力，一定要克服外界干扰，这是个很好的磨炼心性的机会。

龍泉古郡
山西省隰县鼓楼
二〇一二年八月二十五日　傍晚十七时二十分—十九时二十分
连达　绘

第七章

城乡人文底蕴重：晋国故都古绛州

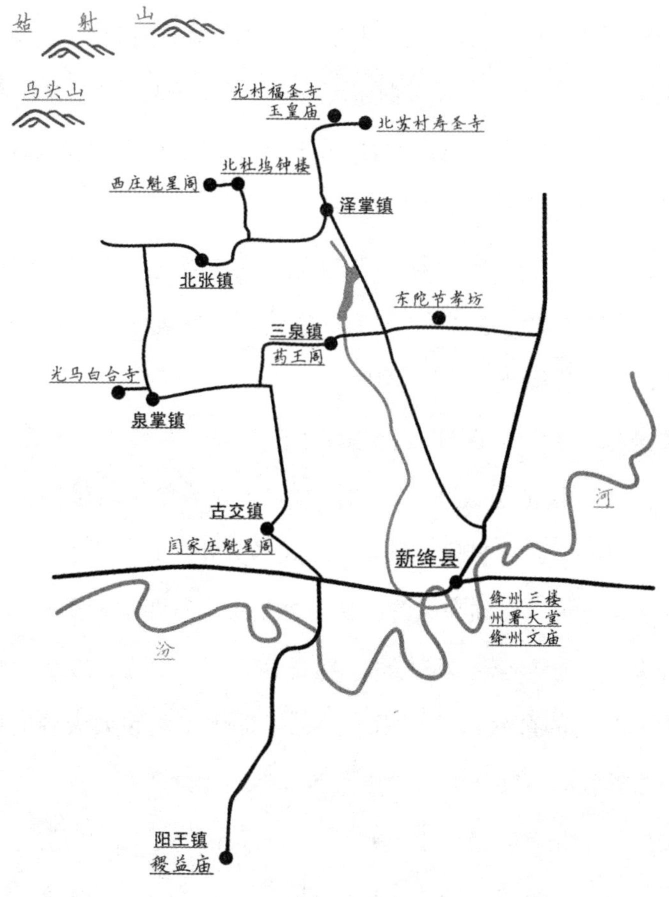

新绛县古称绛州，位于山西省运城市北部，北与临汾市的襄汾县相接，东连侯马，西靠稷山，南临闻喜，是一个有着两千多年历史的古县。西周早期这里曾为郇国，春秋时晋国灭郇并迁都于此。后世数易其址，到隋朝开皇三年（583）最终将绛州州治设在了今天县城的位置，也就是说新绛县城的建城史有一千四百余年了。至民国初年废州改县，地名与东南的绛县重复，便取“咸与维新”之义更名为新绛县。

01 绛州三楼

新绛县的地形很有特点，西部和北部依靠吕梁山余脉，是高高隆起的黄土台塬，东南方地势则相对平坦。昔日的绛州城池形如卧牛，西北的高处便被喻为牛脊，东边的平原被比作牛腹。汾河从南面绕城而过，使这里因水而具灵秀之气。登上高处四外眺望，视野极其开阔，真可谓目穷千里直达天际，但见城镇村庄屋舍俨然，林木田野葱郁茂盛，一派宛若画卷般的美好景象。

作为千年古城，新绛县所保存下来的古建筑相当之丰富。仅就县城内而言，从官署到庙堂，从楼阁到宝塔，不仅保有的古建筑数量较多，涵盖形式也较为丰富，其中不乏精品，就先从绛州三楼说起吧。

绛州三楼是指位于老城西部黄土台地上的钟楼、鼓楼和乐楼三座建筑，三座楼呈三角形排列，钟楼位于最南端，北边百余米是鼓楼，两楼同位于高岗之上。鼓楼前有一道向南的下坡，名曰七星坡，坡底尽头处建有乐楼。

钟楼平面呈正方形，修建在高耸的砖石台基上，是四面开拱门洞的方形砖楼，上部修成垛口状，门洞外各嵌楹联匾额，楼顶为十字歇山式，体量不大，造型精巧。楼内悬一口上万斤重的金代铁钟，相传是原来绛州北关的天庆观旧物，其声清脆洪亮，如在万籁俱寂的夜晚敲响，钟声可传到数十里之外。

绛州钟楼始建于北宋乾德元年（963），后来毁于火灾，重建后历代屡有修缮，现存规模是明万历年间改建。钟楼本身实在算不上高大，与现存著名的北京、西安这样的大城池钟楼无法相比，我甚至感觉即使其与临汾退沙村钟楼摆在一起恐怕也不见得能够获胜，但借助其下高峻的地势则大有不同了。在山坡下的巷子里仰望，清秀的钟楼顿时有了一种直插云天的气势，充满传统水墨画里远山古亭的意境，也许这正是古人修造之初独具匠心的安排吧，既起到钟楼的功能，又为山坡下的城池点缀了远景，使绛州古城融入画境之中。

山西省新绛县钟楼

现在钟楼周围已经辟为公园，成了老人们清早活动的好去处。几个老朋友凑在一起聊起来还相当热闹呢，让蜷缩在角落里画画的我好生羡慕。这种古迹得到保护，与人和谐相处、与新城融洽共存的感觉让人心情爽朗。远处更为宽大的便是鼓楼，更远处的两座尖顶高塔是一处民国时期的天主教堂。

绛州鼓楼位于钟楼北边百米左右的位置上，是一处坐西朝东如同城门楼般的高大建筑，下部为砖石城台，正中央开东西向通行的门洞，东边嵌匾额“涵远”，西面为“振听”。左前方置一突出的巨大马面。楼体为三重檐歇山顶木结构，各层出檐从下向上逐层收分，最下层面阔五间进深两间，明间开隔扇门，两次间设直棂窗，四周出回廊，第二层和第三层为面阔三间进深一间。楼阁的整体造型十分宽大，自下而上的收分比例又格外夸张，各层飞檐叠涩出挑尽显张扬的个性，琉璃瓦在正午的骄阳下闪着熠熠的光辉。应该说这座鼓楼与以往常见的楼阁不同，造型过于夸张，上下层收分的差异也过于巨大，如果与不远处的钟楼相对照，我更喜爱朴实而精巧的小钟楼。

山西省新绛县鼓楼

山西省新绛县乐楼

据楼下陈列的清乾隆二十七年（1762）《创建重修鼓楼纪略》所载，此鼓楼创建于元代至正年间，后来屡经重修，主体为明代遗留。在鼓楼北边原有一大片城隍庙建筑群，不过旧庙早已无存，现在崭新的城隍庙是近几年复建的。

从鼓楼和城隍庙向南是个巨大的下坡，坡上铺满了坚硬的条石，相传上面曾嵌有北斗七星的图案，因此叫作七星坡。听这个名字应当是城隍庙的附属工程，这条拐向东南的下坡就是通往钟、鼓楼所在高岗的主要通道，在坡下尽头处建有一座乐楼，实际上是为城隍老爷献戏的戏台。

绛州乐楼始建年代已不可考，感觉既是为城隍庙内神明献戏之用，年代当与城隍庙一致，看现存结构，应为明清遗构。乐楼下部建有高大宽敞的条石台基，因为建在坡地上，一端台基较高，另一端相对低矮，主体结构坐南朝北面向七星坡而建，是一座面阔三间高两层的悬山顶楼阁，正中央前凸一间歇山式抱厦舞台，上下两层可以同时演出。一层四周有宽大的回廊环绕，整体布局紧凑，造型简洁大气。两侧回廊的屋檐好像鹏鸟张开的羽翼振翅欲飞，十分优美，使我不禁想起了博物馆里的汉代陶楼。

当初每逢庙会和年节的时候都要在乐楼上演戏酬神，七星坡前宽敞平缓，围观的百姓正可坐在石阶上观看演出，相当于一个超级阶梯式大看台。阅尽世事变迁的七星坡前，早已没有了往昔的繁华喧闹，今朝只有我一个人坐在这里静静地描绘乐楼，一个热血青年骑着自行车从坡上颠簸着冲下去，几个淘气的孩子正在努力地往乐楼上爬去，沧桑流转不过如此。

02 绛州署大堂

在绛州鼓楼的西北，也就是新建的城隍庙的隔壁，考古发掘工作正在火热地进行着。这里原本是绛州州署的所在地，新中国成立后一直被新绛县中学作为校舍使用，现在已经被腾退出来，并且开始在保存下来的几座建筑前后展开遗址清

山西省新绛县绛州署大堂

理和发掘，一片繁忙的景象。

绛州署始创于唐初，一千三百余年来从未易址。相传唐太宗李世民平定天下之后准备出兵东征高句丽，广纳天下英雄豪杰，左领军大将军张士贵奉命在绛州署招募勇士，那时候的州署大堂叫作“帅正堂”，家喻户晓的薛仁贵投军的故事就发生在这里。

现在绛州署保留下来年代最古老的建筑就是元朝修建的州署大堂了，是一座面阔七间、进深八椽、单檐悬山顶的超级巨殿，东西向的长度达到三十米，南北宽基本为长度的一半。人立于其下，顿感庄严肃穆，威仪凛然。明间和两梢间以及两尽间的跨度相似，两次间很狭窄，中央这四根檐柱的宽度就是曾经在前檐下连建的抱厦的宽度。大堂用材十分巨硕粗犷，是典型的元代风范。粗大的树木几乎是略加砍削便行使用，有的柱子就好像没了树冠的枯树一样立在殿堂之中，一人都无法抱拢，古拙彪悍之气扑面而来。普柏枋比柱子更加粗大，不知是用几百年的老树制成，上边十六组双下昂斗栱均匀排列，并不与檐柱相对应，比起霍州大堂的“滑稽绝伦”

更显夸张。堂内梁栿跨度巨大，空间格外敞朗，采用了减柱造，以后部四根金柱托举起千斤之重的主体构架，尽可能多地释放出了活动空间。在这里上演过无数的人间悲喜剧，生杀予夺全在堂上老爷的一念之间。地方官吏干系之重被历代统治者所重视，至今后门旁边的墙壁上还镶嵌着北宋建中靖国元年（1101）由当时的朝散大夫、绛州知州时恪刊刻的宋真宗在大中祥符二年（1009）所作警示为官者的“文臣七条”碑，原文为：“一曰清心，谓平心待物，不为喜怒爱憎之所迁，则庶事自正；二曰奉公，谓公直洁己，则民自畏服；三曰修德，谓以德化人，不专尚猛威；四曰责实，谓专求实效，勿竞虚荣；五曰明察，谓勤察民情，勿使赋役不均，刑罚不中；六曰劝课，谓谕下民勤于孝悌之行，农桑之务；七曰革弊，谓求民疾苦，而厘革之。”此碑的位置正在州官书案的侧后方，是一种随时的提醒，看来历代州官也都很认同和重视，哪怕元代重建大堂也将这块碑保留了下来，碑中所说内容即使在今天也是具有现实意义的。

不过曾经高敞的大堂毕竟是衰老了，壮实硬朗的大梁在漫长的岁月里也逐渐颓然下沉，后人只好在梁下加上许多立柱来支撑。为了厅堂的宽敞，曾经减掉的柱子在几百年后以一种更加参差不齐的状态又回到了堂中，所以现在堂内的柱子显得有点凌乱，但这也是一种无奈的选择。

大堂门前已经发掘出好几层不同时代的房屋基址，最下面的唐代墁地青砖也已显露出来，修建起高大的彩钢瓦铁棚子加以保护，把大堂的正面挡得严严实实，我只能坐在东南方凹凸起伏的土堆旁，主观地把大铁棚忽略掉，还大堂一个全貌。

现在大堂后面的二堂和三堂之间地面已经开始发掘，这两座建筑应该是明清时期遗留。工人师傅们很热情地给我介绍哪一层是清代的砖地面，哪一层是元代的，砖石排布的特点等。经过腾退和清理，绛州署的前堂部分将会与最后面的绛守园居连成一片，绛州署全貌已经依稀显现出来。

山西省新绛县文庙棂星门

03 绛州文庙

在新绛县城东北部的四府街保存着一座占地不小的文庙建筑群，此庙坐北朝南依次有照壁、泮池、棂星门、大成门和大成殿，东西两侧有配殿，但看起来大成门和东西配殿似乎是新建的。一般文庙里应有的明伦阁、尊经阁等建筑则不见踪影。

半月形的泮池紧依在巨大的砖雕照壁内侧，有精雕细琢的石栏板围绕，碧色池水幽深莫测。大成门前现在开辟成了小广场，从门前到照壁之间的距离虽说不长，但附近居民在茶余饭后来泮池前扶栏观水，坐在棂星门前的石阶上拉拉家常也是很惬意的。清秀挺拔的棂星门把这里的公共空间点缀得特别有古雅韵味，与旁边马路上车水马龙的喧闹形成了强烈的反差。

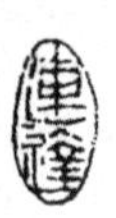

山西省新绛县文庙大成殿

这座棂星门是四柱三间的石牌坊，修建在砖石台基上，以四根抹角方石柱支撑起宽大的悬山式石雕檐顶，檐下的仿木结构斗栱惟妙惟肖。正中央的匾额上雕刻着“棂星门”三个大字，柱下四组抱鼓石简洁大方，仅在中间两组的外侧饰以高浮雕虬龙。这座牌坊雕工精致，不以奢华的纹饰夺目，周身尽显素雅质朴的气息，圆润细腻的雕凿手法是明显的明清风格。原来的棂星门是一座三间木构牌坊，年久倾颓，不堪重负，随时有倒塌之虞。后来在明朝正德十六年（1521）由知州李文洁下令改成石坊，以图一劳永逸。

面阔三间悬山顶的大成门把喧嚣隔绝在了宫墙之外，漫步于宽敞幽静的院中，仿佛步入了一个不同的时空。门内东西廊下陈列着多通宋元以来的巨碑和清代的捐修碑。其中原有一座宋人集字碑，用书圣王羲之的字拼成了《重修夫子庙碑记》，那时就已经不能确认文庙的创建时间了，但想必应当在宋代以前，恐怕不下千年了。其下金、元、明、清各代屡有修缮，尤其明清时期三晋经济繁荣，文化发展，对文庙的修缮也更加频繁，从西廊下现存的众多捐资碑刻上，就可以看出当时官吏士绅之虔诚踊跃。

大成殿修建在一米余的石台基上，前出宽敞的月台，并以石栏板围护，正前方登台处镶嵌高浮雕的二龙戏珠石刻。殿堂主体面阔七间，进深八椽，重檐歇山顶，正脊巍然高耸，体量相当巨大，檐下四周设有很宽阔的回廊。殿内结构复杂，梁架露明，空间疏朗。在脊檩下镶有“旹大明正统十三年（1448）岁次戊辰二月二十有八日甲申奉直大夫绛州知州金溪王汝绩重建”的扶梁签，明确记载了大成殿的修造时间。早已被砸毁一空的孔夫子及众贤德的神龛和塑像又重新被修造起来，但只不过是聊胜于无。

当年文庙内古木参天，殿阁俨然，格局保存得十分完整，随着内战的席卷、文明的败坏和运动的冲击，大部分建筑被占用或者拆毁。明伦堂和尊经阁以及东、西两路的配殿、乡宦祠、先贤祠等建筑就是在那时候逐渐被毁的。后来院中所植数株近千年的古柏也被伐倒，充作木料之用了。大成殿因为被粮库占据，才侥幸残存。而今劫波渡尽，当初占地广袤、气宇轩昂的圣人之地早已衰败没落，苍老孤寂的大成殿就那样被世人遗忘，独守在破落的神台上，纤细的檐柱和同样显得有些瘦弱的斗栱似乎已有些撑不住巨大歇山顶的重压。我围着檐下回廊转了一圈，斑驳脱落的墙皮和随处可见的残留白灰，述说着文庙曾经沦为粮库的那段不堪回首的往事。

04 光村福胜寺

新绛县北部靠近吕梁山余脉姑射山，当地俗称为北山。这一带城镇乡村密集，自古就是北上南下的交通要冲，经济文化繁荣，人民生活富庶，自然也为今天遗留下了众多的人文古迹，泽掌镇光村便是这其中的佼佼者。

相传在北齐时的一个夜晚，天空忽然闪耀起绚丽夺目的光辉，一时照如白昼，当地便将此事作为祥瑞之兆，予以上报，后来朝廷钦赐村名为光村。其实这里早在新石器时代便有人类活动，留下的早期文明遗迹属于仰韶文化的重要组成部分，至今光村遗址的文物保护碑还耸立在村北麦田之中。千百年来的文化积淀将光村

山西省新绛县泽掌镇光村
福胜寺山门

二〇一五年四月二十六日傍晚初绘，遇暴雨而止
四月二十七日晨八时—八时五十分补绘完成

连达

塑造成文化大村，墙垣严整，碉楼雄峙，店铺林立，寺院相望，古宅连绵。在这些厚重的积累之中，最为光彩夺目的便是村西北的福胜寺了。

福胜寺创建年代久远，根据碑刻所载，北齐天统元年（565）此地曾建有“古圣堂”一所，到唐太宗贞观年间（627—649）才正式创建寺院，直至金大定三年（1163）朝廷方赐名为“福盛院”，后更名为“福胜寺”。宋、金、元三朝虽都曾有补修，但以明代弘治十六年（1503）的重修规模最大，现在寺中所存众多清代和民国时期的大小修缮碑记更是不胜枚举。不过累经浩劫的福胜寺现存规模已经不是太大了，全寺坐北朝南共分四进，依次有山门、天王殿和左右的钟鼓楼、弥陀殿和东西配殿、后殿和两厢廊庑等建筑。所有殿宇从外向内呈逐次升高的趋势，虽然占地面积不大，但高低错落，层次分明。

山西省新绛县泽掌镇光村福胜寺大雄宝殿善财童子、龙王像

山门是一座单开间悬山顶的高大木牌楼，造型好像官宦之家的宅门一般，檐下密布着七踩斗栱，门额上正面镌刻有“慧日常舒”四个大字，背面为“梵宫屏翰”。牌楼下安置两扇对开木板门，左右设八字影壁，这种庙门在山西感觉并不多见。走进山门迎面便是天王殿，里边原有的塑像早已被毁掉，修缮之后显得很整齐也很空旷，宛若新建。许多村中的老人聚坐在山门前和天王殿内外打牌下棋聊天打发时

山西省新绛县泽掌镇光村福胜寺弥陀殿

间，看起来这里更像是个老年活动中心。

天王殿后边是个很狭窄的小院，中部也有一个单开间的小牌坊，几乎被两旁的配殿夹住了一般紧凑。向北沿着石阶登上一座近两米高的巨大平台，便来到了寺中的正殿弥陀殿前。此殿面阔和进深各五间，重檐歇山顶，下部有回廊环绕，内部殿堂实为三间。殿顶巍峨高耸，斗栱清秀俊逸排布疏朗，明间前后开隔扇门。殿内采用减柱造，以两根金柱撑起梁栿的重量。看此殿现存木结构感觉年代十分悠久，虽有元代和明代重修的记载，但依稀可见金代梁架的一些特点。在两金柱间砌墙为界，正面须弥座上结跏趺坐着身形宏伟体量巨大的主尊阿弥陀佛，左右莲台上相对侍立着大势至和观世音两位菩萨。主尊为明代补修，面容慈祥，一睹颇有宽厚和蔼之感。两尊菩萨则带有典型的宋代风格，发髻高耸，宝冠璀璨，衣袂飘逸，身形修长，体态匀称，充满了淡雅之美，应是历代传承维护得当，未有太多改动。

墙后面浮雕着波涛浩瀚的南海，正中央悬塑着脚踏神龙、穿行在云雾之中的观世音菩萨，善财童子双手合十，立于身侧。这个善财童子被塑造成一个两三岁大的小宝宝模样，幼童头部又大又饱满的特征相当准确。只见他头梳小抓髻，身

山西省新绛县泽掌镇光村福胜寺大雄宝殿东、西侧明王像

体微微前倾，满脸虔诚地向菩萨张望，身上的披帛做随风飘摆状，胖嘟嘟的小手和小脚异常逼真。这个童子的形象生动通灵，宛如一个真的娃娃近在眼前。那种纯真可爱的样子让我不禁想到了自己的宝宝，真有想揽入怀中的感觉。善财童子之下侍立的是龙王及其所带的夜叉、丞相等人，皆对观音菩萨毕恭毕敬做迎候状。

在大海的东西两侧各有一尊三头六臂的明王像相对而立，随侍保护在观音身旁。明王的形象在佛教中是佛祖愤怒的化身，是智慧、威望的象征，随时准备出击消灭一切邪恶势力。观音西侧的明王右脚踏在烈焰升腾的如意轮之上，左腿腾空，身躯呈欲猛然跃起之势。其形象犹如凶神恶煞一般，铜铃怪眼向下逼视，咬牙切齿，这是对邪恶妖魔的恐吓与愤怒。明王的头发披散开来，如随风向后飘舞，又好似怒发冲冠，在两耳后边还隐藏着两个小号的头颅，即所谓三头。身上肌肉健硕有力，有长蛇盘绕。裙裾与披帛随脚下的烈焰一起飞腾，六个手臂里中间的两只手在胸前相扣，左手拇指和食指掐住右手小拇指，这是军荼利明王的典型手势，意在威吓邪魔。其余四只手各执法器，高举于空中。但很可惜这些法器基本被毁坏干净了，甚至有几根手指也已经断掉，但这并不影响这尊明王威猛的形象和活灵活现的动感。

观音东侧的明王身体动势与西侧的基本相对应，是左脚踩踏烈火飞腾的如意轮而右脚腾空，可惜脚掌已经断掉了。六只手臂本应各执法器，胸前右手举宝镜，左手做挥舞状，但手指断掉，所持何物已经无从知晓。这尊明王也是长发飘散，怒目裂眦，张着大嘴如在咆哮，极具威猛撼人之势。周身盘绕的长蛇和飘动的披帛与西侧明王装扮相仿，因其所用法器塑造得不甚规范，只能大体判断其为马头明王。

殿内东西两厢还列坐着金代塑造的十八罗汉和明代的四大天王，很可惜其中多数塑像的头颅都已被盗割并且至今未能追回，罗汉们就只剩身躯仍然保持着原貌，或正襟危坐或跷着二郎腿。放眼望去，只见众人各个身首异处，颇感惨烈。

这些彩塑应该是上启宋金下至明清，历代多有修补和重妆，仅在佛祖背后的墙壁上就遗留着“至治二年（1322）”“万历戊戌（万历二十六年、1598）”“康熙十六年（1677）”“康熙乙丑（康熙二十四年、1685）”等多个年号的题记。我来到寺中，碰巧赶上彩塑的维修工程正在进行之中，以前总是只能站在神台下仰视上方众位神佛的法相，这次得以有幸登上脚手架，近距离观察这些珍贵而精美的文物和艺术品，并且画下其中几尊，真是兴奋了好久，大感过瘾。

弥陀殿中的脚手架和跳板虽然让我能够看到塑像的细节，却把主尊和两侧菩萨高大的身躯遮挡得无法得见全貌，使我只能画一些如明王和善财童子这样的小品。我本欲再画两尊头颅尚存的天王，但出于修缮工程中的保护，天王和罗汉像大部分都被包裹起来了，也只好作罢。

福胜寺最后一进院里有座两层的藏经阁，下层修成窑洞式样，上层为悬山顶殿宇，院内东西两厢还设有廊庑。这座寺院在“文革”中全靠本村学校的孙文杰校长拼死保护才免遭毁灭，可以想象得出那种惊心动魄的情景。不是谁都能够认识到文物的宝贵，即使明白其宝贵价值也不是谁都敢于站出来阻止破坏的。在那个疯狂暴虐肆意践踏文明的时期，校长本人恐怕也是险象环生的，他却置个人安危于不顾，终于拼死护得先人心血创造的留存，使我们今日还能看到这样造型优美技艺精湛的彩塑，令福胜寺仍旧可以傲然称为一方名胜，让这些璀璨的文物和艺术品始终闪耀在古老绛州的天际。思及至此，我心中对这位见识深远大义参天的校长充满了无限的感激和敬仰之情。

山西省新绛县泽掌镇光村玉皇庙全貌

05 光村玉皇庙

福胜寺已在光村的西北角上，紧邻村边，寺后是无垠的麦田，在田野中耸立着一座城堡一般的大院子。堡门是座三层高的砖楼，一层设拱形门洞，安有一对厚重的木板门。这座小堡垒内部地势很高，四周以砖墙环绕，在墙顶的高度才又建起房屋，房屋的山墙造型甚至还出现了南方的马头墙式样。里面树木葱郁茂盛，远看好像个巨大的花盆，这便是光村玉皇庙。

这座玉皇庙在前面福胜寺光辉的掩盖下，并不太引起人们的注意，通常只是被参观福胜寺的游人随手拍一张外景而已。我在福胜寺内正画得全神贯注时，到了维修塑像的工人师傅们的午休时间。这等重点文物存放之地，自然不能将我独自留下，我也正好借中午时间去后边一探玉皇庙。

我来到庙前却见大门紧锁，从门缝向内看，树木和杂草掩蔽之下有一座半塌的大殿，苍凉的美感立即将我触动，于是我更加迫切地想要赶紧进入院中。围着这座小堡垒转了一圈，最后选中了东墙中部较低矮的地方。这一片院墙的上半部看起来已经坍塌很久了，现在只是被人用残碎的砖头草草地垒砌了一下。但是却在墙内种上了浓密的酸枣，以这道尖刺形成的大网来弥补围墙防御的不足。看看别处高耸的墙壁，我已经别无选择了，于是用袖子包住双手，加上我身上几十斤重的背包，忍住刺痛翻上墙头。当我跨过那道碎砖干插的墙头时，轰隆一声，我和碎砖一起向内塌落下去，在酸枣网上砸出一个豁口，就这样摔进了玉皇庙院内。

从里面审视这座荒败的院子感觉还挺宽敞，杂草之下昔日面积巨大的月台几乎沦为一片土坡，月台后部正中央坐北朝南有正殿和西垛殿尚存。看正殿东边长出的几株大树已经有碗口粗了，时间一定不短，粗略看时并不能确定最初是否建有东垛殿。正殿原本面阔三间，进深四椽，单檐悬山顶，但东次间早已坍塌，仅余前后部分墙壁残存，被人在没有坍塌的屋顶下重新砌上了一堵山墙，缩小了房屋规模，改造成仓库使用。西垛殿看起来保存状况倒还不错，也是面阔三间悬山顶，前檐下出廊。另外在院子的西北角上还有个一间的硬山顶小殿，看碑刻乃是清雍正八年（1730）由村中迁建来的三圣殿。在庙的西南角另有一所小院，门户严紧，房舍完整，并可与门楼相连通，是昔日庙中道士之居所。

我辨认了庙中现存的一块明朝正德三年（1508）《立塑玉帝碑记》，上面有“光村西北乾刚之位于元辽时建立殿堂，内无神像”的记载，但辽国的疆域根本没有到达绛州，所以碑中说的辽就很可能是指金朝。无论对错，后面这个元字应该是问题不大的。我看正殿现存的部分斗栱和梁架，依稀似有元代特征。

在另一通落款咸丰辛酉（1861）的《重修玉皇庙碑记》上则把庙宇格局记述得很清晰：“庄外西北隅旧有玉皇庙，大殿三间，献亭一所，外蔽墙垣，内设仪仗，右有土地堂，后有三圣宫，大殿内伯王之神驾在焉。”根据这个记载可知，西垛殿原本是土地堂，正殿前原有献亭一座，并无东垛殿。

现在破烂不堪的正殿内，除了少量杂物外，已是空空荡荡。玉帝神台虽被砸毁，但与后墙衔接的痕迹一目了然，墙上的彩绘背屏还有些残片尚存，扶梁签上清晰

山西省新绛县泽掌镇光村玉皇庙

地记载着“旹大清康熙拾壹年（1672）岁次壬子季春拾八日吉时重修正殿，祈保众社均安吉祥如意”。

我坐下来开始画这座破败的正殿，晌午时分饥肠辘辘，便腾出左手来拿着干粮不时啃一口，右手丝毫不放松，继续画个不停。这时候听见一阵叮当作响，吱嘎嘎地大门被推开，住在庙里的大叔回来了。他惊讶地望着我，我尴尬地瞅着他，然后忙不迭跟人家道歉。这大叔一说话我倒踏实了，他说他经常去福胜寺打牌，昨天就看见我在那里画画了，我要早跟他说一声想来这院里看看，他就给我留门了，何苦翻墙呢。这倒让我更加不好意思了，赶紧撂下手里的东西帮大叔把倒塌的砖墙再砌起来。

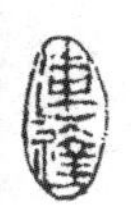

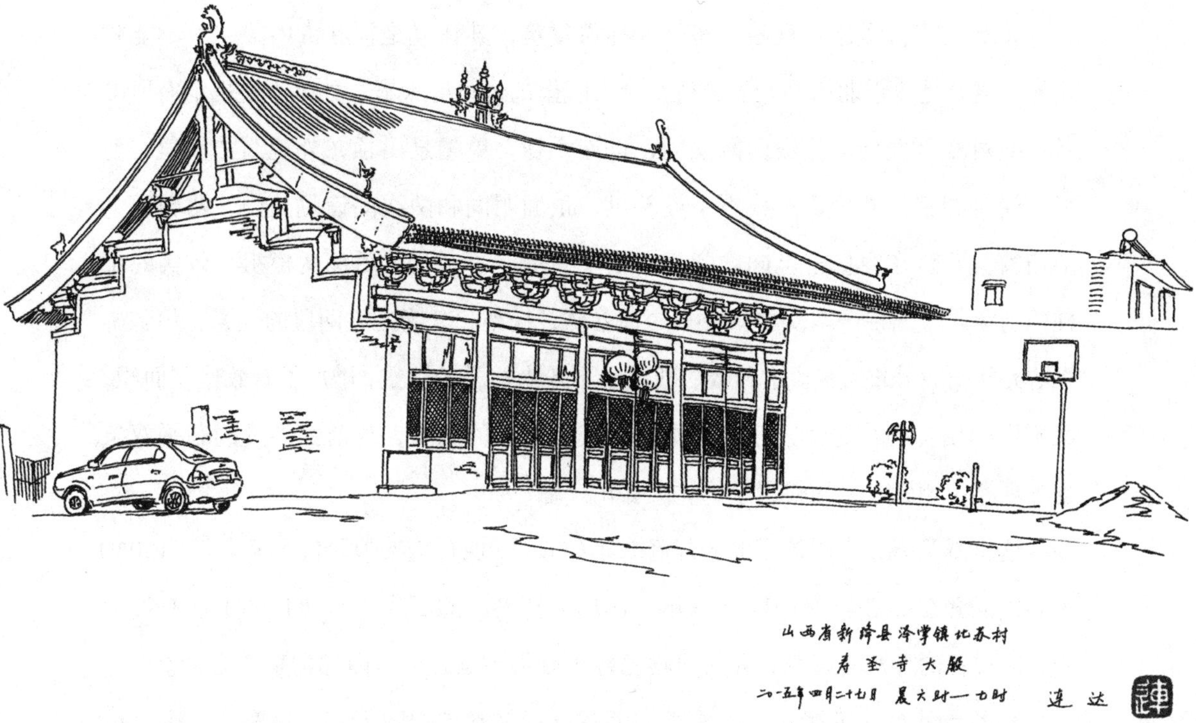

山西省新绛县泽掌镇北苏村
寿圣寺大殿
二〇一五年四月二十七日 晨六时—七时 连达

山西省新绛县泽掌镇北苏村寿圣寺大殿

06 北苏村寿圣寺

泽掌镇北苏村是一个东西向狭长的大村，西边紧邻光村，东边和襄汾县的李村接界。随着发展和扩张，这几个村子几乎快要融合在一起了，一条漫长的东西向老商业街规模一点不亚于泽掌镇上的繁华程度。其实在清代和民国时期，北苏村所在地本来就叫作苏村镇，是北山一带数一数二的大集镇，只不过后来衰落了。镇子上的老房子和铺面被翻新、改造得相当严重，已经没法和光村相比了，但光村没有地方住宿。福胜寺里的老乡热情地介绍我到北苏村来投宿，并且帮我打电话询问店主是否还营业，因为北苏村正街路边有一家小吃店可以收留住宿，这也是唯一能够留宿的地方了。

其实北苏村里还隐藏着一座巨大的古建筑，其体量是福胜寺内殿宇所不能相比的，这就是位于北街小巷后边村委会大院里的寿圣寺大殿。如果不是提前有所准备，绝对难以发现。此殿面阔五间，进深六椽，单檐悬山顶，外观简洁大气，前檐下仅施四铺作斗栱，后檐下不设斗栱，正面明间和两次间设隔扇门，两梢间为隔扇窗。我趴在窗格子上向内张望，殿里边堆满了杂物，后部两根粗壮敦实的金柱顶上穿起了比柱子本身更粗更长的棹幕枋，托架起分为左右两段的大梁，粗犷彪悍的元代气息扑面而来。这种做法既减少了殿内柱子的数量，增加了有效使用面积，又不影响结构的稳定性，还解决了大梁长度不够的问题，与前面到过的高平双泉迎祥观和绛州大堂等元代殿宇的构架如出一辙。

这座寿圣寺原本创建于北宋建隆二年（961），现存构架为元代大德七年（1303）地震之后重修，在明万历四十一年（1613）和清康熙四十二年（1703）都有过大修。从现存的外观看起来，元代风格已经不是很突出了，但内部构架却毋庸置疑。可惜寿圣寺其余建筑在新中国成立初期就已经全都被拆毁无存，这座大殿因为被村委会占用才得以侥幸保存下来。据说殿内原来有极棒的彩塑，造型生动宛若真人，水准远高于福胜寺，曾经有“河东之冠”的美誉，结果在拆寺时被一并当作封建糟粕砸毁了。

虽然近两年当地已经对这座寿圣寺大殿进行了整修，但其处境也并不美妙，现在东边住户的院墙还紧紧挡在大殿的东梢间前面，真是寸土必争，毫不相让，劫后余生的大殿真是活得太憋屈了。

07 北杜坞钟楼

泽掌镇西北方不远的北张镇北杜坞村，是一座很大的村庄，此地已经近邻北山主峰马头山了。古时候这里相当富庶，从商者极多，买卖主要分布在陕、甘、宁等西北各省，发财后自然是要归乡置办田宅的。虽然当年那些深院连环，精雕

山西省新绛县北张镇北杜坞村龙王庙钟楼

细琢的大宅子已经七零八落，残破不堪，但仍能依稀感受到那时候村庄的富裕程度。而今这里显得宁静而落寞，我在村中漫步，几乎见不到什么人，即使有人路过也都是老年人居多。

在村子北部有一所坐北朝南的大院子，院子的东南角上建有一座单檐歇山顶的钟楼，主体是一座两层高的砖楼。歇山顶的檐角挑出很远，在清代的古建筑中已经不算常见。但是之所以觉得这座钟楼很特别，是因为楼前边还有一座带有西式元素的两层楼高砖砌院门，正中央的大门和左右两侧呈八字排列的墙上部都设有尖顶造型，五组立柱的上中下也镶嵌腰线。这种风格从清末到 20 世纪 70 年代左右一直比较流行，虽然对欧式风格的模仿还很不成熟，但与纯中式元素的歇山顶钟楼出现在一起，视觉对比效果还是很强烈的。

我来到大门前仰面观察，门顶横匾上昔日的红色字迹虽然已经被日晒雨淋到颜色几乎褪尽，但依稀仍可辨出是“北杜坞学校”的字样。至于门边墙上镶嵌的“教育群众、培养青年、愉快、增产”等口号是镌刻在青石板上的。我细一看，发现这些石料竟然是古老的石碑，虽然碑面被打磨过，但仍然能够看见一些刻痕较深的小字残留了下来。至于这些口号的繁体字写法和从右向左的排列顺序，也足以说明这所学校修建年代之早，恐怕追溯到新中国成立初期也不意外。我从门缝向院内张望，发现里面有一排翻修的仿古式建筑，随即意识到这里过去应该是一座庙宇。与新中国成立后被改作他用的诸多寺庙一样，改作校舍是它能够存在至今的先决条件。如果真的是庙宇，学校的大门原来一定是庙宇的山门，与钟楼相对应的另一边必然还曾有过鼓楼。这一切猜测正好被一位同其他人一起围观我写生的过路老大爷给证实了。他告诉我这里本来是一座龙王庙，后来拆掉了山门，修成这种样式的学校大门。鼓楼早些年就塌了，院子里的庙其实也没剩下什么了，只有这个钟楼是老样子，没有被动过。

古朴的歇山顶钟楼和时代烙印鲜明的校门，以及小巷边同样年代久远的民居老宅在我眼前汇成了一幅跨越半个世纪的沧桑画面，把人的思绪和情感一下子带回到了并不算久远的历史中。我一度有种时光在这里已经停止的错觉，可是那些如火如荼、激情燃烧的岁月说散也就散了。

08 西庄魁星阁

在北杜坞村的西边有个更大更富裕的村子叫西庄，这里自古就和北杜坞并称为富甲一方之地。而今北杜坞已经归于沉寂，而西庄看起来仍然热火朝天，欣欣向荣。何以如此，皆因为西庄从古至今一直以石雕加工闻名于绛州地区，已经有五百余年的历史。时至今日，各地仿古建筑上对传统式样的石雕构件需求数量也是相当大的，只要手艺好、古味足，自然是生意兴隆。因此，我走进村里，就看到许多人家门前院内都堆放着石料和雕刻完成的作品，一些院子门前仪仗队般陈列着成对的石狮子、戗柱石等大型构件，门墩和柱础之类的小构件更是堆得到处都有。主要是模仿清代繁缛精细的造型和纹样，做工大多不错，所以村庄富裕也就顺理成章了。

许多村庄因为经济条件好，翻盖的新房子多，导致古老民居消亡殆尽，西庄也大体如此。

在西庄东南角农田边的一堆杂乱树木和废品收购站的包围下，耸立着一座瘦高得出奇的砖木楼阁，这就是本村的魁星阁。古时候的魁星阁主要有两种作用，一是祈求本地的读书人能够在科举考试中点魁高中，因此也叫作文昌阁；二是镇压和平抑地方上风水之不足。比如西庄的西北就是马头山，地势隆起，东南虽然田野广袤但相对低洼，因此修建这座魁星阁在风水方面的考虑应该是主要原因。相传此阁创建于清代乾隆年间，至少已经有两百多年的历史了。

此魁星阁平面基本上接近方形，跨度在十米左右，分为上下两部分。下部是砖石台基，上部为木结构楼阁，两者高度大体接近，但加在一起通高竟然达到三十余米。即使在今天村中楼房越来越多的情况下，也照样有鹤立鸡群之感，我在以前所接触过的众多魁星阁中从未见过。这个台基下部开辟了南北向的拱形门洞，从前是可以通行的，现在已经被砌墙堵死。来到楼下我顿感心惊肉跳，砖石台基从上至下已经裂开了好几道甚至能伸进去手掌的巨大裂缝，好像一个轻微的晃动就可以导致楼体全面崩塌。在台基东侧设有梯道可以登上台顶，上面主体结构是一座三层高歇山顶的砖木楼阁，尺寸向上渐次收分，一、二层都是深广各三间，第三层仅为一间，实际上相当于在一个三层高歇山顶的砖楼一、二层外部各加设了一圈木质回廊。但这些木结构已经朽坏严重，各层出檐都有不同程度的坍塌，尤以顶层东部最为惨烈，已经全部脱落了。外檐的梁架也严重扭曲位移，一层的有些柱子不知是因为台基开裂，还是在地震的晃动下几乎从柱础上全部脱离，仅有几厘米的宽度还压在柱础边缘，已经到了临界点的地步。一旦丧失了这最后一点支撑，两层回廊也许就会彻底垮塌下来，真是叫人不寒而栗，哪敢再向上攀登半步。也许只有那些在楼里筑巢的飞鸟，才敢这样不知死活地在这危如累卵的残楼里自在进出吧。

其实胆子大的不只是飞鸟，还有人类。魁星阁东边有一个石雕加工厂，杂乱地堆满了各种尺寸的石料，小吊车随时待命，切割石材所排放的污水坑几乎要流到楼基下边了。虽然我来到这里的时候石雕厂空无一人，但倘若一旦开起工来，叮叮当当的震动和机器的切割与轰鸣简直就是要把魁星阁逼上绝路啊。我毫不怀疑这座纤瘦而老态龙钟的楼阁会在一场暴风雨、一次小型的地震甚至石雕厂进行施工所造成的震动里绝望地一头栽倒。

有多少这样破败的古建筑还挣扎在荒野里，有多少我还能来得及去见上一面，又有多少我已经永远地错过了，这就是无名的晚近古建筑所面临的普遍现状，让人心生悲怆之感。

山西省新绛县北张镇西庄村魁星阁

山西省新绛县三泉镇东门药王阁

09 三泉药王阁

位于泽掌镇南面的三泉镇地处北山余脉九原山下，附近有河曰鼓水，早在春秋时期就已经是军事要地了，那时候因为拱卫晋国都城，得名雄镇。后世因镇子的东北有清泉、浑泉、莲花泉等三眼古泉，于是将地名改为三泉镇。

一个清晨我来到三泉镇，迎面就遇到了朝阳下雄伟壮丽的东门。这是一座城门式的建筑，扼守于镇子东口的坡地上，两侧原本应建有城墙，现在已经被拆除干净了。东门下部为厚重的砖石城台，开辟幽深的拱形城门，门洞上正面镶嵌着石匾“三泉镇”，背面为“保障”。城台四周砌有垛口，上建面阔五间，进深四间的重檐歇山顶两层城楼一座，一层的檐下是回廊，前后明间相通，设置隔扇门，二层前后面皆为隔扇窗，两山墙上各开六边形窗洞两个，檐下悬挂匾额曰“药王阁”，供奉的是药王孙思邈。根据现存的一通清代维修碑所载，此楼创建于明朝天启三年（1623），清代曾多次修缮。现在药王阁已经成了三泉镇的标志性建筑，虽然东门内还有一座关帝庙，村委会门前有迁建的鼓楼，东门外还有清代修建的石桥，镇子外的工厂里保存着清代的泰山庙戏台，但建筑体量和观赏性都远逊于药王阁，仅从这个楼阁的气势就不难想象昔日三泉镇富庶繁荣的景象。这个门洞至今仍是进出镇子内外的交通要道，算是一种历史的延续吧，也许正因为这样，药王阁才能被保存下来。

坐在东门内墙根下打牌的老乡们特别热情，争先恐后地给我介绍镇子内外现存的几处古迹，当说起东陀村有座牌楼的时候，还主动找了个三轮车送我去，让我又一次感受到山西乡亲们浓浓的人情味。

10 东陀节孝坊

东陀村旧称梵村，原本是南北朝时九原山梵王宫僧人所置的田庄，日久年深被误传为樊村，将错就错地就叫了几百年樊村。梵王宫后来被赐名甘露寺，在元朝延祐三年（1316）进行了重修，樊村成了为寺院种植树木的苗圃，改名为林陀。到清代初年的时候这一带已经日趋兴旺，发展成了很大的村落，并分成了东西两部分，东边的就叫作东林陀，后来简称为东陀村了。

村中现存坐东朝西修建的清代晚期石雕节孝牌坊一座，为常见的四柱三楼歇山顶样式，中央一间最宽大，可以通行，两个次间下部筑有石台基。歇山顶仿木结构雕刻，包括脊兽和瓦当、椽子、飞子都做得面面俱到，但这个时期的斗栱已经弱化成符号样式，几乎成了有斗无栱，并在前后出垂柱遮罩。两面明间的正中心都镶嵌匾额“节孝坊”，西立面的字全部为阴刻，东面则皆为阳文。在匾额下面另刻有一行小字“例赠文林郎王焕代之妻例赠孺人周孺人”。柱子的两立面上刻有楹联两副，阴刻为“姑老家贫曾典衣裳资孝养，子孤性懦时和药饵助勤修”，阳刻是“为夫苦守节只待过四十六年心才可表，望子早登科偏要迟三旬五日命实难言”，次间的小匾上镌刻着牌坊的落成时间“道光甲午入祠，咸丰丁巳建坊；帑金始基旌善，亲友助赀经营”“不孝尔中监理，曾孙保（符、箴）督工；二月初吉动土，四月望前落成”。原本在中央两根立柱前后各有一对雕刻精美的石狮子，两侧边柱前后有戗柱石，但现在除了最南侧立柱下的戗柱石尚存，其余石雕尽皆被盗窃一空。其实近些年这座节孝坊上的构件不断被盗，比如明间前后檐下原本悬挂着两块精致的小匾“圣旨”“敕建”，已经无存，画面中就能看出。盗贼为了敲下匾额甚至把石雕屋顶都砸出了豁口，至于牌坊顶上的脊兽也是丢的比剩的多。现在的牌坊没有了下面石狮子的巩固和护卫，就好像变成了一个头重脚轻的巨人，随时有栽倒的危险。对于这种情况，老乡们也只好在柱子上涂写了“危险勿靠近”，别无他法。牌坊雕工的精致和细腻本来是优点，反而变成了被盗贼觊觎的原因，真是让人愤恨不已。

每一座节孝坊后面都隐藏着一段辛酸的记忆，这座东陀节孝坊也不例外，循着上面清晰的记载，我也了解了一下这位周孺人的故事。

牌坊上说的文林郎王焕代老早就病死了，当时妻子周氏只有 23 岁，对联里说她守寡四十六年，其中苦楚真是无以言表。周氏侍奉失明的婆婆，抚养幼小的儿子，一家三口相依为命。哪怕荒年时节乡邻都外出讨饭，她也没有遗弃婆婆和儿子，而是变卖衣服和家中物什，竭力扛过难关，奉养婆婆至 73 岁寿终正寝。儿子王尔中屡试不中，曾经想辍学经商补贴家用，被周氏怒斥，于是只好继续求学。在他第十次参加科考时，周氏将家中所剩最后一点钱交给他做盘缠，送出很远，却不想竟成永别。待王尔中考完归乡，周氏已经病重故去，其过世后第三十五日，王尔中中举的喜讯终于传来，这便是牌坊上所说的“望子早登科偏要迟三旬五日命实难言”。这样的结果即使今朝看来也扼腕惋惜，那时节王尔中更是懊悔得哭天抢地，只恨自己无用，未能早日中举以慰母心。周氏的节孝贤德和苦难经历令当时的知州大人闻之动容，于是将此事奏报朝廷，道光十四年（1834）即获得了朝廷旌表的谕旨。无奈连年天灾人祸，家中一贫如洗，王尔中一直无力为母亲修造牌坊，就这样一直拖延了二十多年。直到咸丰七年（1857）王尔中已经年逾七十，才终于在亲友的资助下用尽所有积蓄，为母亲修造起这座节孝坊。

山西省新绛县三泉镇
东陷村节孝坊
二〇一五年四月二十八日十一时二十分—十二时二十分
连达

许多节孝坊是禁锢妇女思想并毁灭人生幸福的产物，是封建社会压迫和摧残妇女的精神枷锁，令多少年轻女性空负青春和人生，背后更是有数不清的血泪与悲凉。但其中除了殉节守寡死不改嫁之外，也不乏周氏这样贤德善良、至诚至孝的人性光辉的显现。以自己柔弱之力撑起一个家庭，尽心赡养老人，培育下一代成才，并非仅仅是向封建礼教低头屈服，反而以更刚强坚贞的勇气来面对人生的困境。这样的贤德母亲，即便今日也是值得尊敬，并有现实教育意义的。

可惜前人凝结心血和寄托哀思的华美牌坊，在今人眼中却仅仅只是可以拆卖钱财的一堆石料而已，任其自生自灭，沦落到拆无可拆、偷无可偷的悲惨境地，说不准哪一日彻底倒下来，随同今世已经越来越稀缺的贤德和良善品格一起，消失在历史的烟尘中。

11 光马白台寺

新绛县西北的泉掌镇已经紧邻新绛和稷山两县的交界，镇子上有一座造型很古朴敦厚的重檐歇山顶关帝庙大殿，每根石柱上都雕刻着样式不同的盘龙图案。我老早就想去画下来，但第一次去的时候遭遇大雨，这一次又看到了落架大修，终究是与此庙无缘。好在镇子西边不远处的光马村旁还有一座更棒的古刹白台寺，总算使我没有白往泉掌镇跑这一趟。

白台寺就在光马村西侧，如果你问老乡寺院在哪里，他多半会告诉你在公路北边，但那里仅仅是近些年新修起来的一片仿古庙宇，冠以新白台寺之名。我来到门前，即发现这不是古迹。于是在几位僧人不解的注视下，转身离去。公路南边有一片隆起的黄土台地，上面建有严整的院子，葱郁的林木掩映中宽阔硬朗的悬山顶昭示着久远的年代，这才是我要找的白台寺。

白台寺原名普化寺，始建年代已经无从考证。据记载，于唐朝开元十四年（726）曾经重修，因此推断有可能在北朝或隋代就已建成，金代大定和明昌年间均有重

山西省新绛县泉掌镇光马村白台寺山门

建，明清两朝也是屡次维修。白台寺因地制宜据土岗而建，居高临下，既使寺院显得更有气势，又能防止水害侵袭，现在周围被浓郁树木和绿油油的农田所包围，好像天降仙岛，景色美不胜收。

因地形所限，白台寺的规模并不算太大，有最前端的三滴法藏阁、正中央的释迦殿和最北边的后殿，西侧建有配殿。三滴法藏阁是全寺最为独特的建筑，依地形修建在黄土台地边缘，从寺内看，仅是一座面阔三间进深四椽的悬山顶前殿，在外侧看则是一座三重檐两层高的楼阁，上层即是在前殿外檐下设一个抱厦，与殿内地面持平的高度接出勾栏平坐，其下背靠土崖又建有一面坡三开间小殿一座，因而形成了三滴水的楼阁效果。最下层供奉的是药师佛，上层面南为地藏菩萨，背后倒座观音菩萨。在法藏阁东侧连建有两层小门楼一座，上边建筑名叫弥勒阁，实际上就是法藏阁东侧的耳殿。下部开辟拱门洞，是进出白台寺的大门。院内有深广各三间单檐歇山顶的金代遗构释迦殿和元代所建的悬山顶后殿，我却只能趴在门缝看一眼了。虽然来此两次，从未有缘进入寺内，不过在寻访古迹的经历中，已经记不清吃过多少次闭门羹了，心态早就变得十分平和，一切随缘而已。

于是我在朝阳里背靠着挂满露水的麦田坐下来，开始描绘巍峨的法藏阁。有位母亲带着孩子来到阁前点燃一把香，然后祷告磕头，最后把香插在地上用砖垒成的简易香炉里。我问她为啥不去路北的新庙上香，她很明确地告诉我——“古庙灵验得很嘞！”

12 闫家庄魁星阁

古交镇是新绛县正西繁华喧闹的大镇，但其下辖的闫家庄村虽然与镇子紧邻，却安静得出奇，我来这里是为了寻找村中那座被遗忘的魁星阁。

闫家庄村南面紧靠铁路，魁星阁就隐藏在村东南角浓密的树丛里，外人即使来到村中也很难发现。我的一个同样热爱古建筑的朋友某一次坐火车从村边路过，意外看到了树丛后魁星阁衰败的身影，并将这个发现告诉我，这才有了我与魁星阁类似诀别式的相会。

闫家庄魁星阁修建在村子东南的黄土台地上，下部还有一个小院子，但院内外树木和杂草长得几乎风雨不透，让我无法落脚了。我趴在院子一角的篱笆墙边向内张望，感觉这里应该曾经是一座小庙，但后来被村民改作他用，现在全部废弃，几间房子已经坍塌得稀里哗啦，无一完好，简直就是个瓦砾场。院子东南角的魁星阁下部修筑在高大的台基上，现在台基外部的包砖成片地开裂脱落，露出里面的夯土结构。这些土芯已经被雨水冲刷得沟壑纵横，又产生了进一步坍塌。台上建有两层歇山顶砖木楼阁，看结构应是清代遗物，下层面阔三间出回廊，内部辟十字穿心门洞，腰部设平座。上层为一间，仅以四根立柱托起巨大的歇山顶。现在这座楼阁已经严重歪斜变形，下层廊柱倾倒，屋檐坍塌，颓然伸出的椽子让我想起了济公所用的那把褴褛的扇子。上层失去了下边的支撑，构架整体扭曲并歪向一边，看起来久经风雨，许多木料已经糟朽开裂、不堪重负了。

我钻进魁星阁下的草丛中努力向上仰望，只想看得更清楚些。脚下到处都是

山西省新绛县古交镇闫家庄村

魁星阁

二0一五年四月二十八日中午十二时三十分—下午十四时二十分

连达

散落的砖瓦和木料，楼阁似乎在扭头审视着我这个陌生来客，又有随时向我扑来的危险。虽然正午的太阳晒得我皮肉发疼，我还是在荆棘从中坐下来，啃一口干粮，撑开折叠伞，给魁星阁画上一幅也许是它最后的画像。

不知道这座破败的楼阁是否拥有文物保护级别，也不知道还有没有可能获得抢救性维修。但已经破败到此种地步，所谓维修也基本等于拆旧建新了。因为从台基到构架全部要修，而且大部分木料都糟朽到不堪再用的程度。但在这个被人遗忘的角落里的一座晚近建筑得到大修的可能性太小了：从国家角度讲，这种级别的建筑获得拨款维修的机会实在渺茫；从民间来说，看不见投资回报的修缮也很难让人出钱，也许最终魁星阁会和下边小院里的房屋一样在一声轰鸣中归于尘土。我作为一个无力的瞻仰者，唯一能够做的也只是把它画下来，而且毫无疑问这是我和魁星阁最后一次会面，它已经撑不住了。

总有人问我为什么喜欢去看破庙、画破庙，那些修缮得很漂亮的古建筑我却不急着去画。我之所以会把破庙放在优先位置，是因为再不去画就有可能看不到了，一次错过很可能就是永远失去。它们等了我几百年，已经无法再等下去了，时不我待啊。

13 阳王稷益庙

新绛县西南的阳王镇上有一座稷益庙，就是供奉后稷和伯益的庙宇，位于阳王镇政府的后院里。后稷姓姬名弃，是轩辕黄帝的玄孙，周朝的始祖，在尧舜时期负责农业管理，教化万民稼穑耕种，传说是最早种植粟（即谷）和麦的人。粟为五谷之长，天下根本，万民自此无饥馑，这在中国这个传统农业大国有着极其深远的意义。因为姬弃出生在稷山，所以粟也被称作稷，尧帝封他为后稷，举为农师。后世则尊其为稷王、农神，更将掌管土地的社神和后稷并称为社稷，是为国家的象征，足见后稷在人民心目中的重要地位。

山西省新绛县阳王镇稷益庙

伯益也是黄帝后裔，亦称为伯翳，是东夷部落的首领，曾经跟随大禹王一同治水，立下大功。舜帝赐其为嬴姓，是秦朝的远祖。伯益在随同大禹治水的同时，还教化民众种植稻谷，开垦荒地，凿井取水，发展农耕，并且帮助舜帝掌管山泽，繁育鸟兽，因此后世人民也将他视为掌管农耕和治理水患的神。

阳王镇的稷益庙就是人民祈求风调雨顺、五谷丰登的地方，兴于何时已经无从知晓。现存建筑和碑刻相印证，皆为明代重修时所建，仅存有大殿和戏台各一座。大殿面阔五间，进深六椽，单檐悬山顶，气势恢宏体量巨大，檐下斗栱雄健而华丽，殿顶上琉璃装饰更是造型精湛，璀璨生辉。明间最为宽大，设有三组隔扇门，两次间为隔扇窗，梢间无窗。殿内原有彩塑早已经在“文革”中被摧毁，但三面墙壁上的壁画保存比较完好，分别绘有文武重臣朝拜大禹王和后稷、伯益的情景以及后稷和伯益教民稼穑、耕种、丰收和驱逐野兽、消灭蝗虫、尊神祭祀的故事；后稷的母亲姜嫄率领文武百官朝拜三皇和后稷出生时的故事；东岳大帝率领十殿阎君出行和阴曹地府终身受难的景象。这组壁画不但色彩古朴稳重，而且技艺精湛，造型严谨又生动，从人物的衣着服饰到仪仗用具再到朝拜、劳动和集会的刻画，都是不可多得的明代社会生活的真实写照，具有极高的艺术价值和研究价值，由明代正德二年（1507）翼城画士常儒和绛州陈园等七人绘制。

根据庙内现存的明代嘉靖二年(1523)《重修东岳稷益庙碑》所载“阳王之墟者，东岳稷益庙也。罔知肇自何代，元至元元年（1264）重新待殿旧三楹。明朝弘治间（1488—1503）恢复为五楹，正德间（1506—1521）复增先门一楹，献亭五楹，缭以周恒，架以长廊，种以佳木，百工弹巧，金碧离辉……”，可见元代之前此庙即已建成，明代更是多次增修。可惜现在碑中所说的献亭和长廊等建筑早已被拆毁，偌大的院子空空荡荡，只有大殿和最南端元风依稀的宽阔戏台遥遥相望。

稷益庙这两座幸存的建筑虽然外观不俗，但毕竟年代较晚，在山西这个宋、金、元时期大木殿宇荟萃之地能够享有盛名，全仰仗殿内珍贵的壁画。不过现在居住在庙中并负责看护的老人基本上不会给外来游客以进殿参观的机会，最开始是拒绝参观，待到我知趣地捐了香火钱，也仅仅是允许我在院子里看一看，仍然无缘进殿瞻仰壁画。在反复努力均无效果之后，我只能坐下来画这座大殿了，但也只画了这一幅，便被客气地请了出去。在一切为了文物安全的前提下，我除了认真配合，服从安排，别无他法。

第八章

巍峨堂皇览河东：关帝故里走运城

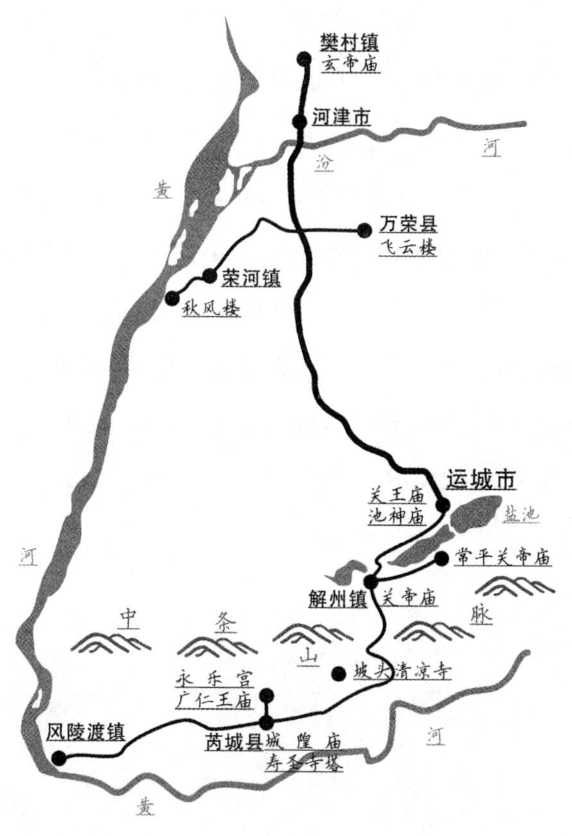

山西省的轮廓好像一个南北向狭长的平行四边形，运城地区就处在这个四边形的西南角上，这里以黄河为屏南接豫省，西邻关中，北依吕梁而连临汾，东峙中条而靠晋城，是晋南地区的枢纽要地，也是中华文明的发源之地。轩辕黄帝就是在运城以南的中条山下战胜蚩尤，肇兴华夏。至于舜帝之都蒲坂和禹王之都安邑，皆在今天的运城地区，强大的晋国也是在此开基立业称霸群雄。运城地区最独特之处是中条山下东西绵延六十余里的盐池，相传蚩尤的血流入山阴的池水之中，水

为之咸，后来这里成了历代赖以生存的食盐产地，抛开传说不论，盐池有记载的产盐史就已经达四千年之久了。盐是民之根本国之命脉，国家为了管理和护卫盐田，专门在这里修筑了城池，因而早在春秋时期运城就被称作盐邑，城市历史与盐业的紧密联系一直延续到近代。

因运城地区位于黄河东岸，自古便被称为河东，这里人杰地灵，英雄辈出，远古传说中的舜帝、禹王、后稷，人们耳熟能详的思想家荀子，老当益壮的廉颇，口若悬河的张仪，三箭定天山的薛仁贵，诗句流传千古的王维、王勃、王之涣，唐宋八大家之一的柳宗元，北宋名相司马光，甚至得道升仙的吕洞宾等众多在历史长河中璀璨夺目的名字都源自堪称神奇的河东地区。他们得这方水土的滋养而建功立业名垂千古，河东也因他们而名扬天下，被中国的历史牢牢铭记。但还有一位最为家喻户晓的圣者在千年以降的声望无人可及，甚至故去后数百年仍被历代帝王不断追赠加封，尊崇达到了登峰造极的程度，更是广受万民敬仰和膜拜，至今香火不息，这就是以勇武忠义著称于世、得以和大成至圣先师孔夫子相并列的武圣人关羽关云长。这个名字在中国乃至世界的汉文化圈中可以说是无人不知、无人不晓，一部《三国演义》更是把关羽的声望推崇到了极致，而关羽的家乡就在运城市，每当我读到“吾姓关名羽，字长生，后改云长，河东解良人也”，立即精神为之一振，凛然气息扑面而来。

01 解州关帝庙

运城市盐湖区的解（当地人读“骇”）州镇东临浩瀚盐池，正南面是如天然的屏风般巍巍西去的中条山脉，相传这里就是《三国演义》中所记载的关羽家乡解良县故地。在镇子西部有一座规模庞大的古建筑群——解州关帝庙。

关羽被历代王朝加封为与文圣人孔夫子相并列的武圣人，修建在其故乡的关帝庙等级和规模也与孔子故里山东曲阜的孔庙相当，是全国所有关帝庙中规模最大的，更有着无与伦比的精神象征意义，被尊称为关帝祖庙。

解州关帝庙虽然并不在解州镇的中心位置，却给我感觉整座解州镇就是围绕着关帝庙发展起来的。在苍翠树木掩映之中，几座斑驳的琉璃瓦顶大殿显露出沧桑神秘的气质。这座关帝庙创建于隋朝开皇九年（589），但当时规模不大，仅是一座民间自发性祭祀关羽的庙宇。

在海盐没有普及的时代，解州所晒的潞盐是人民食盐的主要来源。至北宋时期，潞盐的财利甚至达到天下赋税收入的一半，成为国家经济的重要支柱。相传到了大中祥符年间（1008—1016），宋真宗因中条山脚下的解州盐池日渐干涸，产盐量减少而忧心忡忡。中条山下是远古时期黄帝杀蚩尤的古战场，盐池之水呈现赤色，皆传为“蚩尤之血”，在《梦溪笔谈》中有所记载。时人认为盐池干涸是蚩尤作怪，龙虎山张天师进言：“古代忠烈之士死后成神，蜀将关羽忠勇绝伦，陛下祷告召之必胜无疑。”宋真宗依言，不几日盐池之水复涌如初，乃传旨在此地修关庙，这是历史上第一次由朝廷敕建祭祀关羽的庙宇。之后的元祐七年（1092），再次对关庙进行了整修。关羽的封号在宋朝也一路飙升，由最初蜀汉后主刘禅所追封的壮缪侯起，先加封为“忠惠公”，又加“崇宁真君”，再加封至“义勇武安王”，当然这一切都是由最热衷于加封神明的宋徽宗赵佶来完成的。从崇宁元年（1102）到宣和五年（1123）短短二十余年，关羽从侯而公，公而君，君而王，爵位极速上升。

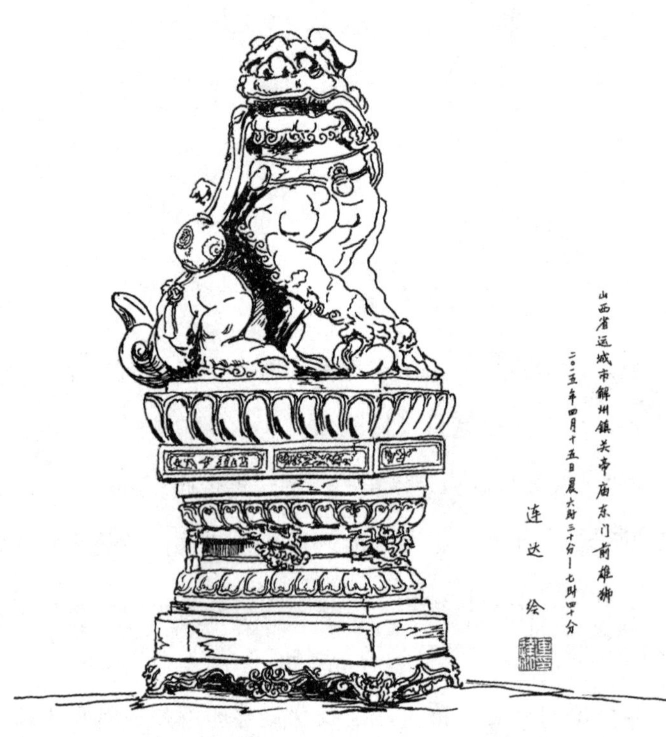

山西省运城市解州镇关帝庙东门前雄狮

北宋灭亡之后，金代继承了宋人对关羽的崇拜，继续修缮他的庙宇，不过那时候因为关羽是王爵，所以庙宇也仅能称作关王庙。在大定三年（1163）与泰和四年（1204）都曾对庙宇进行过修缮，此时偏安一隅的南宋朝廷还在继续对关羽进行着加封，已经追加为“壮缪义勇武安英济王”。

到了元代，因道教全真派得宠于蒙古统治者，获得了宗教领袖的地位，便将关羽也纳入道教体系之中，在至元三年（1266）对庙宇进行了扩建。大德七年（1303）的河东大地震将之前的历代修造顷刻摧毁殆尽。二十年后，全真派才开始再次重修关羽的神邸，于泰定元年（1324）完工。

明代对于关羽的崇拜达到了又一个巅峰，不但官方祭祀的规格越来越高，神宗皇帝朱翊钧还先后两次加封关羽，在万历四十二年（1614）最终将关羽确立为“三界伏魔大帝威远震天尊关圣帝君”，至此关羽已经是帝王的身份了。自这时起，关羽庙堂才可以称为关帝庙。解州关帝庙于是按照帝王宫阙的形式进行修造，一时间宏丽无比，名震天下，这也是解州关帝庙历史上规模最大也最为辉煌的时期。

清康熙四十一年（1702）四月的火灾使关帝庙建筑群化为灰烬，直至十年后才大体完成了重建。但自此之后关帝庙似乎进入了多事之秋，遭受到地震和多次火灾以及战争的破坏，屡建屡毁又屡毁屡建。甚至在日寇侵华期间，修缮增补的工作仍在进行，所以遗留至今的关帝庙建筑群都是清代和民国时期的构造，规模

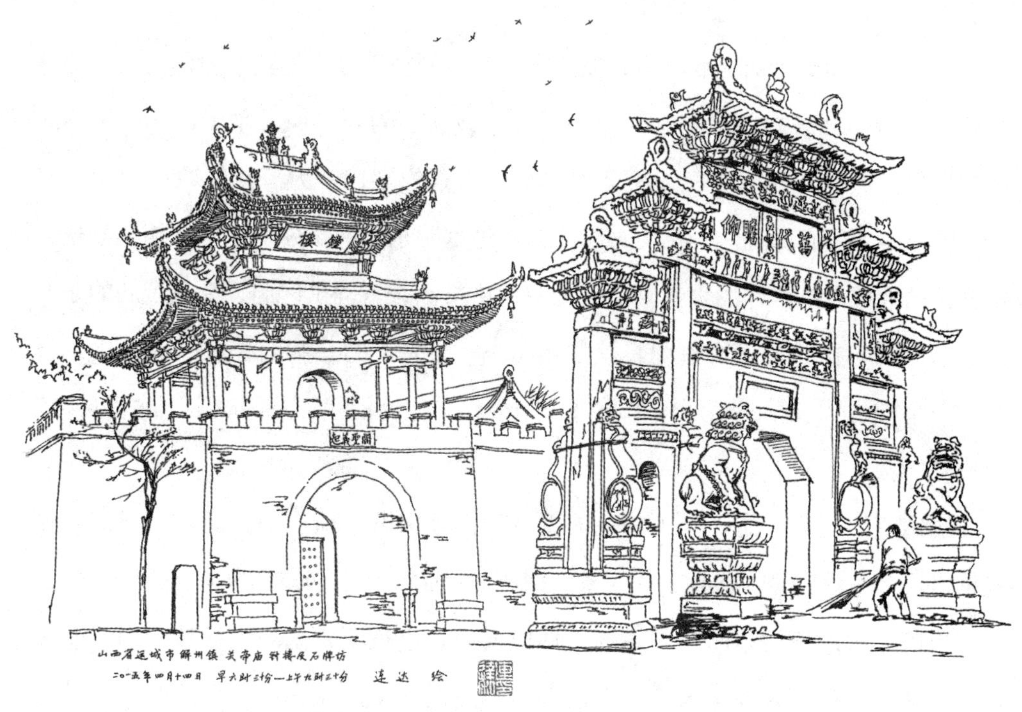

山西省运城市解州镇关帝庙钟楼及石牌坊

山西省运城市解州镇关帝庙威震华夏牌坊

也仅限于康熙年间火灾之后重建的样子。

现在的解州关帝庙坐北朝南，按照帝王宫殿的规制分为外朝和内廷两大部分，主要建筑沿中轴线向北依次排列。外朝部分最前端为明宣德元年（1426）所建的琉璃照壁，其后是明嘉靖三十五年（1556）修建的端门，为三开间歇山顶牌坊式砖门楼，即关帝庙的正门。端门之内的第一进庭院东西两端分别建有钟楼和鼓楼，都是在高大城台上修建的重檐歇山顶两层砖木楼阁，下辟拱门洞，为关帝庙的东西门。东边的钟楼前方遗留着明崇祯九年（1636）修建的三间四柱五楼式歇山顶石牌坊一座，匾额上镌刻着“万代瞻仰”，西边鼓楼前方为清代三开间歇山顶木牌坊“威震华夏”。

端门之后是清宣统三年（1911）重建的三开间歇山顶雉门，门内为三间卷棚式倒座戏台，两侧对称开有文经、武纬两座歇山顶掖门，与雉门以耳房连接。

雉门之后是午门，面阔五间的单檐庑殿顶，也是全庙之内现存唯一的一座庑殿顶式建筑，在清末毁于火灾，于民国初年重建。午门左右各设单开间小木牌坊一座，分别为“大义参天”和“精忠贯日”，东西两路建有长长的廊房。穿过午门有一座高大华丽的三开间木牌坊，镌刻匾额为“山海钟灵”。

牌坊后面是关帝庙内的第一座高楼御书楼，此楼平面基本呈正方形，修建在高台之上，面阔和进深均为五间，为三重檐歇山顶两层木楼阁，一层格外高大，两层均出回廊。在楼一层正南面建有单开间牌坊式抱厦，二层当心间悬挂“御书楼”巨匾。北面中部出三开间卷棚式抱厦，檐柱直垂于地，显得极高。旧时每逢庙会都在檐柱与楼下的台基之间架设台板，是一座可拆装的临时戏台，为正殿里的关帝老爷献戏之用。后来可能因在正殿前演戏聚会过于吵闹，有对关老爷不敬之嫌，于是取消了这里的功能，改在雉门内重新设置戏台。这座楼阁一层与二层之间悬八角形天井，因此原本叫八卦楼，是为了纪念康熙四十二年（1703）玄烨来此而建。当时他见到了关帝庙火灾之后残垣断壁的惨状，立即拨款开始重修。因康熙曾经为关帝庙题写匾额“义炳乾坤”，于是在乾隆年间便将此楼改名为御书楼。此楼虽然修建年代较晚，但造型古朴，气势宏大，层叠出挑的飞檐充满了张扬和灵动的气息，不失为传统木楼阁中的佳作。

御书楼后面庭院宽敞，是关帝庙的核心区域，中央高大宽敞的台基之上建有

山西省运城市解州镇关帝庙御书楼

富丽堂皇的正殿——崇宁殿。崇宁之名来源于宋徽宗加封给关羽的“崇宁真君”封号，但现存的崇宁殿是清道光四年（1824）重建，为面阔七间、进深六间的重檐歇山顶大殿，下筑一米余高的砖石台基，正前方凸出着宽大的月台，说明了始建年代之久远。台基周匝设有雕刻精美的石栏板，柱头上装饰着神态各异的小狮子。大殿四周环绕石雕盘龙廊柱。这也是晋南地区寺庙建筑的一个特点，许多古建筑上都设有石雕龙柱。而崇宁殿的盘龙石柱应该是在向山东曲阜孔庙大成殿的云龙石柱看齐，只是这里的石柱因大殿体量的原因显得偏小，但造型粗犷，每根柱子上的图案也各不相同，充满了洒脱的气质，与孔庙龙柱严谨的风格有巨大差异。清代晚期的大殿，总感觉比例不够美观，歇山顶有点偏小，下层出檐又显得过于宽大，两者比例不很协调，戗脊的线条也过于僵直。檐下的斗栱变得更小，偏重于装饰性，耍头都雕刻成龙头造型，阑额也变成了镂雕华丽的艺术品，各种令人眼花缭乱的彩画把大殿装扮得雍容华贵。最上层檐下悬挂“崇宁殿”匾额，下层是乾隆所题的“神勇”二字匾额。廊下陈列着清代所铸造的青铜和铁质的青龙偃月刀。因关羽被尊为神人，他使用过的兵器也被神化了。这种重达三百斤的大刀

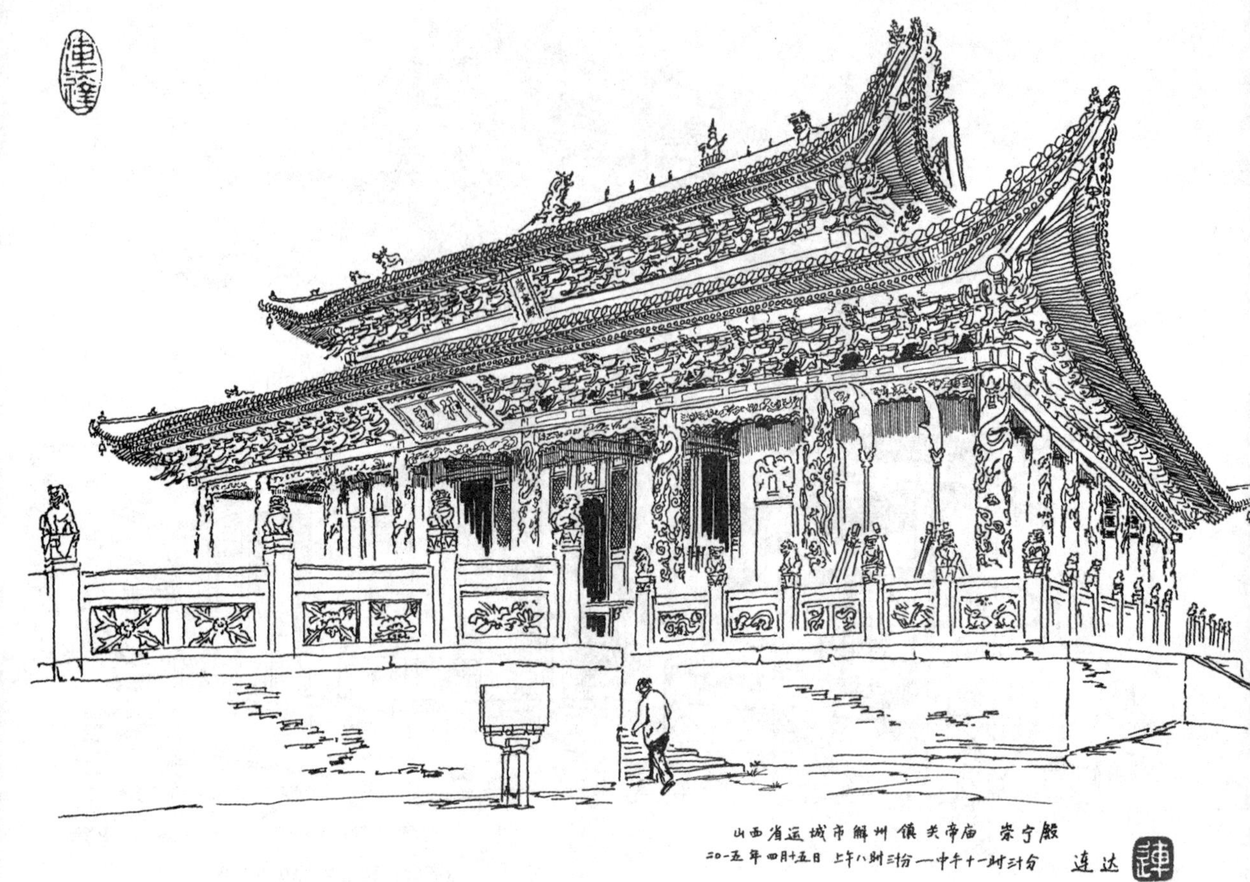

山西省运城市解州镇关帝庙崇宁殿

当然不能用来舞动杀敌，已经幻化成了一种象征性的符号。在崇宁殿前安置香案，还有对称的铜鹤、华表、铸铁狮子、牵狮胡人像以及精美的明代铁香炉等陈设，神奇地保存完好。

崇宁殿后面便是内廷部分，但进入内廷正门顿感十分空旷。原来这里建有供奉关羽夫人的娘娘殿，左右对称地建有太子殿，分别供奉关平和关兴，这与常平村关羽家庙内的布局是一样的。可惜在内战时期，据守运城地区的国民党军队将这三座殿宇的木料拆走用于修筑工事，工事并不能阻挡他们覆灭的命运，却使关帝庙建筑群永远失去了重要的一环。

内廷的后部是一组恢宏壮丽的楼阁式建筑群，也是全庙的最高潮部分，核心为清同治九年（1870）重建的麟经阁，因内部供奉着关羽夜读春秋的塑像，也被称作春秋楼。此楼为面阔七间、进深六间、三重檐两层歇山顶的木楼阁，上下两层皆有回廊，体量比御书楼大了不少。左右两边建有两座对称的三重檐两层十字歇山顶配楼，也是上下皆设回廊，左侧为印楼，意为供奉关羽受汉献帝所封的汉

山西省运城市解州镇关帝庙 香炉、铁人

二〇一五年四月十五日 中午十二时一十三时五十七分 连达 绘

山西省运城市解州镇关帝庙春秋楼

寿亭侯印，右侧为刀楼，自然是供奉青龙偃月刀，与关老爷有关的物品皆成神物了。在这三座楼阁正前方建有一座全庙内体量最大也最为华丽的四柱三楼式木牌坊，镶嵌匾额曰“气肃千秋”，牌坊与三座楼阁共同组成了全庙最后一进也是最严整紧凑的院落。院中古柏参天，繁茂的树冠几乎把春秋楼完全遮挡起来了。传说两株古柏的枝叶自然生长成了龙凤的造型，守护在春秋楼前，是上苍为关帝老爷配置的威仪。

我连续两日在关帝庙中写生，得以长时间地观察这些清代建筑，感觉几座楼阁更好地继承了传统建筑适当的比例和优美的造型，更令我喜爱。虽然清代建筑已经由宋金时期的讲究力学结构转向注重细节装饰，呈现出与早期建筑截然不同的气质，但这组关帝庙建筑群还是给人以强烈的庄严肃穆之感，比起建筑本身，我似乎也更迷恋全庙的这种整体上的感受。只是绘画的过程总是显得那么漫长，逗留的时间又好像总是很短暂，这里其实是值得进一步去细心观察和描绘的好地方。

山西省运城市常平关帝庙石牌坊

02 常平关帝庙

关羽家乡的确切位置是河东郡解梁县常平里，也就是今天运城市盐湖区解州镇的常平村。这里曾经是关氏族人祖祖辈辈居住的地方。据考证，关羽的家庭并非武人世家，反倒是书香门第。清代康熙年间解州守王朱旦根据当时发掘清理关氏墓茔所得文字砖撰写的《关侯祖墓碑记》所载，关羽的祖父名叫关审，字问之，东汉和帝永元二年（90）庚寅生，汉桓帝永寿二年（156）丁酉卒，年六十八，冲穆好道，常以《易》《春秋》训其子。羽父关毅，字道远。性至孝，父审卒后，在墓上结庐守丧三年。说明关毅是个孝子，从小其父就教他读书，以其至孝的性情，想来书也会读得很认真。后面还记述了关羽生于汉桓帝延熹三年（160）庚子六月二十四日，长成后娶胡氏为妻，于汉灵帝光和元年（178）戊午五月十三日生子关平。

也就是说，这本是一个普通的家庭，并没有什么特别之处。但当时已经处于东汉末期，政治极度腐败。后来又爆发了黄巾起义，天下大乱，烽烟四起，朝廷也逐渐失去了对于局面的控制，形势之严峻可想而知。越是在这种乱世，普通百姓生存得就越是艰难。相传关羽就是不堪忍受乡里恶霸吕熊的欺凌，愤而杀之，然后只好流亡在外，以做小贩为生，直至遇到了刘备和张飞，这才走上了军旅生涯，演出了后面众所周知的精彩故事。但在恶霸势力的追杀和迫害下，关氏族人纷纷逃亡，关羽的父母年迈，难以远遁，于是就投井自尽了。这便是今天所能知晓的近两千年前关羽家族的大致情况了。

在关羽身后被逐步追赠加封之时，他的家乡亦开始有人为其建庙祭祀，并尊称为关羽家庙。据传此庙与解州镇里的关帝祖庙皆始建于隋朝，规模也是历代积累逐步扩大的，至金朝已经达到可观的规模。可惜关羽故乡似乎终究是多舛之地，庙宇的历史也同关家的家史一样磨难重重，每到改朝换代、战乱四起时就要遭受到严重的破坏，不知道对关羽的庙堂痛加摧毁是不是能够刺激那些阿 Q 般暴虐之徒的自我满足，以为自己借此就能够具备了超越关羽的勇猛战力。当然，诸多毁坏之中还有不能回避的元代大地震。到了明中晚期时对关帝的追封已达极致，庙宇规模俨然堪比宫室。清代继续不断修缮增补，次数更是多得惊人，仅有记录的大修就多达十次，导致现在庙中的建筑大部分都是清代遗留，规模虽大，殿宇气势上还是颇觉欠缺。

经过内战和历次运动的冲击，现存常平关帝庙建筑群已经不复清代全盛时期的面貌，但依然保有殿堂华丽重门叠户之势，最前端为明代嘉靖二年（1523）七月由巡按监察御史王秀所修的石牌坊一座。为四柱三间式，造型简洁大方，仅以四根八棱石柱托起三座类似普柏枋的狭窄石雕檐顶，当心两根石柱施以蟠龙浮雕，正中央匾额上书写“关王故里”四个字。牌坊前置铁狮子一对，东西两旁相对还建有两座木牌坊，均为四柱三间歇山顶式。

牌坊后边就是庙宇原来的山门，并不出众的三开间悬山顶庙门，穿过这里进入院中，只见古柏参天，满眼葱郁。院子东边建有八角七层的砖塔一座。相传此塔下原来是关家祖宅中的一眼古井，关羽的父母就是在此投井自尽的。待事态平息后，当地乡民为了表示对关羽铲除恶霸的感激和对其父母的敬仰与纪念，特在井上筑

山西省运城市常平关帝庙
祖宅塔
二〇一五·四·十六
下午十五时五十分—十六时五十分
连达

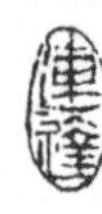

山西省运城市常平村关帝庙
二〇一五年四月十六日上午十时四十分～中午十三时
莲达绘

山西省运城市常平村关帝庙崇宁殿内神龛

塔一座，并称为祖宅塔。据说此塔最初创建于东汉中平元年（184），在金代大定十七年（1177）重修，现在的塔则是清代所建，造型相当简单质朴，几乎没有任何雕刻装饰。不过这种位于庙宇前部中轴线旁边的塔实在并不多见，也算是常平关帝庙的一个独特之处。

塔后为三开间的仪门，两旁设有对称的掖门。门内是常平关帝庙最大的一进院落，正中央是献殿和正殿，两厢有长长的廊庑相对，并且置有一对歇山顶的御碑亭。院中参天的古柏与前面山门内的柏树相呼应，烘托得庙宇极具仙家灵气。正殿名曰崇宁殿，和解州关帝庙一样，都取宋徽宗加封关羽的崇宁真君之号命名。这座正殿是清同治九年（1870）时重建的，面阔五间，进深六间，重檐歇山顶，整体上并算不上高大，看起来仍有顶上窄小而底部过于宽大的比例问题。下层四周出回廊，出檐不宽，但檐角挑得很高，并有些微微上卷之意。

殿内布置也并不复杂，素面墙壁不施彩画，梁架被楼板一样朴素的顶棚完全遮住了。正中央神台上小木作神龛保存得还很完整，有楹联为“紫雾盘旋剑影斜飞江海震，红霞缭绕刀芒高插斗牛清”。关羽塑像头戴冕旒，身着衮服，手持笏板，

山西省运城市常平关帝庙崇宁殿
二〇一五年四月十六日 上午八时三十分—十时三十分
连达绘

正襟危坐在龙凤盘绕的御座之上。阶下香案两旁各侍立一尊头戴进贤冠、身着朝服、手持笏板的文官塑像，如同在等候关帝旨意一般，据说这些都是明代遗留下来的彩塑。

献殿是更为普通的悬山顶式过厅，与正殿之间尚有一段距离，这里生长的一株古柏粗硕遒劲，已经干枯多半的身躯像虬龙一般扭曲上升，充满了昂扬的力量，又好像一个奔放的舞者正在张开双臂尽情舞动。在看似已经枯死的树干最顶端又新生出一簇枝叶来，虽然看起来有些孤零和脆弱，但足以昭示生命力量之顽强不屈，所以这株古柏给我的印象要超过有些平凡的崇宁殿建筑本身。

与解州关帝庙格局相仿，常平关帝庙在崇宁殿后面也是后宫的区域，有供奉关羽夫人胡氏的娘娘殿，与这座崇宁殿的规模类似。东西两厢的配殿名曰太子殿，分别供奉着关羽两个儿子关平、关兴及夫人的塑像，包括主像和下边侍立的仆人像在内三座殿里的彩塑都身着明代冠服并保存完整，但应是清代作品。

最后一进院中是圣祖殿，为面阔五间的悬山顶建筑，是与娘娘殿一样，设有单独院门的独立院落。这里供奉的是关羽的始祖忠谏公、曾祖先昭公、祖父裕昌公和父亲成忠公以及诸位的夫人塑像。这些名不见经传的关氏先祖皆因关羽之故而被追封为公爵之尊，更像是一些符号化了的人物。通常人们去过了解州关帝庙，都要再来常平村的关羽家庙看一看，两地相距不远，这样才算真正地拜祭过这位武圣人了。

03 运城关王庙

其实除了解州镇和常平村这样规模庞大的关帝庙之外，作为关羽家乡的运城地区还保存着不少中小规模的关帝庙。这些庙宇名气虽然不大，但却是各具特色，其中不乏精彩的建筑佳作和重量级的文物。

比如说隐藏在运城市盐湖区的关王庙，只听这个名字就知道必定是明神宗朱

山西省运城市盐湖区关王庙

翊钧加封关羽为君之前所修建的庙宇，那时候关羽最高的封号还是王爵，因此庙宇就叫作关王庙。因为运城盐湖产盐，这里最早叫作盐邑，后来几经变迁，取盐运之城的意思改作运城县。当运城升级为下辖 13 个县市区的地级市之后，原来的盐邑旧地便改称盐湖区。所以，这座运城关王庙实际上就是当年盐邑城内供奉关羽的地方。庙宇面积不大，坐东朝西，大隐于繁华喧闹的十字街旁边。

此庙相传创建于元朝，明代正德六年（1511）和嘉靖五年（1526）都进行过大修。据记载，当时的规模也是相当可观的。可惜在嘉靖三十四年（1555）受到关中大地震的波及，殿堂尽毁，数代之工一朝化为瓦砾。后来，巡盐御史吴楷携河东盐商巨贾于万历二十五年（1597）在原址上进行了重建，依稀恢复了往日风貌。但时至今朝庙中殿堂已经毁灭殆尽，只有山门、献殿和正殿三座建筑幸存，都是明代重建时的原构，后院里还夹杂一些拙劣的仿古楼宇，徒添耻笑而已。

山门为面阔三间，进深四椽的单檐悬山顶建筑，前后檐下置石雕盘龙柱，当心间开木板门，造型古朴厚重，粗犷气质似有元风。我沿着街边一路找过来，在呆板的水泥盒子般的楼房旁看到这浑厚的悬山顶，顿时精神大振，一上午昏昏沉沉的车马劳顿和饥肠辘辘之感瞬间被抛到了九霄云外，哪还舍得再去浪费时间吃饭，当即就在马路边坐下来开工写生。路旁商店里的小姑娘围观许久，还给我送来了热水。

山门内空间狭窄，献殿和正殿填满了庭院，似乎把天空都遮起来了。献殿是面阔三间的卷棚顶，与正殿屋檐相抵几乎连在一起。正殿深广皆为三间，单檐歇山顶，后檐中央出抱厦。建筑各处极尽奢华的木雕和石雕以及殿顶璀璨的琉璃脊饰让人眼花缭乱，目不暇接。但庙内最宝贵的是后院里收藏的宋徽宗所作《大观圣作之碑》，使得这座庙宇蓬荜生辉。

04 运城池神庙

当我在池神庙的大殿里看到“古河东盐池周边形势图”的沙盘时，惊讶得竟一时合不拢嘴——古时候在东西绵延六十余里的盐池外边竟然修筑着一圈封闭的城墙，这是怎样浩大的工程啊！一座周长一百二十余里的超级巨大围城，恐怕可以获得中国古代第一大城的殊荣了。号称中国历史上最大都市的唐代长安城周长也不过七十二里而已，足可见盐池在历代王朝眼中的分量。为防止走私食盐和税收流失，自唐至明历代累加增修，绵延千年终成大功。这座东西狭长的城垣东与安邑县城毗邻，城中巍峨高耸的太平兴国寺塔至今仍然孤独地守望着盐池；最西边与关帝祖庙所在的解州镇相接；北面正中央的城门和盐邑县城的南门相对，真是地道的一池跨三县，四城相勾连。

等我从对于盐池的无限遐想中缓过神来，才意识到无论是安邑县城、盐邑县城或是解州城，还是这周长百余里的超级盐池围城等都早已灰飞烟灭，彻底消失在了无情的历史车轮之下，要说被历代所重视和营建的盐池旁还留下了些什么，恐怕也就只有残缺的池神庙了。

池神庙坐北朝南修建在盐池北岸的卧云岗之上，此地视野开阔，目及千里，

山西省运城市盐湖区池神庙

盐池景色尽收眼底，是极具气势的宝地。庙宇始创于唐代宗大历十二年（777），当时代宗赐盐池名为“宝应灵庆池”，封盐池之神为“灵庆公”，于是开始建庙祭祀。因盐池实际上分为左右两部分，于是北宋崇宁四年（1105）宋徽宗加封东盐池神为资宝公，西盐池神为惠康公，大观二年（1108）再封为王爵。元朝至元十二年（1275）赐庙号为“宏济”，大德二年（1298）再加封“广济”“永泽”，庙堂历代增修，明清两代更是达到了极盛局面，背依高岗而得势，殿堂楼阁层叠攀升直接霄汉。但到了近代，随着海盐产量的激增和交通运输的发展，人民几千年来所依赖的池盐开始逐渐没落，池神庙也不可避免地走向了衰亡。

今天的池神庙所剩建筑已经不多了，主体建筑仅有三组，最前端是海光楼，寓意登楼远眺浩如烟海波光粼粼的盐池景象，但此楼也是近些年所复建。中部有一组东西向狭长坐落在高大砖平台上的卷棚顶殿堂名叫奏衍楼，下边台基高度近三米，在中央开拱门洞以供通行。这里实际上原为三座相连的戏台，是为正殿里诸神明献戏的场所。

最北端高大的平台之上就是池神庙的主体建筑——一字排开的三座歇山顶大殿。三座殿面阔、进深均为五间，重檐歇山顶，下部有回廊，只是正中央的殿宇略高于两侧，飞檐凌于其上，彰显主神无比尊崇的地位。这三座殿宇也是池神庙中现存最古老的建筑了，为明朝嘉靖十四年（1535）修建，其余建筑都是清代遗留。正中央大殿的顶层檐下悬挂匾额“池神庙”，下层匾为“钦赐灵庆公神祠”。东侧大殿为“雨师太阳神祠”，西侧大殿是“条山风洞神祠”。这个排布与明代碑刻中所记载的格局有所改动，将原来奉祀于西殿里的关老爷请走，把原位于东殿里的中条山风神迁到了西边，说明后来对产盐至关重要的阳光和风更加重视。这三座大殿雄镇于盐池北岸最高处，犹如诸神在俯瞰和守护盐池一般，显得气势磅礴，雍容华贵，可惜殿内早已空空荡荡，诸神塑像毁坏久矣，但关于盐池历史的介绍还是令我大开眼界。

奏衍楼和海光楼之间的区域还陈列着池神庙历代积累下来的如林碑刻，从唐至清的名碑不可胜数，价值亦不可估量，我漫步其间，如走进历史深处，盘桓良久不愿离去。

站在海光楼前手扶围栏向南纵目远眺，天边就是连绵横亘的中条山脉，山下浩荡的盐池苍茫无际气象万千，亿万年的精华沉积于斯，数千年的历史浓缩于此。坚厚的城垣早已踪迹难寻，现代化的公路则越过盐池直出中条而去，沧海桑田的巨变直陈于面前，怎不让人心中生出无限的感慨啊！

05 芮城永乐宫

从运城出发，向南翻越浩荡的中条山脉，客车沿着崎岖的山路盘旋上升，我趴在车窗上恋恋不舍地回头张望，盐池和硝池越来越小，逐渐变成了苍穹下几块闪闪发光的镜子。还没来得及触景生情追思一下中条山抗战的惨烈，我就在摇摇晃晃中沉沉睡去。待醒来时，车已经翻过山梁，进入了芮城县地界。

芮城是运城下辖的一个县，位于山西省的西南角，北依中条，南临黄河，是一座山水间风景秀丽的小城。早在殷商时期，这里就已经建立了芮国，历史之久远与华夏同源。北周明帝二年（558）于今天的位置正式设立芮城县，至今已经有一千四百多年了。也许很多人并不熟悉这座黄河边上的小城，但只要对中国美术史稍有了解，便会听说过著名的永乐宫壁画，而永乐宫这组名冠中外的道教建筑群就在芮城县，我是带着虔诚的朝圣之心奔向这里的。

永乐宫创建于元定宗贵由二年（1247），正是蒙古大军南下消灭西夏和金并对南宋用兵、欲一统天下的时代。。这一时期道教全真派得宠于蒙古统治者，成为宗教界的领袖，并在有元一代大修宫观，势力盛极一时。当年选在芮城县西南濒临黄河的永乐镇唐代天尊堂和宋代吕公祠旧址上兴建，是因为此地是道教八仙之一吕洞宾的家乡。他被尊为吕祖，唐宋以来一直建祠祭祀，可惜金大定八年（1168）毁于火灾。这座庞大的建筑群因地得名，就叫作永乐宫。道教全真派曾经一度获得了天下各教派的统辖权，数百处宏大的道观在各地开工兴建，永乐宫只是其中之一。在元世祖忽必烈中统三年（1261）赐名为"大纯阳万寿宫"，规模进一步扩大。终元一朝修建未息，到至正十八年（1358）竣工时已经过去百年之久。

永乐宫之所以叫作宫，足见其建造等级之高，完全是按照宋、金时期宫殿的式样修建，全盛之时，辉煌壮丽堪比两京。到了近代，永乐宫建筑群早已不复往昔辉煌，但几座主体建筑都还完整地保存下来了。这些殿宇里的道教壁画是中国现存元代壁画中最好的，其中尤以正殿——无极之殿内的壁画最为著名，因殿内曾经供奉着三清圣像，也被称作三清殿。四壁上绘制着近三百个与真人尺寸相当的天界众神，有雍容华贵的天帝和王母，仪态万方的玉女，严谨恭肃的仙官，威猛彪悍的神将等形象，排布有序，丝毫不乱。他们冠带华丽，服色鲜明，列队整齐，等级森严地行进在去朝拜元始天尊的路上，是为《朝元图》。这些云端上的众神表情生动，造型逼真，比例适当，线条使用如行云流水般酣畅自然，一气呵成，给人一种扑面而来的硬朗狂放气息，是宋、金画风中所少见的。我们在画面中能够体会到曾经熟知的"曹衣出水，吴带当风"的描述。我见过一些唐代的壁画，三清殿的壁画依稀有唐代遗风。据传，这个《朝元图》的粉本很可能就是唐代流传下来吴道子《五帝朝元图》的摹本，具有极高的艺术价值。众神的衣冠是典型的唐、宋时期汉族服饰，所持用具和陈设也都来源于当时的实物。人物面貌千差万别，明显有许多胡人的形象掺杂期间，说明了神的形象其实取材于现实中的人。这也是唐代和元代西域与中原交往密切的一个侧面反映，说明那时的汉人对胡人乃至西方人的形象并不陌生，甚至在进行艺术创作时也信手拈来加以使用，是后世的明清时期不可比拟的，所以永乐宫壁画又是珍贵而具象的历史资料。

不过，这座艺术圣殿在1959年修建三门峡水库时，正好处在规划中的被淹没区里，面临灭顶之灾。后来国家花了五年时间，对永乐宫建筑群进行了整体搬迁，把壁画切割成块运走，待殿堂在新地址重新建好后再按原位一一拼合到墙上。

所以现在的永乐宫所在地是芮城县正北的龙泉村东，但令人叹息的是，永乐镇的原址现在仍然隐没于荒草丛中，从未被黄河水淹没。

现在的永乐宫得到很妥善的保护，除了最前端清代时增修的山门，元代所遗留的主体建筑一共有四座，沿中轴线自南向北分别是无极之门、无极之殿、纯阳之殿和重阳之殿。

无极之门又称龙虎殿，是元代时的山门，面阔五间，进深六椽，单檐庑殿顶，明间为进出永乐宫的通道。建筑手法简洁古朴，飘逸的飞檐优美大气。穿过这里，来到一座宽阔的庭院，高耸的台基之上便是宫中的主殿无极之殿，即三清殿了。

无极之殿面阔七间，进深八椽，单檐庑殿顶。正面仅在两尽间筑墙，其余五间皆开隔扇门，背后明间开木板门，殿内采用减柱造，只在后部设金柱八根，砌墙三面，使内部空间十分高敞。神台上供奉着太清、上清和玉清的圣像，不过这三尊像在“文革”中被捣毁，现在的补塑和四壁上精彩绝伦的壁画相比，实在是相形见绌。殿前设宽大的月台，两侧又有两个小朵台凸出，皆设踏道，十分罕见。

无极之殿后边是纯阳之殿，两殿的台基间有与之等高的甬道相连接。纯阳之殿面阔五间，进深八椽，单檐歇山顶，明间和两次间设隔扇门，内部亦用减柱法，仅设金柱四根。原本供奉着纯阳祖师吕洞宾，所以又叫吕祖殿。四壁上绘有吕洞宾成仙得道和福泽万民的故事，尤以《钟离权度吕洞宾图》最为著名。钟离权即是八仙中的汉钟离，是吕洞宾的师傅。

最后一座建筑叫作重阳之殿，面阔五间，进深四间，单檐歇山顶，在四座建筑里体量最小，格局和纯阳之殿类似。里面供奉着道教全真派的祖师王重阳和他嫡

山西省芮城县 永乐宫无极之殿
二〇一五年四月十七日下午十五时四十分——十七时四十分
连达 绘

山西省芮城县永乐宫无极之殿

传的七位弟子，因此也叫七真殿。四壁上绘制的是王重阳从降生至得道及后来点化七真的传奇故事。其中最著名的徒弟便是长春子丘处机，正是他西行谒见成吉思汗，劝说蒙古征服者减少屠杀，并在蒙古人的支持下将全真派发扬光大。另六位弟子分别是丹阳子马钰、长真子谭处端、玉阳子王处一、太古子郝大通、长生子刘处玄、清静散人孙不二，这些名字本已逐渐湮没在历史深处，如今又随着金庸先生的武侠小说为人们所熟悉。

四座殿宇中，无极之殿和纯阳之殿最为华丽，等级也最高，加上最后边的重阳之殿，三座建筑前面都设有月台，并且台基皆以甬道相串联，平面形成一个“王”字造型，现在的北京紫禁城三大殿丹陛也像这种布局。这些殿宇虽说是建于元代，但丝毫没有诸如绛州大堂、霍州衙署般简约粗粝的风格，相反继承了宋式营造法的特点，用材规范，俊朗秀美，沉稳大气，巍峨之中展现出雍容华贵的仪态。站在近前，仿佛看到了早已消逝的宋代汴京和金朝中都宫禁之内的景象，引人无限追思和遐想。现在慕名前来朝圣的人们大多直奔三清殿内的壁画而去，在壁画的盛名之下

山西省芮城县永乐宫重阳之殿

却忽略了永乐宫建筑本身的美好独特之处。

庑殿顶飘逸流畅的垂脊展现出的完美曲线，殿顶上所装饰的辉煌璀璨的琉璃，檐下华丽而工整的斗栱甚至斗栱间精雕细琢的泥塑游龙，无不是前人杰出的创造和心血的结晶。清代山门内两侧长长的廊庑之下，元代以来的巨碑好似魁伟的神将一样矗立，无声地诉说着宫阙久远的故事。

现在有许多年轻的学子常住在这里临摹和学习壁画，能够长时间地近距离欣赏和观摩这些美好和神圣的杰作，在我看来真是一种莫大的幸福。我却只能行色匆匆，在对他们的羡慕和对逝去青春的怀念中画下无极之殿和重阳之殿，直至天黑前才依依不舍地走出宫门。最后的落日余晖隐去之前，感觉意犹未尽不愿离开的我又画了一尊园区外的石狮子。这个不知何代的作品屁股和后肢都被砸烂了，只以水泥草率修补，但顽皮之态丝毫不减，十分可爱。

山西省芮城县永乐宫山门外石狮一尊
二〇一五年四月十七日傍晚十八时二十分——十八时五十分
连达

山西省芮城县广仁王庙

06 芮城广仁王庙

在永乐宫的西北方就是龙泉村，村北的高地上坐落着一所不大的庙宇，仅有倒座戏台和正殿两座建筑，戏台也仅仅是清代所建。要说有什么特别，就是台基外部紧邻土崖边缘，因而显得十分高大，似乎仅此而已。其实真正的精华是正殿本身，即中国现存四座唐代木结构建筑之一的广仁王庙正殿。

前面提到过，物以稀为贵，国内仅存的四座唐代木结构建筑，是我们这个擅长营造木结构殿堂的文明古国最鼎盛王朝留给世人仅有的一点直观感受。

在庙前原本有清泉涌出地面，可以滋养灌溉四方沃野，古人因之建庙，祭祀掌管云雨甘泉的龙王。在《太上洞渊神咒经》中载，女娲娘娘曾经按照方位分封了天下的五帝龙王和四海龙王。其中为首的青龙神统率诸王，封为广仁王，于是民间就将清泉命名为五龙泉，庙宇也叫作五龙庙了。祭祀五龙的风俗由来已久，这座五龙庙的创建时间也已经无法考证。根据庙中唐宪宗元和三年（808）碑刻《广仁王龙泉记》所载，县令于公凿引龙泉之水灌溉农田，当时龙泉旁即建有祠宇，可见年代之久。另一块《龙泉记》则载，至唐文宗大和五年（831）时，已是“神屋坏漏，墙壁颓毁，图形剥落，日为牛羊蹂践，秽杂腥臊之地”。当年秋及第二年春大旱，有神人贻梦于群牧使上柱国袁孝和，请他去龙王庙求雨，果然应验，于是对庙宇进行了修缮和扩建，现存的正殿正是那时所遗留。宋徽宗大观二年（1108）将五龙皆封为王，青龙神为广仁王，赤龙神为嘉泽王，黄龙神为孚应王，白龙神为义济王，黑龙神为灵泽王。五龙的身份即已明确，通常只以为首的青龙神广仁王统代，称为广仁王庙。

这座唐代的正殿修建在高约一米的砖石台基上，规模并不算大，造型严谨，结构简练，为面阔五间、进深四椽的单檐歇山顶建筑。正面明间开木板门，两次间设直棂窗，殿顶举折舒缓，出檐宽广沉稳，透露出浑厚古朴的气质。檐下只设柱头斗栱，为双杪五铺作偷心造，并无补间。内部梁架粗犷硕大，无立柱，仅以四椽栿接前后檐柱，使空间通透宽敞。看殿顶和斗栱使我感觉与五台山下的南禅寺颇有相似之处，看内部梁架，则又依稀和平顺县龙门寺五代时期修建的西配殿有些神似。细算起来，广仁王庙正殿与前者仅仅相距五十年，与后者相距也未足百年，又同为乡村庙宇，等级也相差不大，构造相仿应在情理之中。

广仁王庙雄踞于村北高岗之上，后可远借中条山苍茫之势为靠，前则眺望芮城大地广袤的田野乡村。庙下原有五龙古泉滋养，本是个风水宝地，但由于后人不知爱惜而开采过度，使泉水于20世纪70年代就已经枯竭了，无水之田灵秀尽失。

清早我来到庙前，但见土崖边新修的围墙尚未完成，歪斜的篱笆门边仅以铁丝网封闭。我一咬牙，硬从铁丝网的缝隙中爬了进去。当我投入地正在作画时，村中的文保员大爷出现在我身后，本欲将我擒获，但看到我的画时，转怒为喜，最后还打开殿门请我参观内部的梁架结构，表示对我这样刻苦努力的年轻人要多支持。

07 芮城寿圣寺塔

在芮城县东北有一个巷口村，随着县城规模的扩张，实际上已经融入城区面积之内，并取了个舍利东街的名字。在街北有一座寿圣寺，寺中耸立着一尊近千年的宝塔，巍峨清秀的身姿远远即可望见。

这座塔通体用青砖修筑，为八角十三级楼阁样式，通高达四十六米，内部为上下贯通的空桶结构，单独架设木质楼梯。塔身一层最高，南向开门，其上各层均四面设佛龛式假门。一至三层檐下皆施以砖雕仿木结构的五铺作斗栱，其上各层叠涩出檐，逐渐向内收分，使塔身看起来像一个刺向苍穹的巨锥。

据《芮城县志》记载，此塔建于北宋天圣年间（1023—1032），“出县郭东北仅数百步，有古寺遗基，常于其地见有光出如炬，远而望之甚明，逼而视之乃灭。凿之，乃得舍利一器，复于原所再造塔而葬之”，遂称“舍利塔”。经考证，认为此寺塔乃是始建于东汉时期佛教初入中土时所建的十九座阿育王塔之一，内部所供奉的舍利即是佛祖释迦牟尼的真身舍利。又据《敕赐寿圣寺额》碑记载，熙宁元年（1068）正月二十三日，宋神宗亲笔题写寺额，诏命敕赐舍利塔及附属建筑为“寿圣寺”。现存的《芮城县寿圣寺戒师和尚润公塔铭》详细地记录了寿圣寺当时的修造规模，“经营缔构余三十年”，规模宏伟，“殿塔、钟阁、门廡、厨庖、法堂、僧舍、修廊、邃宇，雕镂绘塑，金碧煌耀，穷壮极丽”。明洪武五年（1372），寿圣寺内设“僧会司”，为全国僧人参学修炼之地，香火鼎盛。历代的重视和整修使寿圣寺在名刹云集的三晋大地声名显赫，俨然晋南佛国圣地。在新中国成立之前的九百多年时间里，寿圣寺塔一直是芮城的最高建筑，当地人习惯将塔与寺统称为塔寺，芮城古八景之一的“塔寺晨钟”指的就是这里。

在一场牛毛细雨后，我来到了寿圣寺，立即被这峻秀参天的十三级浮屠所震撼。清风吹来，各层檐角上的铁铃一起叮咚作响，声音清脆悦耳，如同海潮一浪

山西省阳城县寿圣寺塔
二〇一五年四月十八日 下午十五时三十分—十七时十五分
连达绘
連

接一浪袭来，又似百千钟磬同时敲奏，把云雾翻腾之下的古塔烘托得愈发空灵神秘。可审视塔下的寺院，哪还有宋代古刹的影子，几座殿堂完全是现代的仿古建筑，已是面目全非，无甚可观，哪儿对得起本寺久远的历史？倒是寺中僧人和冒雨前来做功课的居士们虔诚的礼佛之心传承未绝。

若追问起昔日寿圣寺建筑群，通常所云皆是“毁于日寇战火”这一句而已。我询问多名当地老人，却听到了一个令人无奈而叹息的故事。1941年中条山战役后，国民党军队损失数万兵力，全线崩溃，无论是中央军还是晋绥军全都从芮城撤走，守备芮城城防的任务便落在了当地民团的手里。正规军都挡不住日寇的铁蹄，装备简陋、人员稀少的民团心中的惊恐可想而知。不知什么人出的主意，说鬼子翻过中条山，必然会从东面的大路杀过来，咱们在县城东边挖深沟，点起大火，鬼子就进不了城了。这么幼稚的计策竟然就被执行下去了，当真是饥不择食，慌不择路。又宽又长的深沟挖好后，把以抗敌名义能够找到的家具、木料和一切可燃物都填进去还是不够，于是民团就把规模宏大的寿圣寺殿宇全部拆毁，一股脑填到沟中。接下来就是等待鬼子的到来和点火的时刻，可却是左等也不来，右等也不见动静。大伙正惊恐万状，疑神疑鬼之时，却发现鬼子早已经绕过芮城直插风陵渡桥头堡，为西渡黄河做准备了。于是芮城不战而溃，寿圣寺也毫无意义地化为乌有，饶是砖塔无点火之用，才留存了下来。

08 芮城城隍庙

芮城县虽然因城外的永乐宫和广仁王庙而著名，但其旧城内在日新月异的建设之下，还是保留了一些古迹，比如县文博馆广场旁边的关帝庙和附近小区里文庙的大成殿，还有城南一座很大的城隍庙。

芮城城隍庙位于永乐南街的小西巷内，这个地方已经处在老城的南部，因此当地人俗称为“南庙”，是城内现存最大的古建筑群了。我来到这里时，正遇上大修

山西省芮城县城隍庙

工程如火如荼，主要是清理周边杂乱的房子，在庙前整修出广场，建起一座木牌坊，并把早已毁掉的山门、倒座戏台及两侧的钟鼓楼重新修起来。在淅淅沥沥的小雨中，油饰一新的牌坊和山门显得娇艳欲滴。

当我走进院中，看到里面的几组古建筑，才彻底相信这就是我要找的有着千年历史的城隍庙。据《芮城县志》记载，城隍庙创建于宋真宗大中祥符年间（1008—1016），现存的建筑有最前边的前殿，中间的献殿和正殿以及最后一进的寝殿，两侧有配殿和廊庑，格局基本完整。

前殿是一眼望去毫无悬念的元代风格，由巨硕而不加修整的老柏树充当大额枋和低矮敦实的圆木柱，完美地昭示了鲜明的时代特征。此殿面阔五间，进深三间，单檐歇山顶，侧脚和生起都特别明显。现在明间开木板门，两次间为直棂窗，体量不大，但相当敦厚稳重。按照常理，这个第一进的位置应该是供奉神明的地方，看殿前的介绍上则说这里叫作“享殿”，是当年蒙古贵族观戏的看台，如果这样说，可以认为门窗甚至墙壁都是后来所加的，不过这种横在中轴线上的看台我却是第一次见到。在小雨中，我歪着脖子夹着伞，匆匆将这座与永乐宫截然不同的元代殿宇画下来。

前殿后边是一座宽阔幽静的庭院，两旁有长长的廊庑，正中央是献殿和正殿。献殿为面阔五间的卷棚顶，是明代增建，与正殿的屋檐几乎抵在一起。两侧建短墙和正殿的山墙相连接，也就把正殿挡了个风雨不透。其实正殿才是城隍庙的核心和精华建筑，是北宋创立庙宇时的原构。城隍是指古代城池的守护神，通俗的解释就是管理城市阴间事物的最高长官，凡在阳间做恶者如果侥幸逃脱法律惩处，那么也绝对逃不过城隍神的鉴察和审判，归根结底就是警示和劝化民众向善。这种城隍神之说相传源自汉代，而祭祀城隍从北宋之后开始兴盛，到了明代则更是由朝廷专门敕封分为四等，规定最低一级到县城必须修建城隍庙，县级城隍封为显佑伯，多由本地历史上著名的忠臣义士或刚正不阿的贤德之人担当。芮城的城隍庙很显然就是在北宋兴起城隍信仰时所创修，当然现存遗物也仅有正殿而已。

正殿面阔五间，进深六椽，单檐歇山顶，大部分构架都是北宋原物，正面被献殿挡住，但从内部看，已经从唐朝和五代时期的雄劲硬朗风格向平和雅致转变，曾经用减柱法节约出的空间在后世又被追加的多组用于加固的立柱给填满了，这是木材本身难以逾越的一道障碍。在正殿后面还有一进院子，是城隍老爷的寝殿，为清代顺治年间增建。

在正殿东侧陈列着众多历代碑刻和石雕，文物和艺术价值之高，令我大为意外，在其中流连良久。

09 芮城清凉寺

芮城县东部的西陌镇下辖坡头村，村旁有一座古老的元代寺庙叫作清凉寺。因为地处中条山南麓的黄土台塬深处，清凉寺给我的感觉相当神秘。当我乘坐的出租车还在山岭间盘旋时，远远就望见了群山环抱中有一块平坦的台地，一座巨大的悬山顶殿宇泰然端坐于台地后部，它雄伟的造型和暗红色的墙壁在周遭苍翠的山林掩映间显得格外醒目。

山西省芮城县西陌镇坡头村清凉寺

所谓清凉寺，其实只剩下一座孤零零的大雄宝殿而已，满地的衰草和残破碑刻在凄冷的小雨中为我营造了一个极其苍凉的氛围。这座大殿面阔五间，进深八椽，单檐悬山顶，下部修建在两米余高的雄壮台基之上，前方出月台，设有舒缓的长长甬道，站在近前顿时感到一种庄严尊崇的气势迎面威压下来。殿堂体量之巨大完全可与之前看过的绛州署大堂相媲美，明间和两次间全设隔扇门，两梢间加筑墙壁，其余三面墙壁更显厚重敦实，仅在后墙中央开一小门。檐下双下昂斗栱和普柏枋、阑额及柱子等倒也中规中矩，并没有绛州署和芮城城隍庙那种夸张的巨材架设。可走进殿内我才恍然大悟，那粗犷的元代风范隐藏在里面呢。殿内采用减柱造，前槽的两根金柱近一米的直径霸气得无以形容，虽然见识了那么多狂放夸张的元代大殿，但每一次仍然会情不自禁地惊讶和赞叹，深深地感到这不是寻常匠人可为，一定是得到天神下界协助才能完成的构造。金柱高高地托举起了梁栿，把殿内空间的深度、广度和高度极大地节省和拓展开来，即使现代人修造的大礼堂内部的宽敞感觉也不过如此。

这座巨殿是修建于元朝大德七年（1303），就是我在晋南看古建筑似乎永远无法绕开的那道坎，地震之后迅速重建说明当时寺院实力的雄厚。但为什么就只孤零零剩下这一座大雄宝殿？看台地上的面积，大雄宝殿只是最后一进而已，其余的殿堂都到哪儿去了呢？向老乡们打听是我的不二法门，他们告诉我这里原来还有规模很大的山门和前殿、配殿等建筑。后来日本鬼子占据这边，就住在前殿里，取暖时失火烧掉了。到“文革”时期，各村的寺庙都开始拆，附近村里跟这差不多的大庙全拆光了，这里的山门和配殿也拆了。但大雄宝殿因为在土改时就被分配给了个人，而且涉及产权纠纷，当时正在打官司，因此没能拆得了，就这样阴差阳错保留下来了。

我一心想从寺里残存的碑刻中找到清凉寺的创建年代，但在雨中湿漉漉的草丛里搜寻良久，找到年代最早的两块元代碑刻，一块落“狗儿年”，一时根本无从考证，另一块为“至元”，因为元代前后有两个阶段都用过至元年号，这个也没有办法确认。后来发现了一块“成化庚寅（1470）孟冬”所立的《中条山清凉寺重新碑记》，上面提到“略清凉禅刹者，自汉至唐兴业，累经兵燹荒芜后，至宋元之间乃得悟公而新斯地……”，说明这里是一座历史久远的古刹，重建都在宋元之间。据称其最盛之时曾有僧侣百余人。

我举伞坐在雨中，仓促地为大雄宝殿而描绘，在这空荡的群山之间，这孤寂的大殿面前，我这个远方来的朝圣者极力让自己从看见巨殿的激动中平静下来，去感受古人在同一片天地间修行时的心境，以作为对清凉寺沧桑过往的缅怀和追思。

10 万荣飞云楼

万荣县位于运城市西北部的黄河边上，是来运城寻访古迹绝对不能错过的地方。万荣县百姓有句俗语叫作“万荣有个解店楼，半截插在天里头”，赞美的就是位于万荣县城所在地——解店镇东岳庙里的飞云楼。这是一座用怎样美好的词汇来赞颂都绝不夸张的、宛若天成的美妙创造，是我所见过的最优美的古代木结构楼阁。

如果说我之前曾见过一些造型令人赞叹不已的楼阁或牌楼的话，飞云楼堪称将这些创造之优点汇于一身的集大成者。比如说霍州鼓楼吧，其造型与飞云楼颇似，但体量则小矣，高度也不足，而曲沃和翼城的几座四面牌楼虽然造型复杂，出檐密集，与飞云楼相比则又显单薄。我通过在晋南地区寻访，感受到这一带的楼阁式建筑修建之精美，遗存之丰富，都是其他地区难以相比的。

相传飞云楼创建于唐朝初年，是唐太宗李世民率军平定河东地区叛乱取得胜利后，为酬谢神明相助而修建的。当时唐军分三路驻扎在张瓮、解店、古城，所以就在这三地各建了一座东岳庙。千年以降，唯有解店镇的东岳庙在历代维护中幸运地传承了下来，庙内殿宇层叠，气势恢宏壮丽，多为元代遗构，但在飞云楼的盛名之下，已经被人们忽略了。现存的飞云楼也非唐时旧物，看结构应该是明清遗留，根据碑刻记载，最近的一次重修是在清乾隆十一年（1746）。

飞云楼位于解店镇东岳庙山门之内，雄踞于全庙的前端，外观为四重檐、十字歇山顶的三层木楼阁，建于平地之上，通高约二十三米。一层平面呈正方形，面阔进深都是五间，东西两侧筑有厚重的墙壁，南北向则通透，为进出庙宇的主要通道，有过街楼的功能。硕大无朋的飞檐远远超过了上面各层的宽度，使之看起来更像是一座稳固的巨大平台。一层内部廊柱林立，有四根极粗壮的金柱贯通顶层，是全楼的承重柱。第二层和第三层的构造相似，都是深广各五间，但尺寸比一层内收许多，在四个立面的中心各凸出歇山式抱厦，山面向前，层叠比翼出挑的飞檐使楼体立面呈现出丰富的变化。各层之间出平座，以令人眼花缭乱的复杂斗栱托举于平座和飞檐之下，如祥云之簇拥，似花朵般绽放，真是让人有目不暇接、叹为观止之感。最上部覆以高耸且巨大的十字歇山顶，虽不及一层出檐之宽，却也将二层、三层全部遮在自己的羽翼之下，比例恰到好处。

其实楼内在每两层之间的位置还设有一个暗层，也就是外观三层，内部五层。暗层的作用与应县木塔的暗层相似，就是通过平座内外的斗栱和梁、枋等构件紧密地将上下层契合为一体，稳定和加固楼体的强度，相当于给楼身加上了两道圈梁，让这座华丽精致的琼楼玉宇不仅美观，而且相当坚固结实。整座飞云楼端庄稳重，楼身裸露木料本色，不施彩画，尽显古朴气质，巍峨中兼具精巧，秀美间彰显大气，实在是现存传统木结构楼阁中的极致之作。

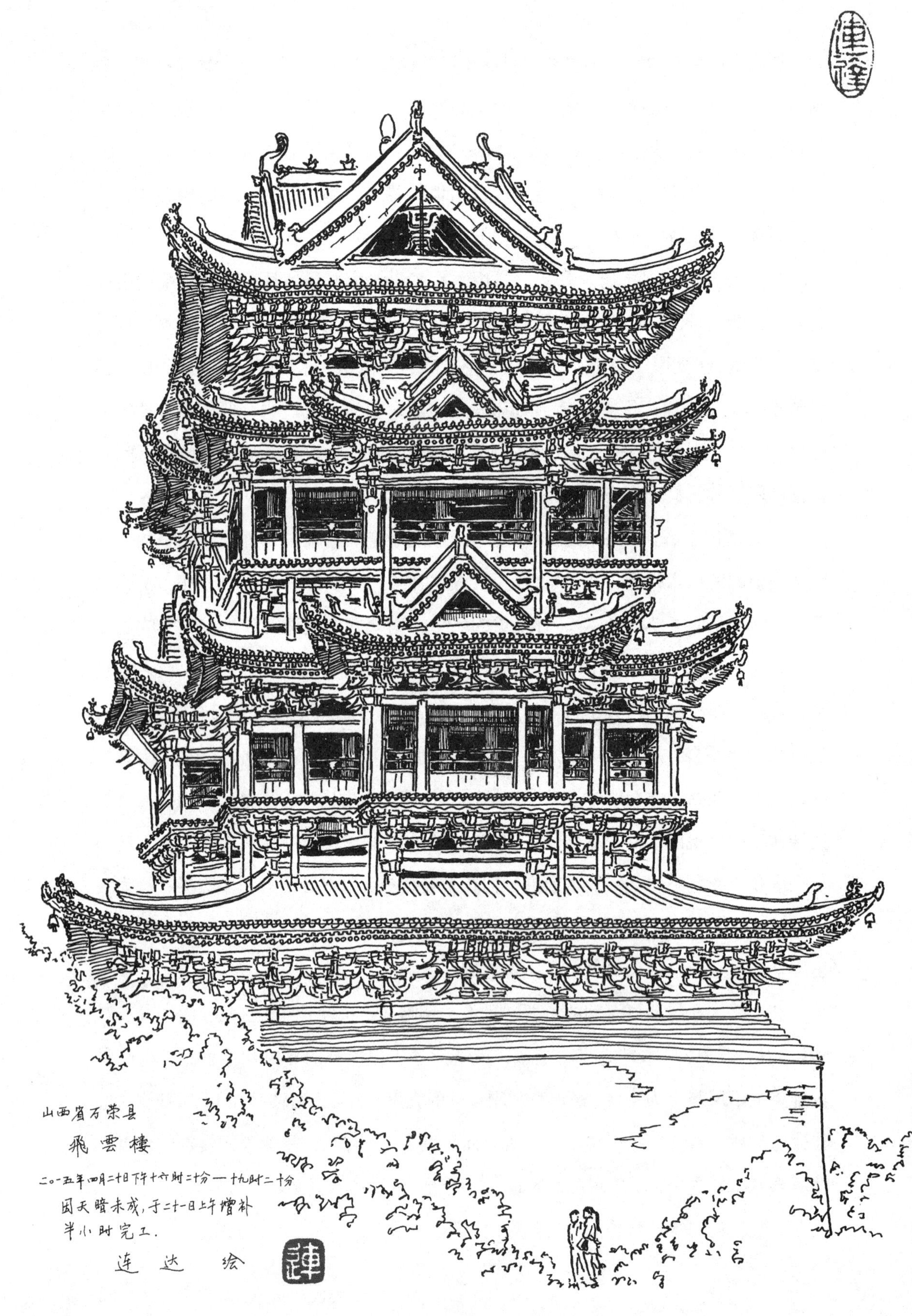
山西省万荣县
飛雲樓
二〇一五年四月二十日下午十六时二十分—十九时二十分
因天暗未成，于二十一日上午增补
半小时完工.
连 达 绘

一座普通庙宇里的楼阁何以能够达到这般复杂和美好，让我除了感叹中国传统建筑独特的表现形式和先辈匠作高超的创造与技艺外，实在是无以表达自己对飞云楼的喜爱。以前只在古典山水画作里才能见到这样的美好景象，却不敢想象在饱经沧桑和战火的晋南真的能够直面眼前。我想每一个真心热爱中国传统文化和古建筑的人都会同样被飞云楼的美好所震撼，飞云楼正面二层檐下悬挂的匾额是 20 世纪进行维修后所挂，上款写的就是“伟大祖国古建”，从中即可感受到镌刻者激荡的情怀和无限的自豪感。我唯一能做的就是用自己的画笔来进行描绘，通过对每一处细节的观察来试图把这座只应天上才有的紫宵琼楼牢牢地印在脑海中。

11 万荣秋风楼

万荣县是在新中国成立后由万泉县和荣河县合并而成的，万泉县所在地即今天万荣县南面的万泉镇，而荣河县则在西临黄河的荣河镇。荣河镇就是秦始皇推行郡县制所设立的第一批县城汾阴县故地。但其历史如果只追溯到先秦是远远不够的，仅仅用“悠久”二字来描述都显得苍白无力。相传华夏文明所尊的初祖“皇天后土”中的后土就是创造了人类的女娲娘娘，她在黄河与汾河交汇的地方“抟土造人”，因而被尊奉为中华民族共同的母亲，也是大地上最尊贵的神，号称后土圣母。而汾黄相会之地就在荣河镇，轩辕黄帝曾经在这里“扫地为坛祭后土”，将这里视为华夏之源、万世根本。自汉代起便开始在汾阴县的黄河之滨修庙祭祀，据记载后土祠始创于汉文帝后元元年（前 163），是中国历史最悠久的后土圣母祠庙。到汉武帝元鼎四年（前 113）开始大规模扩建，将这里定为国家级庙堂，汉武帝刘彻更是六次亲临祭祀后土，将崇敬后土圣母的重要程度与封禅泰山相等同，并且留下了千古绝唱《秋风辞》。唐玄宗也三次亲临致祭，对后土祠加以修缮。北宋虽然难比汉唐之强盛，宋真宗仍欲与先贤相比肩亲祀后土，把后土祠扩建到历史上的极

山西省万荣县荣河镇庙前村后土庙石狮一尊

盛规模，他御书的《汾阴二圣配飨之铭》作为千古名碑，今天仍然收藏于后土祠内。金元两代也都是由国家出资对这里进行修缮，到了明清时期，因京城距离黄河遥远，便将后土之祀移于都门。这里就只剩下民间的祭拜活动，后土祠的辉煌时代宣告终结。

明代隆庆、万历年间，黄河东移，后土祠受到威胁，只得向东迁建，但最终还是于清顺治十二年（1655）毁于洪水。康熙二年（1663）在今天庙址附近重建，但到了同治六年（1867）再次被黄河冲毁，真可谓命运多舛。同治九年（1870）最终将后土祠庙重建于庙前村北边的黄土台地顶上，也就是现在的位置，屡毁屡建的庙宇终于得到安宁。

现存的后土祠坐北朝南，巍巍然雄踞于黄河之滨的高岗上，规模虽然无法与碑碣上所刊刻的宋金全盛之时庙貌相比，却也是殿堂高峻，气势磅礴。歇山顶两层楼阁式山门内为倒座戏台，再向前又有两座并列而建的戏台，仅在两台之间留有通道。这三座戏台呈“品”字形排列在庙宇前端的中轴线上，周围空间宽敞疏朗，好像广场一般开阔，这正是后土祠当年繁华的一个见证。清代每年农历三月十八和十月初五为后土娘娘庙会，也是后土大祀之日，因为此地靠近晋、陕、豫三省交界，三省民众云集而至，同庆盛会。那时庙内庭院虽然宽阔，也是拥挤得水泄不通，三座戏台上分别以秦腔、豫剧和运城一代的山西蒲剧为后土娘娘献戏，实则是为三省乡亲演出，声势之盛，仍为老人们津津乐道。

全庙的最核心位置是献殿和正殿，两殿建在高大宽阔的平台上。献殿为面阔五间、进深四椽的硬山顶大瓦房。正殿也就是后土圣母殿，面阔五间，进深六椽，单檐悬山顶。两殿构造简洁，晚期建筑已经走进了一味追求细节雕琢刻画的牛角尖，把从斗栱、阑额、雀替到隔扇门窗、柱础等地方都雕刻得极尽精美华丽。在这组建筑与“品”字形戏台之间，左右各面南建有一座三开间硬山顶小殿，分别奉祀两组护卫后土娘娘的神将，一边是以东岳大帝武成王黄飞虎为尊的封神演义五虎将，另一边是以三界伏魔大帝关云长为首的蜀汉五虎将，因此叫作东西五虎殿。

绕过正殿，便来到了后土祠最北端因收藏汉武帝《秋风辞》而得名的秋风楼，这是全庙最高大雄伟和美好的建筑。若追溯此楼来历，按庙中所藏金代刊刻明代重刻的北宋时后土庙全貌图上看，那时并无此楼。楼上所藏《秋风辞》碑为元代大德丁未（1307）所刻，因此秋风楼应该为元代或者明代所增建，但亦早已倾覆于滔滔黄河之中。现存的秋风楼为清同治九年（1870）重修后土祠宇时所建，是一座地道的晚清楼阁。此楼位于后土祠所在高岗的北部边缘上，楼下台基一半跨在庙内，另一半踏在高岗之下的田野上，修成东西向过街门楼样式，巍峨如城门一般。门洞东边镶匾额“瞻鲁”，西边曰“望秦”。这座台基南面设有登楼的正门，上边四面合围筑有花墙。木楼阁总共为三层，面阔进深皆是五开间，一、二层四壁筑砖墙，三层则为全木构造，各层楼外侧都有回廊，在一、二层各面的中央位置均设有山面向前的歇山顶抱厦，一层抱厦更是修成丁字歇山顶样式，楼的最上部也覆盖着巨大的十字歇山顶，其巨硕感与翼城县的两座四牌楼顶部颇为神似。楼体周身不施彩绘，或者是原有彩绘已经剥落无存，看起来都是古拙凝重的原木本色。楼内各层空间宽畅，梁架高举，置身其中并无局促压抑之感，顶层上用材壮硕，如巨伞般呈四面放射状的插手和伞柄一样长长的垂柱充满了浑厚的力量。从外观上看，秋风楼和飞云楼有诸多相似之处，看过这两座楼的人也会很自然地将其相比较。飞云楼以秀美精巧见长，但置身于闹市，和嘈杂的外部环境并不协调；秋风楼则体现出一种宽厚沉稳的气质，那种沧桑古朴的韵味正与后土庙的千年底蕴相吻合，与西北苍茫的黄河相映衬，使人登上楼来，宛若置身于久远的历史时空之中、连接古今的画卷之内，自然生出无限怀古之幽情。

现在的秋风楼从下至上各层分别收藏现代、清代和元代的《秋风辞》石刻：“秋

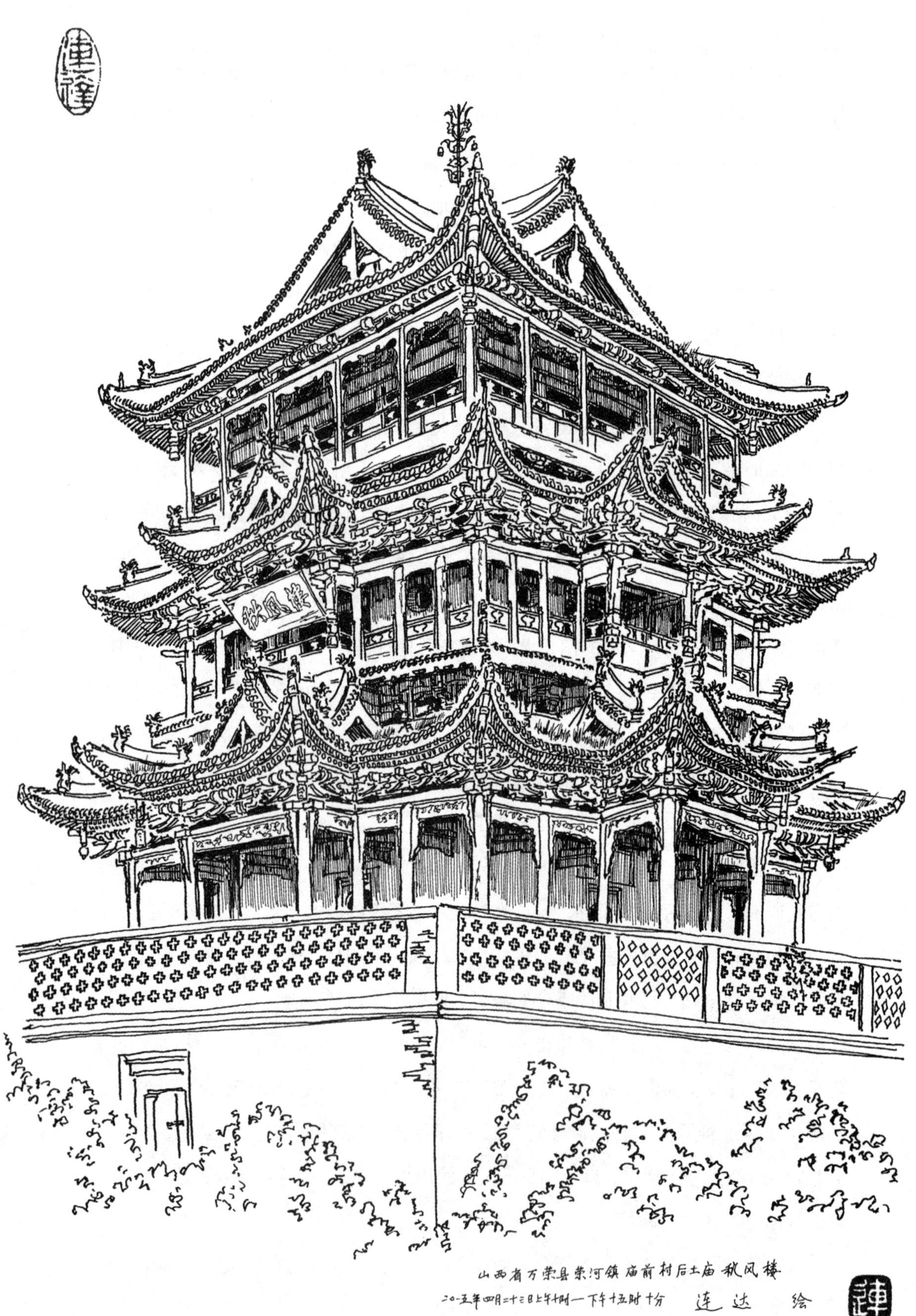

秋风楼
山西省万荣县荣河镇庙前村后土庙 秋风楼
二〇一五年四月二十三日上午十时一下午十五时十分 连达 绘

风起兮白云飞，草木黄落兮雁南归；兰有秀兮菊有芳，怀佳人兮不能忘；泛楼船兮济汾河，横中流兮扬素波；箫鼓鸣兮发棹歌，欢乐极兮哀情多；少壮几时兮奈老何！”扶栏远眺，但见黄河浩荡而下，千古兴亡更替恍如一梦，纵使如雄才大略的汉武帝刘彻和称霸东亚的汉、唐帝国也终究随着滔滔浊流而逝去。辞中所言是刘彻对人生的感悟，对时光飞逝的无奈，“欢乐极兮哀情多，少壮几时兮奈老何”真是直戳心底，道出了最真实的感受，古今多少文人墨客来到黄河岸边抚今追昔因之断肠。可惜我无古人之才情，也仅能通过画笔来描绘和抒发对历史的追思之情了，任凭烈日当空，不管不顾地坐于骄阳之下，挥汗如雨，酣畅淋漓，已经完全忘记了自己，思绪飞向了悠远的千年之前。

12 河津樊村玄帝庙

河津市位于万荣县北，处在运城市的西北角上，也是一座傍依黄河的古城。此地最早叫作龙门，《尚书·禹贡》记载的大禹“导河积石，至于龙门”便指这里，后来因地处黄河禹门口要津，于北宋宣和二年（1120）正式改名为河津。黄河是中华民族的母亲河，河津这样与河为伴的古城也自然有着厚重的文化积淀。其实晋南地区又有哪里不是如此呢？限于篇幅，就只说说河津市北部的樊村镇吧，这是一座自隋唐起就以冶炼和铸造而兴起的大镇，明清时期更是商贾云集，繁荣昌盛，我因而寄希望于在这里有大的收获。

其实我到樊村来寻古，早已定有目标，可还是希望能够有意外的惊喜发现。但在街上茫然若失地转了好久，并没有什么特别的古迹遗存，自然而然地就转到了东街的关贸市场来。透过楼群包围的临街大门，一座深藏其中与周围水泥房子截然不同的古老歇山顶建筑映入眼帘，这就是樊村关帝庙仅存的戏台。

这座戏台实际上近乎于修建在平地上，更像是一个过厅的样子，面阔五间，进深三间，也许为了表演之便，当心间格外宽大，内部设两根金柱以分割台前与

山西省河津市樊村镇关帝庙戏台

山西省河津市樊村镇玄帝庙远景

幕后的空间，檐下遍布精美华丽的木雕装饰，但年久失修，尽显苍老之态。

关帝庙的历史可追溯到明朝洪武二十四年（1391），明清两代屡有修缮和扩建，当然一切都在“文革”时画上了句号。庞大的关帝庙被当作“四旧”而无情拆毁，倒是最前端的戏台保留下来了，原因很简单，那时候并没有更多的群众娱乐项目，哪怕是有革命觉悟的人也是要听戏的。但后来又在老戏台对面建起了一个巨大的水泥戏台，叫作人民舞台，用来同代表着封建腐朽文化的旧戏台斗争。今天能够找到这里的人都流连于古老的戏台中，欣赏精美的木雕和独特的建筑结构。远处那僵直丑陋的水泥舞台真是看都懒得多看一眼，这就是传统文化的生命力和斗争的最终结局。

我来樊村镇的主要目标是位于镇子东北角上规模不小的玄帝庙，这是一处因被改造成粮库而侥幸保存下来的古建筑群，此庙曾以精美辉煌的琉璃装饰而著称，老乡们喜欢将其称作“琉璃庙”。虽然我不知道“破四旧”之前各地村镇的粮库都设在何处，但粮库的设立客观上确实为今天保留下了大量的古建筑。

玄帝庙，顾名思义，供奉的就是玄武大帝，即道教中位于正北方位之神，其龟蛇合体的形象早在先秦时期就已经诞生，在两千余年的演变过程中逐渐幻化成披发仗剑、脚踏龟蛇的战神形象，为荡魔统摄三界群邪之神，尊为玄天上帝，历代累有加封。北宋时为避圣祖赵玄朗之讳，改名为真武大帝。明太祖封其为“真武荡魔天尊”，明成祖朱棣以“靖难时得真武大帝显灵相助”加封为“北极镇天真武玄天上帝”，以武当山为真武道场，天下广建庙宇供奉，许多城池将玄帝庙建在城楼位置，将他当作城市的保护神。

樊村镇的玄帝庙创建于明代隆庆三年（1569），直至万历三十一年（1603）才彻底完工，现存三进院落，有中路的山门、香亭、正殿和后殿等建筑，东西配殿和廊庑等已全部被拆除。庙宇原有山门为三开间悬山顶，已经被改造成密不透风的仓库，并在东侧另建了一个可进出货车的大门。我来到这里的时候大门敞开着，院里杂乱地停放着许多汽车，甚至还有客运的中巴车。香亭就在山门和中殿之间，竟然是一座三重檐歇山顶的楼阁，为我在山西走访古建筑以来首次遇见。此楼面阔进深皆为三间，一层较宽大，上下两层都有回廊，但已经被改建得乱七八糟，甚至在一层还圈建出了小房子。

山西省河津市樊村镇 玄帝庙

二〇一四年六月十日上午八时五分一十时十分 连达 绘

山西省河津市樊村镇玄帝庙正殿

正殿面阔五间，进深四间，重檐歇山顶，看起来已是衣衫褴褛，破败不堪，屋檐糟朽，椽子下垂，曾经引以为骄傲的琉璃脊饰也已分崩离析残缺不全，和殿顶上的碎瓦夹杂在一起，随时掉落下来。我甚至在写生的时候，就亲眼看到有琉璃瓦滚落在地，化为一堆残渣。这座正殿的构架十分单薄纤细，看过了许多大庙，这么细的柱子并不多见，许多柱间的阑额都脱落了，也正因如此，显得越发岌岌可危。现在殿堂的四壁亦被封死成了库房，仅留下一个小门而已，周遭胡乱地堆满了杂物。

后殿面阔五间，进深六椽，悬山顶，也就仅从殿顶才能看出点古意而已。这些建筑和以前见过的那些粮库一样通体都被刷满了白森森的石灰，将往昔铅华彻底荡尽，在后殿和中殿之间还建有圆圆的粮仓。空荡而寂静的庙中，我如同寻宝一样四处查看，终于找到了半块残缺的碑碣，上面留有明代修建这座玄帝庙时部分官员人等的名字。我粗略一看，竟然发现了王崇古和张四维的大名，真是吃惊不小，后来一想，这两位都是距此不远的蒲州人，也就顺理成章了。王崇古曾官至兵部尚书，抗击倭寇，北镇边陲，促成隆庆议和，使明朝北边五十年无战事。张四维是他的外甥，在隆庆议和中坚定地支持王崇古，后来更是官至内阁首辅。这样两位在明代中后期举足轻重的大员同时出现在樊村玄帝庙的创修碑上，足以说明这座庙宇当年的重要程度了。

我在这座似乎被遗弃了的大庙里画了好久，竟然不见有人来，这样静谧的时刻，让人感觉时间似乎都停止了，但我在描绘这种残破现状的同时，也为其境况感到忧虑。沧桑之美和建筑本身的妥善延续是一种难以调和的矛盾，至少在现阶段的大部分修缮中还不能将两者有效地协调统一，常常是修得古韵全无，宛如新建，甚至与现代的仿古建筑难分伯仲。我既盼着这些濒危的古迹能够获得修缮挽救，又怕修得不妥，不如不修，内心总是处在一种纠结之中，也只能尽量赶在古建筑未修缮之前去画下来而已。

附 宋《营造法式》大木作制度示意图

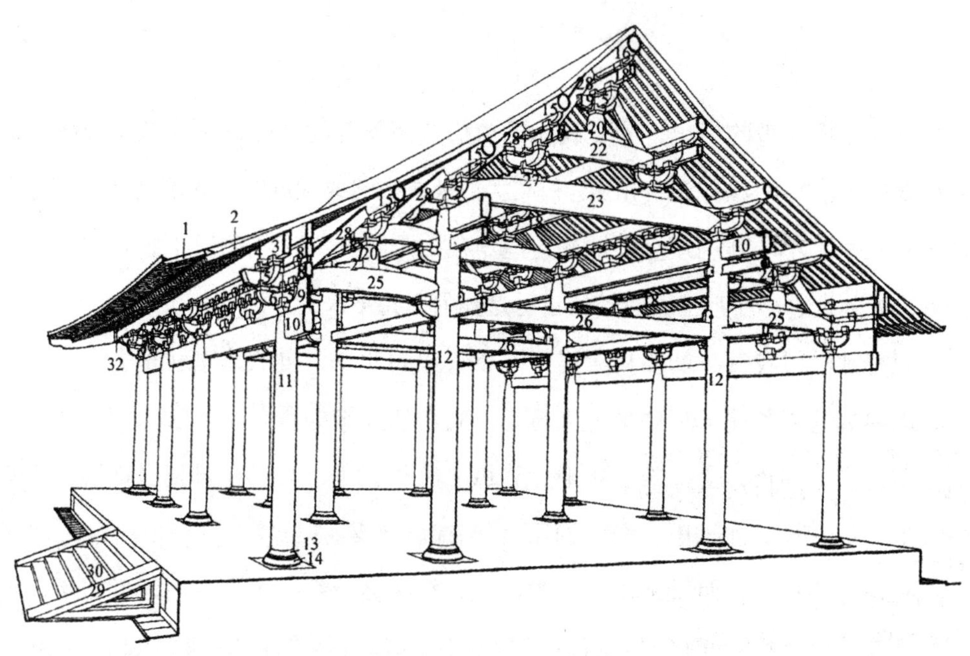

1. 飞子；2. 檐椽；3. 橑檐方；4. 斗；5. 栱；6. 华栱；7. 栌斗；8. 柱头方；9. 栱眼壁板；10. 阑额；11. 檐柱；12. 内柱；13. 柱；14. 柱础；15. 平槫；16. 脊槫；17. 替木；18. 襻间；19. 丁华抹颏栱；20. 蜀柱；21. 合；22. 平梁；23. 四椽栿；24. 劄牵；25. 乳栿；26. 顺栿串；27. 驼峰；28. 叉手、托脚；29. 副子；30. 踏；31. 象眼；32. 生头木

跋

品读山西厚重的历史，感受我们民族悠久而璀璨的文化，深入城镇乡村去追寻和发现散佚的久远故事，用画笔和文字记录或恢宏或濒危的古建筑现状，这是我多年来的生活方向。成书之时，回想这些年在山西城镇乡野间奔走的种种酸甜苦辣，真有恍如隔世之感，甚至不敢相信自己是如何坚持下来的。

记得那时候我每次都要从大连坐一夜火车到北京，再从北京转车去太原，然后从太原的建南长途汽车站坐上大客车，向茫然未知的晋东南太行山深处前进。为了节约有限的钱，会锱铢必较地计算每一天的花销，甚至在日记里都列出来买一瓶水、吃一碗面的支出，不时统计，极力缩减开支。

我现在每年春秋两季来山西画古建筑，每次会持续一个月左右时间，所以要不时计算所带钱财还能不能够支撑得住。我把上有老、下有小的家庭全都扔给妻子，无论如何张不开嘴跟家里再要钱，只能节约每一元一角。我住过十元钱的倒闭多年的乡村小店，那里脏得好像几十年也没有打扫过；住过老乡家里闲置多年的小黑屋；有时候画到天黑实在回不到城镇了，还在乡下废弃的破修理部倾倒的门板上睡过。因为每次在外时间久，可能会遇上天气突变、大风降温，薄的换洗衣服和厚厚的御寒衣物都要带上，加上画板、大小纸张、折叠椅子、照相器材、饮水和干粮，小到雨伞、充电器和剃须刀、指甲钳，都得带在身边，背包经常达到四五十斤的重量。老乡拎过后说比一袋子白面还沉。在交通不便的山区，我常常面临着画到天黑就无法离开的窘境，只能背着重重的行囊摸黑徒步走出来，走十几里路也是家常便饭。因为旅游鞋难以承受这样的重负，曾经走掉过鞋底。所以，后来无论什么样燥热的季节，我都只好穿着厚重的登山鞋。

山西的许多乡镇是没有早餐摊的，即使有也都开张较晚。我为了赶时间，天明即出发去寻访古建筑，尽可能利用有限的白天多画一些。在许多偏远乡村也根本没有饭店，所以常常面临吃不上早饭或者午饭的问题，只能啃干粮喝凉水凑合。曾经有连续二十多日每天早午饭就是啃太谷饼充饥的记录，真是吃怕了。我每幅画耗时从两三个小时到一整天不等，当全身心投入了绘画过程中，时间就好像转瞬即逝。如果不是肚子叫起来，经常忘记自己画了多久。为了抵御让人心烦意乱的饥饿感，我边画边啃饼子，甚至遇到在厕所和垃圾堆旁的古建筑，顾不得那些刺鼻的气味了，照样啃饼子画画。我就是一架全速运转的机器人，一切为了画好古建而努力着。我曾经被大雨淋成落汤鸡，在破房子檐下瑟瑟发抖，也曾遭遇突然的降温，被冻得五脏六腑都在哆嗦。但即使这样，脖子夹着伞，咬着牙硬挺住，也要把画完成。至于盛夏时节，身上被太阳灼烤得生疼，有几次几乎中暑也不肯停下画笔，我始终提醒自己不要白来，不能懈怠。

我从东北来到山西，还面临着一定的语言障碍，尤其偏远地区的老乡们浓重的方言一度令我很困惑。好在经过多年的适应，现在连听带猜，基本也能明白个七七八八了。水土不服则曾经使我连续半个月腹泻不止，几乎倒毙在晋南。最郁闷的是，我常常千里迢迢找到一些寺庙，却被拒之门外，最终无法将古建筑画下来。在晋东南的阳城关帝庙，我被坚决驱赶出来，背包也被粗暴地扔到马路上去；在介休，我曾经被村民当成文物盗窃分子，遭到围攻；在绛县，我跳进了无人的荒庙里画画，出来后差点儿被老乡逮起来，送往公安机关……但什么样的困难也阻挡不了我描绘古建筑的决心。

今天当作品结集成书的时候，回想多年来的种种艰辛，我真是感慨万千。这不是一个有钱有闲的富家公子哥旅游时的随笔，无关风花雪月，这是在用我全部的热情和努力来表达我对中国传统建筑文化的热爱。如果说本书算是一个阶段性成果，这是我和妻子及全家人共同努力的结果，没有他们的支持，我不可能有大量的时间到山西画古建筑，也就不可能有机会完成这些作品。

这些沧桑的古建筑是古老与现代时空相交汇的地方，是我与古人们在精神上相沟通的桥梁。虽然我水平有限，自学绘画，随心而绘，文字肤浅，表述中也难免有诸多纰漏和错误，但却是为之倾注了所有心血，以自己粗浅的笔墨依稀勾勒出那个虽然远去却仍旧美好得令人心动的古韵中国之面貌。虽不敢奢望能以一己之力将三晋古建筑的精妙之处表现得淋漓尽致，但却真诚地想与广大读者朋友和中国传统文化爱好者们共同分享我的寻古见闻和切身感受，给大家呈现一个不同视角的山西，使更多的人能重新来审视我们业已衰落的传统文明，认识到其中的独特和美好，在日益西化的文化环境中找到我们自己应有的文化认同感和归属感，让更多人来关注和保护我们已经衰微的中国式古建筑，余愿足矣。

连　达

于成书前